Becker | Platons »Politeia«

Alexander Becker
Platons »Politeia«
Ein systematischer Kommentar

Reclam

Für Wolfgang Detel

RECLAMS UNIVERSAL-BIBLIOTHEK Nr. 19477
2017, 2022 Philipp Reclam jun. Verlag GmbH,
Siemensstraße 32, 71254 Ditzingen
Bibliographisch aktualisierte und ergänzte Ausgabe 2022
Gestaltung: Cornelia Feyll, Friedrich Forssman
Druck und Bindung: Esser printSolutions GmbH,
Untere Sonnenstraße 5, 84030 Ergolding
Printed in Germany 2024

ISBN 978-3-15-019477-5

Auch als E-Book erhältlich

www.reclam.de

Inhalt

Einleitung

Platons *Politeia* ist ein sehr berühmter Text. Manche Passagen, allen voran das Höhlengleichnis, haben es zu regelrechter Popularität gebracht; andere zum zweifelhaften Ruf, den totalitären Regimes des 20. Jahrhunderts Anregungen geliefert zu haben. Vor allem anderen aber ist die *Politeia* ein umfangreiches Buch, dessen Lektüre einiges an Durchhaltevermögen erfordert. Und das wirft die Frage auf: Warum sollte man sich mit einem derart umfangreichen Buch heute überhaupt noch beschäftigen?

Betrachtet man die Anzahl der verhandelten Themen – Ethik, politische Philosophie, Pädagogik, Theologie, Ästhetik, Psychologie, Erkenntnistheorie, Ontologie –, könnte man auf den Gedanken kommen, dass man es mit einem jener Werke zu tun hat, die das ehrfurchtgebietende Prädikat »Hauptwerk« verdienen. Hauptwerke sind normalerweise Bücher, in denen der Autor seine zentralen Gedanken systematisch darlegt und zeigt, was alles aus diesen Gedanken folgt. Die *Politeia* wurde und wird immer noch gerne als ein Hauptwerk in diesem Sinne aufgefasst. Doch ist sie das wirklich?

Die Antwort ist weder ein klares »ja« noch ein klares »nein«. Der griechische Titel *Politeia*, wörtlich »Bürgerschaft« oder »Verfassung«, ist der älteste überlieferte Titel des Werks.[1] Er legt nahe, dass es in erster Linie um politische Philosophie geht (daher auch die übliche deutsche Übersetzung »Der Staat«).

In der späteren Antike wurde die *Politeia* auch unter dem Titel *Peri dikaiou* – »Über das Gerechte« – geführt.[2] Dieser Titel entspricht der Art und Weise, wie das Thema der Gerechtigkeit das Werk organisiert, am besten. In Buch I dreht sich das

1 Vgl. Aristoteles, *Politik* 1264b 28.

2 Diogenes Laertios, *Leben und Lehre der Philosophen* 3,60.

Gespräch um die Definition der Gerechtigkeit; zu Beginn von Buch II wird an Sokrates die Frage gestellt, warum man gerecht leben solle, und diese Frage wird am Ende von Buch IX beantwortet. Die Frage, was Gerechtigkeit sei, wird also mit einer lebenspraktischen Frage verbunden. Und damit geht es in der *Politeia* um die zentrale Frage der antiken Philosophie überhaupt: Wie sollen wir leben?

Diese Grundfrage erhält hier obendrein eine konstruktive Antwort. Das mag nicht sonderlich erwähnenswert erscheinen, ist bei Platon allerdings die Ausnahme – viele seiner Dialoge enden in »Aporien«, also in der Feststellung, dass man auf die Leitfrage eines Gesprächs zwar ein paar Antworten als falsch aussortieren konnte, einer positiven Antwort aber (anscheinend) letztlich nicht näher gekommen ist. In der *Politeia* findet man eine solche Aporie am Ende von Buch I; im Hauptteil, von Buch II bis Buch IX, wird Sokrates jedoch von zwei jungen, aufgeschlossenen Leuten, Glaukon und Adeimantos, in die Pflicht genommen, ihnen zu zeigen, warum ein gerechtes Leben das bessere Leben ist.

So gesehen, verdient die *Politeia* sicherlich, ein Hauptwerk genannt zu werden – aber wer von ihr erwartet, so etwas wie Platons philosophisches Gesamt-System zu finden, der wird enttäuscht werden. Dazu bleibt viel zu viel andeutungs- und lückenhaft. Viel eher könnte man die *Politeia* ein »protreptisches« Werk nennen – ein Werk, das zur Philosophie hinführen und in sie einführen soll. Das liegt unter anderem an den Personen, mit denen Sokrates sich hier unterhält: Glaukon und Adeimantos, die ab Buch II als Gesprächspartner fungieren, sind keine professionellen Philosophen, sondern »interessierte Laien«.

Nun ist es hinwiederum auch nicht so, dass man in der *Politeia* gar keine Hinweise auf Platons philosophisches Denken finden würde; im Gegenteil, es geht immerhin auch um solch grundlegende Fragen wie zum Beispiel, was Philosophie überhaupt ist und welches ihr höchster Gegenstand sei. Diese Themen werden aber nicht in der Weise systematisch aufbereitet, wie man das von einer philosophischen Abhandlung erwartet. Hat Platon in der *Politeia* womöglich aus didaktischer Zurückhaltung ein systematisches Gedankengebäude bloß angedeutet, das der moderne Leser nun mehr schlecht als recht aus den Andeutungen rekonstruieren muss?

Dass für die Leser der *Politeia* viel zu tun bleibt, ist richtig. Dies liegt aber nicht daran, dass Platon seinen Lesern etwas vorenthalten wollte, was er auch hätte klar ausdrücken können. Platons Philosophieverständnis ist nämlich mit der Idee eines »Hauptwerks« unverträglich, sofern man unter einem Hauptwerk ein fertig gepacktes Gedankenpaket versteht, das man als Leser übernehmen oder bei Nichtgefallen im Gedankenregal abstellen kann.

Philosophie heißt für Platon: philosophieren, das heißt, selbst tätig zu werden, nicht bloß passiv die vorgefertigten Gedanken anderer Leute zu übernehmen. Die Aufgabe eines philosophischen Textes besteht demnach darin, seine Leser zum Philosophieren zu bringen. Dass Platon Philosophieren als Tätigkeit auffasst, hat verschiedene Gründe.

Es hat mit der für die gesamte antike Philosophie selbstverständlichen Auffassung zu tun, dass Philosophie letztlich ein praktisches Ziel hat: nämlich, zu einem »geprüften Leben« zu verhelfen, d. h. zu einem Leben, in dem man sich selbst Rechenschaft darüber ablegen kann, warum man so lebt, wie man lebt. Ein solch persönliches Ziel kann man sich nur selbst erarbeiten, da es aus den je eigenen Vormeinungen, Neigungen und dem eigenen Charakter heraus erfasst werden muss. Es ist nicht wie ein Fertigprodukt vom Autor auf den Leser übertragbar.

Ein anderer Grund verbindet sich mit der berühmten sokratischen Formel »ich weiß, dass ich nichts weiß«. Auf diese Haltung stößt man auch beim Sokrates der *Politeia* immer wieder – wenn auch in einer etwas milderen Form. Sokrates hat zwar zu verschiedenen Themen durchaus Meinungen, denn ohne eigene Meinungen auf den Tisch zu legen, könnte er kaum die Aufgabe erfüllen, die Glaukon und Adeimantos ihm gestellt haben. Aber es sind eben bloße *Meinungen*, und Sokrates selbst weiß nicht, ob es sich dabei tatsächlich um *Wissen* handelt, also um etwas, das gegen spätere Revisionen gefeit ist. Wenn man als Lehrer aber nicht weiß, ob das, was man meint und glaubt, Wissen ist, dann ist das Beste, was man tun kann, seine Schüler in die *Suche* nach Wissen einzuführen. Aus diesem Grund ist die *Politeia* als ein Werk angelegt, das seine Leser in die Philosophie *hineinführt*. Obendrein hat die Einführung in die Suche nach Wissen auch unmittelbar mit der Frage zu tun, wie man leben soll. Denn ein gerechtes und gutes Leben ist für Platon idealerweise ein Leben, das auf Wissen basiert – allen voran auf dem Wissen, was gut ist. Nach einem guten Leben zu streben bedeutet daher, nach Wissen zu streben.

Es ist keineswegs ausgeschlossen, dass man sich auch als moderner Leser von der *Politeia* auf den Weg der Philosophie führen lässt. Man muss ja nicht jeden der Vorschläge übernehmen, die Sokrates macht und denen Glaukon und Adeimantos überwiegend zustimmen. Die erkenntnistheoretische bzw. epistemische Offenheit, die das platonische Philosophieverständnis charakterisiert, ist geradezu darauf angelegt, dass der Leser sich über die Angebote, die der Text ihm macht, eigene Gedanken macht. Die Skizzen- und Lückenhaftigkeit dieser Angebote zwingt den Leser ohnehin zu eigener Aktivität.

Doch auch ein Leser, der sich nicht von der *Politeia* in die Philosophie hineinführen lassen möchte, vielleicht weil er schon einen eigenen Weg eingeschlagen hat, wird einiges finden, was die Lektüre der *Politeia* lohnend macht.

Da ist zunächst die immense thematische Breite des Werks

zu nennen. Die verschiedenen Gebiete stehen nicht nebeneinander, sondern sie werden miteinander verflochten. Man kann der *Politeia* ausreichend klare Thesen über den Zusammenhang von Ethik und Ontologie, Ontologie und Epistemologie oder Pädagogik und Ästhetik entnehmen, um sie als Material für eigene Diskussionen über die Verbindung verschiedener Wissensbereiche zu verwenden – Verbindungen, die in der aktuellen Wissenschaftslandschaft eher zu kurz kommen. Das Prinzip der Verknüpfung, das der *Politeia* zugrunde liegt, geht über bloße Berührungspunkte und Überlappungen hinaus (auf die man sich heute meistens beschränkt), ist jedoch auch kein hierarchisches Verfahren, in dem aus einem Anfangspunkt alles abgeleitet wird. Tragend für die Verbindung ist die Frage, wozu etwas gut ist. Das ist eine Frage, deren Beantwortung automatisch über den jeweils betrachteten Bereich hinausweist; ausreichend beantwortet ist sie erst dann, wenn man alle Bereiche des Wissens so zueinander ins Verhältnis gebracht hat, dass man von allen sagen kann, wozu sie jeweils gut sind.

Außerdem ist die *Politeia* auch eine Quelle systematisch interessanter ethischer Überlegungen. Ihr Leitthema, die Gerechtigkeit, gilt normalerweise als ein soziales Organisationsprinzip; hier wird sie aber mit dem höchsten Gut als Ziel des individuellen Lebens zusammengebracht. Wie stehen beide im Verhältnis zueinander?[3] Was Platon in der *Politeia* vorschlägt, ist auf den ersten Blick eine unzeitgemäße Auffassung vom Verhältnis von Gerechtigkeit und Lebensziel: Denn nach moderner Auffassung – ein Orientierungspunkt wäre hier etwa John Rawls (1921–2002) – ist Gerechtigkeit ein soziales Ordnungsprinzip, das jedem so weit wie möglich erlaubt, nach ei-

3 Zu den folgenden Überlegungen siehe Santas (1985) und (2001), bes. S. 3–12.

gener Façon glücklich zu werden. Das heißt, die Gerechtigkeit sollte von der Auffassung, was jeweils gut für eine Person ist, unabhängig – ja, sie sollte in gewisser Weise sogar dem höchsten Gut übergeordnet sein: Über das höchste Gut gibt es verschiedene Auffassungen, und Gerechtigkeit ist das soziale Prinzip, das es jedem erlaubt, seine eigene Vorstellung zu verwirklichen.

Dagegen ist nach Platons Auffassung Gerechtigkeit dem höchsten Gut untergeordnet. Wir müssen zuerst wissen, was das höchste Gut ist, und erst dann können wir ein entsprechendes Konzept der Gerechtigkeit entwickeln. Gerechtigkeit dient dem Guten und hat in ihrer Ausgestaltung ihm zu folgen. Eine solche Auffassung ist überhaupt nur dann sinnvoll, wenn wir wissen können, was für die Menschen im Allgemeinen gut ist – wenn wir also einen objektiven Begriff vom höchsten Gut bilden können. Aus der Perspektive einer liberalen Tradition scheint das unsinnig, geradezu gefährlich – eine Wurzel jeglichen Übergriffs des Staates auf den Einzelnen.

Nun hat sich aber in den letzten Jahrzehnten das theoretische Blatt etwas gewendet, und zwar aus einer Richtung, die zunächst gar nichts mit Platon zu tun zu haben scheint: In dem Maße, in dem Biologie als Leitwissenschaft vorgerückt ist, hat auch wieder das Interesse an Anthropologie zugenommen: an einer allgemeinen Theorie des Menschen, an einer allgemeinen Antwort auf die Frage »Was ist der Mensch?« – eine Antwort, die dann auch Auskunft darüber geben sollte, was ein guter Mensch ist, was ein gutes Leben ist, und somit auch: was das höchste Gut im Leben ist.[4] Platon ist zwar alles andere als ein Naturalist, aber sein Zugang zur Ethik, die Gerechtigkeit zu einem Teil der Anthropologie zu machen, ist durch diese Veränderung wieder modern geworden.

4 Siehe dazu exemplarisch Foot (2001).

Schließlich gibt es prominente zeitgenössische Philosophen, die versuchen, das Angebot, das man der *Politeia* entnehmen kann, in eine moderne ethische Theorie einzubauen. Sie greifen dabei auf, dass Platon sowohl in seiner Konzeption des Guten wie in seiner Konzeption der Gerechtigkeit auf eine inhaltliche Füllung weitgehend verzichtet. Hier ist insbesondere Christine Korsgaard zu nennen:[5] Platons Theorie der Gerechtigkeit ist für sie eine Theorie darüber, was eine Person zu einer Einheit macht; diese Einheit ist für sie wiederum die Quelle von Normativität. Denn die Einheit der Person ist die Voraussetzung von Autonomie; die Autonomie wiederum ist Voraussetzung von Verantwortung als einer notwendigen Bedingung von Moralität. (Es bleibt zu fragen, ob diese Einheit an sich schon ein Wert ist – und zwar ein moralischer Wert, nicht bloß ein funktionaler Wert, oder anders gesagt, ob die Einheit der Person *hinreichend* für moralische Normativität ist.) Man kann ein solches Projekt eine »formale Ethik« nennen. Gelänge es, Moral ein so formales, weil handlungstheoretisches Fundament wie die Einheit der Person zu geben, dann könnte man unbesorgt von einem objektiven höchsten Gut ausgehen, denn für seine inhaltliche Füllung bliebe ein weiter Spielraum. Tatsächlich glaube ich, dass diese formalistische Lesart recht nahe an dem ist, was Platon mit dem »Guten« meinte, so dass die systematische Theorie, die Korsgaard aus Platon entwickelt hat, auch eine gute Basis für das Verständnis der *Politeia* liefert.

Bei einem so facettenreichen und offenen Werk wie der *Politeia* ist es wenig überraschend, dass in der langen Rezeptionsgeschichte die unterschiedlichsten Auffassungen an es herangetragen bzw. aus ihm herausgezogen wurden. Diese Einführung macht hier keine Ausnahme. Selbstverständlich

5 Siehe Korsgaard (1999) und (2009).

präsentiert sie eine Lesart der *Politeia*, die den Text aus zeitgenössischen metaphysischen und ethischen Debatten heraus deutet und für diese Debatten zu erschließen versucht. Hinzu kommt eine verstärkte Aufmerksamkeit für die literarischen Eigenarten und Techniken von Platons Schreiben, denn die *Politeia* ist auch ein herausragender Gegenstand für die Debatte zum Verhältnis von Philosophie und Literatur. In diesem Sinne ist diese Einführung ein *systematischer* Kommentar. Dennoch steht sie unter der Maßgabe, dem Werk auch in seinen sperrigen Aspekten gerecht werden zu wollen. Doch ist es womöglich nicht gar so schwer, beide Ziele miteinander zu verbinden. Im Gegenteil: Dass die *Politeia* sich auch mehr als 2000 Jahre nach ihrer Entstehung ohne große Anstrengung der Interpretation öffnet, kann man durchaus als ein Zeichen für die allerhöchste Qualität betrachten, die ein philosophischer Text überhaupt erreichen kann.

Abschließend noch einige Hinweise zur Benutzung dieser Einführung: Sie ist als fortlaufender Text angelegt, so dass man sie durchlesen kann, wenn man sich über den Inhalt der *Politeia* informieren will. Sie ist aber so unterteilt, dass man sie auch als Erläuterung zu einzelnen Abschnitten verwenden kann. Am besten liest man diese Einführung natürlich parallel zur Lektüre der *Politeia* selbst. Dazu stehen verschiedene Übersetzungen zur Verfügung (z. B. von Friedrich Schleiermacher, Otto Apelt, Karl Vretska und Rudolf Rufener sowie jüngst von Gernot Krapinger), die alle verwendbar sind, unter denen aber neuere Übersetzungen wie die von Rufener oder Krapinger wegen ihrer Balance zwischen Texttreue und Lesbarkeit zu bevorzugen sind. An diesen beiden orientieren sich auch die Übersetzungen in dieser Einführung.

Ich habe die Belegstellen jeweils mit der genauen sogenannten »Stephanus-Paginierung« (z. B. »327a 1«) versehen. Diese Zählung der platonischen Werke geht auf eine Ausgabe von

Henricus Stephanus aus dem 16. Jahrhundert zurück und hat sich als Standard eingebürgert, der alle Ausgaben und Übersetzungen miteinander vergleichbar macht. Die Angaben gehen dabei auf die neueste kritische Ausgabe des Originaltextes von Simon R. Slings (Oxford 2003) zurück. Ferner habe ich zentrale Ausdrücke auch im griechischen Wortlaut angegeben. Bei der dabei verwendeten Umschrift werden die langen Vokale Eta und Omega durch ê und ô angegeben. An den Stellen, an denen es grammatikalisch erforderlich war, habe ich diese Ausdrücke in den Plural gesetzt (Pluralendungen sind z. B. -oi und -ai). Im Laufe der *Politeia* ist viel von einem Modellstaat die Rede; da zu Platons Zeiten der politische Bezugsrahmen der Stadtstaat war und der Modellstaat daher immer auch eine Modellstadt ist, habe ich mir erlaubt, frei zwischen »Staat« und »Stadt« zu variieren.

In einer Einführung von begrenztem Umfang muss zwangsläufig vieles unter den Tisch fallen. Ich habe mich dennoch bemüht, auf alle wichtigen Punkte im Text einzugehen, um den Leserinnen und Lesern auch bei verwirrenden Wendungen im Gespräch wenigstens ein Interpretationsangebot zu machen. Das größte Opfer ist das Fehlen einer ausführlicheren Diskussion der Sekundärliteratur; sie wird nur dort erwähnt, wo ich mich ausdrücklich auf Interpretationen aus der Literatur beziehe. Angesichts der immensen Forschungsliteratur zur *Politeia* ist ein annähernd vollständiger Überblick ohnehin illusorisch. Wer sich in die aktuellen Diskussionen einarbeiten will, der sei auf die in jüngerer Zeit erschienenen Aufsatzsammlungen von Giovanni R. F. Ferrari, Otfried Höffe und Gerasimos Santas verwiesen, ferner auf den derzeit ausführlichsten Kommentar zur *Politeia*, der in italienischer Sprache von Mario Vegetti herausgegeben wurde. Die ausgiebigsten Informationen zu Platon insgesamt findet man im von Manfred Erler verfassten Band zu Platon, im *Grundriß der Geschichte der Philo-*

sophie. Gute Einführungen zu einzelnen Themen findet man im *Platon-Handbuch*, herausgegeben von Christoph Horn, Jörn Müller und Joachim Söder.

Gedankt sei an dieser Stelle Paul Hasselkuss und Tim Willmann (Düsseldorf), die Vorfassungen des Textes gründlich gelesen haben, sowie Matthias Tögel (Marburg), der mich in der Endredaktion unterstützt hat – und nicht zuletzt den Teilnehmerinnen und Teilnehmern meiner Seminare in Düsseldorf, Frankfurt a. M. und Gießen, mit denen ich die Überlegungen der folgenden Seiten diskutieren konnte.

Übersicht über den Aufbau der *Politeia*

Buch I: Gespräche Sokrates – Kephalos / Polemarchos / Thrasymachos

- Gespräch Sokrates – Kephalos: Ist Gerechtigkeit das Begleichen von Schulden? (328a–331b)
- Gespräch Sokrates – Polemarchos: Ist Gerechtigkeit, jedem zu geben, was ihm zukommt? (331c–336a)
- Gespräch Sokrates – Thrasymachos: Ist gerecht, was dem Stärkeren nützt? Ist es besser, ungerecht als gerecht zu sein? (336b–347e)

Buch II–X: Gespräch Sokrates – Glaukon / Adeimantos

- *Buch II*: Themenstellung / Erläuterung der Leitfrage (357a–369b)
- *Buch II–IV*: Entwicklung eines in drei Stände gegliederten Modellstaats, um die Gerechtigkeit »im Großen« zu bestimmen (369b–427d)
  (Entstehung der Stadt 369b–376c; Rolle der Dichtung in der Erziehung 376e–398b; Rolle der Musik 398c–403c; Rolle der Gymnastik, Medizin 403c–412b; Auswahl der Herrscher 412b–415d; Leben der Wächter 415d–324d; Erziehung und Gesetzgebung 423d–427d.)
- *Buch IV* (Rest): Bestimmung der Gerechtigkeit
  (Bestimmung der Gerechtigkeit im Staat 427d–434d; Übertragung auf den einzelnen Menschen: Darstellung der Lehre von der dreigeteilten Seele 434d–441c; Übertragung der Bestimmung der Gerechtigkeit anhand des Modellstaats auf die menschliche Seele 441c–445c.)
- *Buch V*: Details des Modellstaats; Philosophenherrschaft
  (Philosophenherrschaft 472b–474b; Einführung des Unterschieds zwischen Philosophen und Nichtphilosophen: Phi-

losophen verfügen über Wissen, während Nichtphilosophen nur über Meinungen verfügen, Unterscheidung zwischen Wissen und Meinung 474b–480a.)

- *Buch VI*: Weiteres zur Philosophenherrschaft; der höchste Gegenstand der Philosophie
  (Rechtfertigung der Philosophenherrschaft 484a–490e; Gefährdung und Missbrauch der Philosophie 490e–497a; die Philosophen und der Staat 497a–502c; Ausbildung der Philosophen, Auswahl und Erziehung der zur Philosophie geeigneten Kinder 502d–504a; Vorstellung des höchsten Wissensgegenstands, des »Guten« oder der »Idee des Guten« 504a–506e; Sonnengleichnis 507a–509c; Charakterisierung des philosophischen Wissens im Liniengleichnis 509d–511e.)
- *Buch VII*: Weiteres zur philosophischen Bildung
  (Darstellung des philosophischen Bildungsgangs im Höhlengleichnis 514a–517a; Auslegung des Höhlengleichnisses durch die Konkretisierung der philosophischen Ausbildung 517b–534e; Weiteres zur Auswahl und Ausbildung der Herrscher 535a–541b.)
- *Buch VIII–IX*: Formen der Ungerechtigkeit in Staat und Seele
  (vier schlechte Verfassungen des Staates / vier schlechte Verfassungen des Menschen: Timokratie 545b–550b; Oligarchie 550c–555a; Demokratie 555b–562a; Tyrannis 562a–577b.)
- *Buch IX* (Rest): Die abschließende Beantwortung der Leitfrage
  (Drei Beweise für das Unglück der Ungerechten und dafür, dass es nützlich ist, gerecht zu sein (577b–588b); der Nutzen von Gerechtigkeit und Ungerechtigkeit 588b–592b.)
- *Buch X*: Ein »Nachtrag« zur ontologischen Stellung der nachahmenden Kunst und ein Mythos über das Schicksal der unsterblichen Seele nach dem Tod.
  (Der ontologische Status der Nachahmung 595a–598d; Kritik der Dichtung 598d–608b; der Lohn der Gerechtigkeit nach dem Tod 608b–614a; der Mythos von Er 614a–21d.)

Buch I

Vorbemerkung

Die Frage nach dem gerechten Leben, die den größten Teil der *Politeia* prägt und zusammenhält, wird erst zu Beginn des zweiten Buches gestellt. Das erste Buch ist zwar thematisch mit dieser Frage verbunden – auch hier geht es um Gerechtigkeit –, aber es steht außerhalb dieses großen Bogens. Das ist ein Grund, warum überlegt wurde, ob vielleicht erst spätere Herausgeber Buch I mit den restlichen Büchern zu einem Werk zusammengebunden haben. Hinzu kommen stilistische Gründe: Buch I entspricht im Stil eher Dialogen wie *Laches*, *Menon* oder *Phaidon*, die einer frühen Werkphase zugeordnet werden, während der Stil der restlichen *Politeia* Werken wie *Theätet* oder *Phaidros* ähnelt, die zur mittleren Phase in Platons Schaffen gehören.[1] Obendrein tritt Sokrates in Buch I anders auf als in den anderen Büchern. Anstatt konstruktiv eigene Thesen vorzutragen, agiert er hier wie in den Frühdialogen anscheinend[2] destruktiv: Er lässt die anderen Thesen formulieren, die

1 Zu dieser Chronologie siehe Brandwood (1990).

2 Hinter dem Zusatz »anscheinend« verbirgt sich eine Kontroverse um die Einheit des platonischen Werks, auf die wenigstens in einer Fußnote hingewiesen sei. Denn sie ist auch für die Interpretation der *Politeia* relevant. Manchen Interpreten zufolge (z. B. Vlastos 1991, Kap. 2) präsentiert Platon in den Frühdialogen ein stilisiertes Portrait seines Lehrers, während er in den mittleren Dialogen Sokrates zum Sprachrohr seiner eigenen Philosophie mache; der Übergang vom einen zum anderen vollziehe sich in der *Politeia*. Vegetti (1998, S. 17 f.) sieht in der Kombination beider Darstellungsweisen sogar eine implizite Kritik Platons an der sokratischen Weise des Philosophierens: Wenn man so vorgehe wie Sokrates (bzw. der Sokrates der

er durch Nachfragen prüft. Dabei geraten seine Gesprächspartner immer mehr in Schwierigkeiten, bis am Ende alle ohne greifbares Resultat dastehen.[3] Allerdings folgt aus solchen Eigenarten nicht zwingend, dass die *Politeia*, so wie sie uns vorliegt, von Platon nicht als einheitliches Werk konzipiert wurde – schließlich kann Platon selbst einen früher verfassten Text als Eröffnung in die *Politeia* integriert haben. Dafür spricht, dass Platon in den weiteren Verlauf des Gesprächs eine ganze Reihe von Bezügen zu Buch I eingebaut hat. Letztlich hängt die Antwort auf die Frage nach der Einheit des Werks wesentlich davon ab, ob sich eine plausible, den Text möglichst umfassend integrierende Lesart finden lässt. Und mit Blick auf das erste Buch heißt dies wiederum vor allem: Kann man ihm eine überzeugende Funktion *für den Leser* zuweisen? Denn die Gesprächspartner des ersten Buchs treten im restlichen Werk in den Hintergrund, der Leser aber bleibt derselbe.

Für die Einschätzung der Funktion ist immer der Blick auf die Gesprächspartner hilfreich. Glaukon und Adeimantos[4], die ab Buch II als Gesprächspartner auftreten, sind zwar keine

Frühdialoge), dann komme man über das Aufweisen von Problemen nicht hinaus; um sie zu lösen, benötigt man die platonische Theorie der Bücher II–X. Diese Deutung ist darauf angewiesen, dass im ersten Buch ein Sokrates agiert, der es in der Tat nicht besser weiß. Meines Erachtens zeigt sich jedoch vor allem im Gespräch mit Thrasymachos, dass Sokrates bereits hier eine Position im Hinterkopf hat, die derjenigen der späteren Bücher entspricht. Daher gilt der destruktive Zug nur gegenüber den Gesprächspartnern des Sokrates; dem Leser steht es frei, mit den Hinweisen des Sokrates auf Hintergrundannahmen und eigene Meinungen konstruktiv umzugehen.

3 Sokrates führt im ersten Buch das Gespräch also in den Zustand, den man *Aporie* (wörtl. »Weglosigkeit«) nennt.

4 Aus einer Bemerkung in 368a geht hervor, dass es sich um Brüder Platons handelt.

Philosophen, aber sie möchten von Sokrates etwas lernen. Damit beweisen sie nicht nur ihre Offenheit gegenüber einer philosophischen Herangehensweise, die sie ein vielstündiges Gespräch durchstehen lässt. Vor allem zeigen sie, dass sie zumindest ahnen, nicht zu wissen, was Gerechtigkeit ist. Die Gesprächspartner im ersten Buch sind dagegen auf unterschiedliche Weise davon überzeugt, schon zu wissen, was Gerechtigkeit ist: Kephalos wird gar kein Bedürfnis verspüren, sich belehren zu lassen, Polemarchos glaubt, die Dichter hielten die Antwort parat, und Thrasymachos ist ohnehin von sich überzeugt wie kaum jemand anderer. Zudem stehen Kephalos und Polemarchos für ein vorphilosophisches, in einer bestimmten sozialen Schicht verankertes Verständnis von Gerechtigkeit – sie verfügen über Besitz, sind aber als Metöken[5] von der politischen Mitwirkung ausgeschlossen. Thrasymachos erscheint philosophisch gewitzter; er vertritt eine Haltung, die man in Athener Politikerkreisen antreffen konnte,[6] die aber auch heutzutage hier und da vorkommen soll: Wer sich an die Regeln der Gerechtigkeit hält, ist dumm.

Diese Punkte zusammengenommen, scheint es mir nicht

5 Metöken waren in einer griechischen Stadt zugewanderte Fremde, die kein Bürgerrecht besaßen, aber steuerpflichtig waren.

6 Ein Dokument findet sich bei Thukydides, dem Historiker des peloponnesischen Kriegs zwischen Athen und Sparta. Im Jahr 416 rückten die Athener gegen Melos aus, das bis dahin neutral war. Um eine lange Belagerung zu vermeiden, boten sie den Meliern großzügig Verhandlungen an, die aus Sicht der militärisch drückend überlegenen Athener aber nichts anderes als Kapitulationsverhandlungen sein konnten. Fragen nach der Gerechtigkeit schlossen sie daher von vornherein aus: »[…] ihr wißt so gut wie wir, daß im menschlichen Verhältnis Gerechtigkeit gilt bei Gleichheit der Kräfte, doch das Mögliche der Überlegene durchsetzt, der Schwache hinnimmt« (5, 89; Übers. von G. P. Landmann).

schwer zu verstehen, warum Platon dem Hauptteil der *Politeia* das erste Buch vorgeschaltet hat: Er lädt den Leser dazu ein, sich selbst im Feld vorphilosophischer Intuitionen zur Gerechtigkeit zu orientieren und die Schwierigkeiten, die der Begriff bereithält, zu entdecken, um sich von der eventuellen Überzeugung, schon zu wissen, was Gerechtigkeit denn nun sei, zu befreien.

Die Situation des Gesprächs (327a–328c)

Dem Gespräch geht eine kurze Schilderung der Ausgangssituation voraus, aus der heraus sich das Gespräch entwickelte. Sokrates ist mit Glaukon auf dem Heimweg von einem Fest, da wird er plötzlich von hinten am Mantel festgehalten: Polemarchos hatte einen Sklaven geschickt, um Sokrates aufzuhalten, und es entspinnt sich ein kurzer, von Schlagfertigkeit und Augenzwinkern geprägter Wortwechsel, in dem sich Sokrates schließlich überreden lässt, nicht nach Hause zu gehen, sondern den Nachmittag in Polemarchos' Haus zu verbringen, um am Abend noch den Fackelzug zu bestaunen, mit dem das Fest beendet werden soll.

Für den Leser, der den Rest des Buches kennt, ist diese Szene voller Anspielungen: Wir erleben einen *schaulustigen* Sokrates, der zum Hafen *hinab*gegangen war und folglich wieder auf dem Weg nach *oben* ist; schon das erinnert an das Bild des Höhlengleichnisses.[7] Umso mehr gilt das für die von Fackeln erleuchtete nächtliche Szenerie, in die sich Sokrates nach dem Gespräch begeben wird. Der Sklave stoppt Sokrates mit einer körperlichen Interaktion, noch bevor das erste Wort gespro-

7 Aber auch an den Abstieg des Er in die Unterwelt im Schlussmythos der *Politeia*.

chen war. Jemanden einfach am Mantel festzuhalten, war sicherlich auch im antiken Athen eine eher grobe Form der Annäherung. Fast könnte man etwas Gewaltsames darin sehen, was wiederum an das Höhlengleichnis erinnert: Dort wird der Höhlenbewohner mit Gewalt gezwungen, sich auf den Weg nach oben zu begeben. Auch wenn es allzu gezwungen erschiene, aus diesen Anspielungen eine ordentliche Parallele zum Höhlengleichnis zu machen, erscheint diese Eröffnung wie eine Einladung an den Leser, aktiv mit dem Text umzugehen, der vor ihm liegt, d. h. ihm nicht nur linear zu folgen, sondern vor- und zurückzulesen und über die Erfahrungen bei der ersten Lektüre zu reflektieren.

Kephalos und Sokrates (328c–331b)

Im Haus des Polemarchos angekommen, unterhält sich Sokrates zunächst mit dem Hausherrn, dem alten Kephalos. Das ist nicht nur dem Respekt geschuldet; es hat auch eine Funktion für die Einführung des Themas. Denn mit Kephalos wird nicht nur eine bestimmte Vorstellung von Gerechtigkeit eingeführt, sie wird auch mit einem Typus von Person verbunden.

Das Erste, was wir über Kephalos erfahren, ist, dass er das Alter nicht nur negativ empfindet, weil es ihn von vielen »rasenden Gebietern« befreit hat – gemeint sind Triebe und Bedürfnisse, allen voran der Sexualtrieb. Dass Kephalos deren Abnahme als wohltuend empfindet, zeigt, dass er die Triebe als Störenfriede einer als wohltuend empfundenen Ordnung betrachtet – er sieht mithin, dass es außer der Befriedigung der Triebe noch anderes gibt, was wertvoll ist, anderes, was Lust bereitet: etwa die Freude an der Unterhaltung (328d 4 f.), vor allem aber eine Wohlordnung (329d 5; das dort verwendete griechische Wort lautet *kosmios* und ist von *kosmos*, dem allgemeinen Begriff für eine gute Ordnung, abgeleitet). Diese Ordnung kam für Kephalos jedoch nicht aus eigener Kraft zustande; sie hat sich gleichsam naturwüchsig eingestellt, als Folge des Alters.

Ferner erfahren wir, dass Kephalos wohlhabend ist. Und wieder ist es nicht der Besitz an sich, der Lust bereitet, sondern dass er dabei helfen kann, von Angst zu befreien. Denn im Alter werde man von Angst vor Strafen nach dem Tod geplagt (330d 9). Wenn man Geld habe, könne man noch vor seinem Tod eventuell begangenes Unrecht ausgleichen (330e 5 f.). Mit dem Wort »Unrecht« wird nun zum ersten Mal jenes Begriffsfeld betreten, das das Zentrum des ganzen restlichen Gesprächs bilden wird.

Welche Vorstellung von Gerechtigkeit ist in diesen Aussagen von Kephalos enthalten? Gerechtigkeit ist für ihn offensichtlich etwas, das sich durch materielle Güter herstellen lässt und somit in materiellen Gütern bemisst. Es handelt sich um eine Art der Güterverteilung. Welche Güterverteilung nun eine gerechte Verteilung ist, sagt Kephalos nicht ausdrücklich, da er nur von Ungerechtigkeit spricht; die ist aber dann gegeben, wenn ein vorher bestehender Zustand der Güterverteilung gestört wurde. Der gerechte Zustand ist demnach einer, *in dem überkommene Besitzverhältnisse gewahrt bleiben*. Dazu passt, dass Kephalos sein Vermögen ererbt und in etwa auf der gleichen Höhe gehalten hat: Er hat es also weder vermehrt – sprich: anderen nichts weggenommen –, noch hat er es vermindert und somit auch seinen Söhnen nichts weggenommen.

Entfernt man sich für einen Moment vom Kontext des 5. Jahrhunderts v. Chr., dürfte man in dieser kephaleischen Vorstellung von Gerechtigkeit eine wohlvertraute Auffassung wiederfinden: Denn es handelt sich um ein Konzept von Gerechtigkeit, das einen großen Teil unseres bürgerlichen Lebens prägt.

Nachdem Kephalos seine Ansichten zum Thema dargelegt hat, startet Sokrates in der für ihn gewohnten Weise mit der Prüfung. Er beginnt mit einem Gegenbeispiel: Wenn man jemandem etwas zurückgibt – also das überkommene Besitzverhältnis wieder herstellt –, der Empfänger aber mit dem wiedererlangten Besitz etwas Schlechtes tun wird: Kann das gerecht sein?

Die Art der Argumentation, die Sokrates hier eröffnet, hat zwei Voraussetzungen. Erstens setzt sie voraus, dass die zu prüfende These als *Definition* formuliert ist, die mit strikter Allgemeingültigkeit gilt. Denn sonst könnte man sie nicht durch ein Gegenbeispiel widerlegen. So spricht denn Sokrates in der Tat sogleich auch von einer Definition (*horos*, 331d 2) und reicht die entsprechende allgemeine Formulierung nach:[8]

D1 Gerechtigkeit ist, die Wahrheit zu sagen und zurückzugeben, was man genommen[9] hat. (331d 2 f.)[10]

Zweitens kann Sokrates' Beispiel nur dann als Gegenbeispiel fungieren, wenn man eine weitere Prämisse hinzunimmt, nämlich, dass alles, was gerecht ist, auch gut ist. Damit ergibt sich nun folgendes Argument:

8 Dazu passt, dass hier zum ersten Mal von der Gerechtig*keit* die Rede ist – davor ging es um das Unrechttun, das Recht oder Unrecht, Gerechte oder Ungerechte.

9 Das griechische Verb *lambanein* bedeutet sowohl »nehmen« als auch »empfangen«. Hier sind sicherlich beide Bedeutungen passend – »empfangen« passt zu Sokrates' Beispiel, die Idee vom Begleichen einer Schuld eher zum »nehmen«.

10 Etwas überraschend ist das unvermittelte und nicht weiter kommentierte Auftreten der Wahrhaftigkeit. Möglicherweise tritt sie hier als Voraussetzung der Herstellung von Gerechtigkeit auf: Um eine Schuld zu begleichen muss ich die Schuld zuerst eingestehen.

P1 Alles, was eine Handlung des Zurückgebens von Genommenem ist, ist gerecht. (Folgerung aus D1)

P2 Alles, was eine gerechte Handlung ist, ist eine gute Handlung. (Zusätzliche Annahme)

K1 Wenn man jemandem, der vor Wut rast, sein Schwert zurückgibt, dann ist das gerecht. (Anwendung von P1)

K2 Wenn man jemandem, der vor Wut rast, sein Schwert zurückgibt, dann ist das gut. (Folgerung aus K1 und P2)

K3 Wenn man jemandem, der vor Wut rast, sein Schwert zurückgibt, dann ist das nicht gut. (Einschätzung des gesunden Menschenverstands)

Die Konklusionen K2 und K3 widersprechen sich. Dieser Widerspruch kann nur geschlichtet werden, wenn man eine der Prämissen aufgibt. Dafür kommen im Prinzip P1 oder P2 in Frage – doch da P2 nicht thematisiert wird, sondern als Hintergrundannahme herangezogen wurde, steht es nicht zur Disposition (tatsächlich wird sich der neu hinzugekommene Begriff »gut« als das heimliche Zentrum des ganzen Gesprächs erweisen). Fehlerhaft muss also P1 sein – und damit auch D1. Die in eine Definition gegossene Ansicht des Kephalos hat also der Prüfung nicht standgehalten.

Ich habe dieses einfache Argument so ausführlich dargestellt, weil es erstens ein Musterbeispiel für die Art und Weise ist, wie Sokrates in den sogenannten »Tugenddialogen«[11] argumentiert und weil es zweitens auf eine überschaubare Weise zeigt, wie ein »sokratisches Gespräch« funktioniert – bzw. was es heißt, dass die Meinungen eines Gesprächspartners auf den Prüfstand gestellt werden. Wer sich auf ein sokratisches Gespräch einlässt, sieht sich dazu verpflichtet, auf einer Ebene der Allgemeinheit zu argumentieren und sich an logische Prinzipi-

11 Laches, Charmides, Euthyphron.

en wie Ableitungsregeln und das Prinzip vom zu vermeidenden Widerspruch zu halten. Und die Meinungen, die er selbst äußert oder akzeptiert, werden auf ihre Widerspruchsfreiheit geprüft.

Kephalos bezeichnete sich zwar als einen Freund der Worte, doch als Sokrates nachzufragen beginnt, entzieht er sich rasch der weiteren Diskussion – er will ein Opfer darbringen, also auf seine Weise praktisch Gerechtigkeit herstellen. Polemarchos, sein Sohn, steht aber bereit, das »Erbe« der väterlichen Auffassung von Gerechtigkeit anzutreten. Damit beginnt der eigentliche argumentative Teil des Buchs I.

Polemarchos und Sokrates (331c–336a)

Polemarchos nimmt sein »Erbe« an, sucht aber zunächst nach Beistand bei einer nicht-philosophischen Autorität, dem Dichter Simonides. Dieser habe Folgendes gesagt:

> D2 Jedem das Schuldige zurückzugeben ist gerecht. (331e 3 f.)

Diese neue Definition scheint D1 sehr ähnlich; mit dem »Schuldigen« wird lediglich ein allgemeinerer Begriff als »was man genommen hat« verwendet. So aufgefasst, scheitert Simonides natürlich auch an Sokrates' Gegenbeispiel; eine andere Lesart muss also her. Polemarchos liefert sie auch gleich nach:

> D3 Dass Freunde Freunden etwas Gutes tun, Schlechtes aber nicht, [das ist gerecht]. (332a 9 f.)

Polemarchos ergänzt auf Nachfrage, dass man den Feinden Schlechtes schulde (332b 7). Damit lässt sich Sokrates' Beispiel nun endlich integrieren: Sollte es sich bei der Person, deren Schwert man in Verwahrung hatte, um einen Freund handeln, ist es nicht gerecht, das Schwert zurückzugeben, denn damit tut man dem vor Wut rasenden Freund nichts Gutes; handelt es sich aber um einen Feind, dann ist es gerecht, das Schwert zurückzugeben. Sokrates ist allerdings mit der Formulierung noch nicht ganz zufrieden – und man kann ahnen, warum: D3 schränkt D2 auf eine Gruppe von Adressaten ein. Es ist keine universelle Definition der Gerechtigkeit. Er bringt Polemarchos daher dazu, einer Variante zuzustimmen:

> D4 Gerecht ist, jedem das ihm Zukommende zu geben. (332c 2 f.)

Das griechische Wort »das Zukommende« (*to proshêkon*) unterscheidet sich von dem in D2 verwendeten Begriff »das Schuldige« (*ta opheilomena*) nur in der Ausrichtung: Die Schuld liegt beim Gebenden, das Kriterium für das Zukommen beim Empfänger. Von D3 unterscheidet sich D4 nur dadurch, dass wieder ein universell anwendbares Kriterium als Definiens der Gerechtigkeit dient.

Mit D4 ist nun die Definition gefunden, die im restlichen Gespräch mit Polemarchos der Prüfung unterzogen wird; sie reicht von 332c 5 bis 336a 10. Diese Prüfung unterscheidet sich nicht nur der Länge nach von der kurzen Prüfung von D1. Ihr Aufbau ist komplexer, die Hilfsannahmen sind zahlreicher. Als Ergebnis kommen jedoch erneut Widersprüche heraus, die diesmal Polemarchos als Adressaten von Sokrates' Argumentation ratlos zurücklassen – und ebenso wohl den Leser, zumindest bei der ersten Lektüre.

Die Prüfung vollzieht sich in zwei Phasen. Die erste Phase reicht bis 334b; nach einer Argumentationskette, die beim Leser wegen ihrer dichten Staffelung leichten Schwindel auslösen mag, endet sie mit der Konklusion, dass Gerechtigkeit eine Art von Diebeskunst sei. Polemarchos ist verwirrt, gibt aber nicht auf, sondern wiederholt seine Definition. Die zweite Phase endet 335e mit der Feststellung, dass der Gerechte überhaupt niemandem schaden kann, dies im Widerspruch zu D3. Polemarchos gibt nun seine Definition auf. Die Argumentation wirkt in diesem Abschnitt mitunter übertrieben ausführlich; ein Leser, der darüber die Geduld verliert, wird Thrasymachos' nachfolgende Intervention umso leichter nachempfinden können.

Die erste Phase von 332c 5 bis 334b 7 basiert auf dem Vergleich der Gerechtigkeit mit einer Kunst(fertigkeit) (*technê*).[12] Sokrates rechtfertigt diesen Vergleich nicht explizit; er unterstellt, dass er angemessen ist, da doch die Gerechtigkeit in D4 als etwas definiert wurde, das einen Effekt oder ein Produkt hat (nämlich das Zukommende zuzuteilen; vgl. 332d 2). Da eine Kunst sich für Sokrates unter anderem über ihr Anwendungsfeld definiert – so sind Gesundheit und Krankheit das Anwendungsfeld der Medizin, die Schifffahrt das Anwendungsfeld der Seemannskunst –, lautet die Folgefrage: Welches Anwendungsfeld hat jene Kunst, genannt Gerechtigkeit?

Polemarchos wittert hier noch keine Schwierigkeit, liefert D3 doch anscheinend eine Antwort: Das Anwendungsfeld sind Freunde und Feinde. Sokrates fragt aber nach etwas anderem – nicht nach den Adressaten, sondern nach der Art der Aufgabe, dem Gegenstands- oder Tätigkeitsbereich, der für die Gerechtigkeit spezifisch ist. Polemarchos schlägt daraufhin als

12 Platons Begriff der *technê* ist sehr weit gefasst; er meint jede Art von regelgeleiteter, auf eine Aufgabe oder ein Produkt ausgerichtete Tätigkeit, die auf Wissen beruhen kann. In diesem Sinne sind die Tätigkeiten der Handwerker ein Beispiel, aber auch die »ärztliche Kunst« und ebenso die philosophische Verfahrensweise der Dialektik.

Anwendungsgebiet den Krieg vor – was plausibel klingt, denn dort ist die Unterscheidung zwischen Freunden und Feinden wesentlich: Sobald klar ist, wer Freund und wer Feind ist, weiß man, was man zu tun hat. Doch ist dieses Anwendungsgebiet für eine allgemeine Definition der Gerechtigkeit zu eng, denn Gerechtigkeit gibt es auch im Frieden (333a 1). Hier nun scheint aber jedes denkbare Anwendungsgebiet durch ein spezifisches Handwerk bereits abgedeckt. Polemarchos bringt als Anwendungsbereich Verhandlungen ins Spiel (333a 13). Sokrates lenkt diesen Vorschlag sogleich auf die soziale Dimension der Verhandlungen um: Jede Verhandlung setzt eine Gemeinschaft voraus – und dieser Gemeinschaft kann man wiederum, insofern sie handelt, ein bestimmtes Gebiet zuweisen, durch das sie sich definiert. Dieses Gebiet sei im Falle der Gerechtigkeit das Geld, meint Polemarchos schließlich (333b 10). Es ist ein passender Vorschlag, denn das Geld ist ebenso wenig an spezifische Bereiche gebunden wie die Gerechtigkeit – doch genau das lädt dazu ein, wieder nach dem Anwendungsbereich zu fragen: Geld an sich ist nutzlos, einen Effekt hat es erst dann, wenn man es für etwas ausgibt. Da nun für die Verwendung des Geldes in den einzelnen Anwendungsfeldern wieder die speziellen Kunstfertigkeiten zuständig sind, bleibt für die Gerechtigkeit als Anwendungsbereich nur dasjenige Geld übrig, das nicht ausgegeben wird (333c 11 f.). Verallgemeinert man dieses Resultat, heißt das: Die Gerechtigkeit hat einen positiven Effekt im Gegenstandsbereich X genau dann, wenn X nicht gebraucht oder benutzt wird (333e 1 f.).

Schon damit hat Sokrates Polemarchos' Verständnis der Gerechtigkeit eigentlich ad absurdum geführt. Er setzt jedoch noch einmal nach: Wer eine Technik beherrscht, kann sie zum Guten und zum Schlechten anwenden (333e 2 ff.). Die Kunstfertigkeit der Gerechtigkeit besteht darin, etwas nicht zu gebrauchen, mithin etwas aufzubewahren; und da das schlechte

Gegenstück des Aufbewahrens das Stehlen ist, beweist sich die Kunst der Gerechtigkeit folglich auch darin, Geld zu stehlen. Gerechtigkeit ist also eine Art von Diebeskunst (334b 3 f.). Polemarchos ist damit an einen Punkt geführt worden, der der ursprünglichen Intuition – ausgedrückt in D1 – diametral entgegengesetzt ist.[13]

Man kann den Eindruck kaum von der Hand weisen, dass Sokrates hier mit einem intellektuell unterlegenen Polemarchos sein böses Spiel getrieben hat. Denn zumindest an einigen Stellen sind die Fehler in der Argumentation offensichtlich. Selbst wenn Gerechtigkeit eine Kunst des Nicht-Gebrauchens wäre, folgte daraus nicht, dass sie eine Kunst des Aufbewahrens ist. Wenn man Sparsamkeit als eine Kunst betrachtet, Geld nicht zu gebrauchen, ist sie doch verschieden von der Kunst des Safebauers. Und während ein Safebauer wohl auch weiß, wie man Safes knackt, gilt dies für einen bloß sparsamen Menschen keineswegs. Auch die Art und Weise, wie Sokrates den Vorschlag aufgreift, das Anwendungsfeld der Gerechtigkeit seien Verhandlungen, lässt eine offensichtliche Leerstelle: Gewiss verhandelt man um einer Sache willen, aber könnte die Kunst der Gerechtigkeit nicht in der Art und Weise der Verhandlungsführung bestehen? Vor allem letztere Auslassung kann man als einen Hinweis an den Leser auffassen, der Idee, Gerechtigkeit könnte gar keinen spezifischen Anwendungsbereich haben, sondern in einer Verfahrensweise bestehen, besondere Aufmerksamkeit zu schenken.

Was ist von der Behandlung der Gerechtigkeit als Kunst zu halten? Sie rückt ab von der Vorstellung, Gerechtigkeit bestehe in einem Zustand der Güterverteilung, der explizit D1 und im-

13 Auch wenn er im Bereich von D3 liegt, denn Polemarchos wollte ja nicht ausschließen, dass gerecht zu sein auch heißen kann, Schlechtes zu tun.

plizit auch D2–D4 zugrunde lag. Damit eröffnet sie eine neue Perspektive auf die Gerechtigkeit, und zwar im eben erwähnten Sinn einer Eigenschaft von Verfahrensweisen. Die Frage, welches das Anwendungsgebiet der Gerechtigkeit sei, ist zwar offensichtlich die Wurzel der Schwierigkeiten, in die Polemarchos gerät. Sie ist jedoch insofern nicht völlig abwegig, als man durchaus nach dem Nutzen der Gerechtigkeit fragen kann – das »Zukommende«, das die Gerechtigkeit nach D4 verschaffen soll, ist zwar dem Wortlaut nach nichts weiter als das, auf das man einen Anspruch hat, es liest sich jedoch leicht mit einem positiven Unterton: Gerechtigkeit ist etwas, das dem Adressaten einer gerechten Handlung etwas Gutes verschaffen soll.

Diese erste Phase der Prüfung hinterlässt einen verwirrten Polemarchos; doch wer verwirrt ist, vermag eben nicht zu erkennen, ob und wo er sich geirrt hat. Darum ist es konsequent, wenn Polemarchos seinen ursprünglichen Vorschlag D3 wiederholt (334b 8 f.), der so zum Ausgangspunkt der zweiten Phase wird (334c 1–336a 10). Sokrates eröffnet sie mit einem zwar nicht unwichtigen, aber dennoch scheinbar abseitigen Punkt, nämlich der Frage, ob wir uns nicht manchmal darin irren, ob jemand ein Freund ist. Natürlich tun wir das. Aber was hat ein solcher *epistemischer* Punkt – ein Punkt, der die *Anwendung* von D3 betrifft – mit der Korrektheit der *Definition* zu tun? Polemarchos jedenfalls scheint leichtes Spiel damit zu haben, Sokrates' neues Problem zurückzuweisen: Wir müssen der Definition bloß hinzufügen, dass diejenigen, denen Gutes zu tun gerecht ist, nicht bloß als Freunde erscheinen, sondern es auch *sind* (334e 10 f.).

Was nun folgt, ist einer jener Abschnitte, die auch einem gutwilligen Leser dank einer haarspalterisch anmutenden Auseinandersetzung die Geduld rauben können: Worauf will Sokrates hier überhaupt hinaus? Immerhin führt er wieder eine neue Bestimmung unter der Hand ein, nämlich die Definition des Begriffes »Freund«. Freund sei, wer »rechtschaffen« (*chrêstos*) ist (334c 1 f.). Das Wort, das Sokrates hier benutzt, bedeutet, wenn man es auf Dinge anwendet, »nützlich«. Auf Menschen angewendet, ist dies keine angemessene Übersetzung, doch hat Sokrates mit dieser neuen Formulierung auf die Wertung, die in der Rede von Freund und Feind mitschwingt, neues Licht geworfen. Denn nun hängt, ob jemand Freund ist, von einem Kriterium ab, das in einem objektivierbar Guten besteht. Wer mein Freund ist, mag eine ganz und gar willkürliche Sache sein; die Beantwortung der Frage, wer rechtschaffen ist – man könnte sagen: wer ein *wahrer* Freund ist –, ist keine Angelegenheit bloßer Willkür mehr. Daher ist es konsequent, wenn Sokrates am Ende dieses Abschnitts den Freund schließlich als den Guten bestimmt (335a 3).

D3 erhält auf diese Weise einen neuen Klang: Gerecht zu sein heißt demnach, jemandem, der gut ist, etwas Gutes zu tun, und jemandem, der schlecht ist, etwas Schlechtes zu tun (335a 8 f.). Der neue Klang kommt dadurch zustande, dass der Effekt der Gerechtigkeit nun in einem intrinsischen Verhältnis zur Verfassung des Adressaten der gerechten Handlung steht.

Das ist ein Baustein der Argumentation, die Sokrates hier aufbaut. Der andere Baustein hängt mit einem für die platonische und überhaupt die antike Ethik zentralen Begriff zusammen, dem der *aretê*, der hier (335b 8) zum ersten Mal in der Politeia auftaucht: *aretê* meint zwar auch das, was man heute mit dem Wort »Tugend« wiedergibt. Allgemeiner gesehen geht es aber eher um eine »gute innere Verfassung« (der Begriff wird daher oft mit »Tüchtigkeit«, manchmal auch mit »Fähigkeit« übersetzt). Die Gerechtigkeit ist eine menschliche *aretê* (335c 4) – Sokrates lässt sich dies ausdrücklich von Polemarchos bestätigen. Kann man nun durch eine eigene *aretê* die Verfassung – die *aretê* – eines anderen Menschen schlechter machen? Anders gefragt: Kann der Gerechte einen anderen Menschen in seiner *aretê* schlechter machen? So nämlich muss man nun die Behauptung aus D3 auffassen, dass es gerecht sei, seinen Feinden zu schaden. Das scheint unmöglich zu sein: Eine Tugend kann man durch eine Tugend nur besser, nicht schlechter machen. Damit ist D3 aus dem Spiel, wie Sokrates und Polemarchos übereinstimmend feststellen (335e).

Was ist von dieser Argumentation zu halten? Auf einige nicht ausgewiesene und daher nicht begründete Annahmen habe ich schon hingewiesen; sie werden sich als Vorgriffe erweisen. Offen bleibt, ob mit der Widerlegung von D3 auch D4 aus dem Spiel ist oder ob vielleicht die erste Phase der Argumentation gegen D4 und die zweite spezifisch gegen D3 gerichtet war.

Vor allem scheint mir aber wichtig zu sein, einen Widerspruch in den Argumentationsstrategien beider Phasen festzuhalten. Denn in der ersten Phase hatte Sokrates die Gerechtigkeit als eine Kunstfertigkeit verstanden und daraus unter anderem abgeleitet, dass man die Gerechtigkeit, wie jede Kunst, zum Guten wie zum Schlechten einsetzen kann. Die Einstufung der Gerechtigkeit als *aretê* des Menschen ist mit dieser Konsequenz aber nicht vereinbar; wenn man daher an der Prämisse der zweiten Argumentationsphase, dass die Gerechtigkeit als *aretê* nur gute Effekte haben kann, festhalten möchte, dann kann man sie nicht länger als eine Kunstfertigkeit im üblichen Sinne behandeln.[14]

Fassen wir kurz den Stand der Dinge zusammen: Die Ge-

14 In der Begründung dieser These greift Sokrates übrigens nochmals auf die Analogie zur Kunstfertigkeit zurück, und genau das macht seine Begründung fragwürdig: Sokrates behauptet, ein Reiter könne durch seine Reitkunst andere nicht zu schlechten Reitern machen (335c 11). Doch warum sollte das nicht möglich sein? Wer die Reitkunst beherrscht, weiß auch, welche Fehler man machen kann,

spräche mit Kephalos und Polemarchos sollten, so mein Vorschlag, nicht-philosophische, bürgerliche Intuitionen über Gerechtigkeit ins Spiel bringen, Intuitionen, in denen wir uns auch heute noch leicht wiederfinden können: Gerechtigkeit ist eine Frage der Güterverteilung, und ihren Maßstab entnimmt sie den überkommenen Verhältnissen. Erben ist darum keine Ungerechtigkeit, Stehlen dagegen durchaus. Sokrates hat mit seinem ersten Gegenbeispiel auf eine Schwierigkeit aufmerksam gemacht, die sich wiederum leicht nachvollziehen lässt: Gerechte Verhältnisse stehen noch unter einem anderen Maßstab, für den in pauschaler Weise das Wort »gut« steht. Wer heute überkommene Besitzverhältnisse als ungerecht kritisiert, der beruft sich auf einen solchen Maßstab. Was darauf in der Auseinandersetzung mit Polemarchos folgte, war nicht sonderlich dazu angetan, für weitere Klarheit zu sorgen; dazu hat Sokrates zu viele neue Begriffe ins Spiel gebracht und Analogien gezogen, die durch seine eigene Argumentation in Frage gestellt werden. Wenn man diesen Argumentationen eine Funktion mit Blick auf die Erarbeitung des Themas der Gerechtigkeit zuweisen wollte, dann wäre es am ehesten die einer Erweiterung des Feldes: Ist die Gerechtigkeit eine Kunstfertigkeit, eine Methode? Wenn sie kein spezielles Anwendungsgebiet hat, wie lässt sich ihre Universalität erklären? Oder hat Polemarchos vielleicht doch recht, und das Feld der Gerechtigkeit sind Verhandlungen, sei es im privaten, sei es im politischen Bereich? Wie verhält sich die Intuition, dass Gerechtigkeit eine Frage der Güterverteilung ist, zur Idee, dass Gerechtigkeit eine Tugend und damit in erster Linie eine Eigenschaft einzelner Menschen ist? Für Kephalos ist der gerechte Mensch einer, der alle seine Schulden beglichen hat. Lässt sich die indi-

und wird daher, entsprechend schlechte Absichten vorausgesetzt, einen Schüler gezielt zu einem schlechten Reiter machen können.

viduelle Gerechtigkeit auf diese Weise bestimmen, oder ist es nicht zuallererst eine innere Haltung, die sich dann womöglich in gerechten Handlungen auswirkt?

Thrasymachos und Sokrates I (336b–343a)

Bevor sich das Gespräch einer konstruktiven Antwort auf derartige Fragen zuwendet, hat Platon noch eine ganz andere Auseinandersetzung um die Gerechtigkeit gestellt, nämlich mit dem Sophisten Thrasymachos[15], der dem bisherigen Gespräch mit wachsender Ungeduld zugehört hatte und nun nicht mehr an sich halten kann. Wie ein »wildes Raubtier« stürzt er sich in die Diskussion (336b 5).

Dem eigentlichen Gespräch geht ein Geplänkel zwischen Sokrates und Thrasymachos voraus, das in mehrfacher Hinsicht interessant ist (336b 1–338c 1). Erstens charakterisiert es die neue Gesprächssituation. Thrasymachos greift Sokrates zunächst nicht inhaltlich, sondern auf der Ebene der Gesprächsführung an. Dadurch entsteht der Eindruck, es handele sich um Gegner »auf Augenhöhe«, die die Methoden des anderen jeweils durchschauen. Außerdem wird die Atmosphäre aggressiver, aber auch spannungsreicher: Es geht von nun an um einen intellektuellen Kampf, der nach einem Sieger verlangt.

Wie sind die Vorwürfe einzuschätzen, die Thrasymachos gegen Sokrates' Vorgehensweise erhebt? Zum einen verlangt er, Sokrates solle aufhören, bloß Fragen zu stellen, sondern sich mit eigenen Thesen selbst angreifbar machen (336c, 337a,

15 Thrasymachos aus Chalkedon wird von Platon im Phaidros als Redner und Redelehrer genannt (z. B. 266c 2–5, 267c 7–d 2); erwähnt wird er auch bei Aristophanes und Aristoteles. Er kann daher als historisch gesicherte Person gelten.

337e). Zum anderen wirft er Sokrates vor, seine Begriffe seien unpräzise (336d 3). Wie gesehen, agierte Sokrates gegenüber Polemarchos in einer Weise, die man durchaus als unfair charakterisieren könnte. Und in der Tat brachte Sokrates viele Thesen und Begriffe ins Spiel, ohne sich letztlich um ihre Klärung zu kümmern. Trotzdem treffen die Einwände ihr Ziel nicht exakt.

Sollte Sokrates meinen, dass der bisherige unbefriedigende Gesprächsverlauf nicht bösem Willen, sondern mangelndem Wissen geschuldet war, so entspricht das seiner tatsächlichen Haltung. Es ist keine Verstellung, wie ihm Thrasymachos vorwirft (337a). Sokrates kann keine einfache und kurze Antwort auf die Frage geben, was Gerechtigkeit sei, auch wenn er – wie die restlichen Bücher der *Politeia* zeigen werden – weit ausführlichere Thesen im Kopf hat, als er bis jetzt hat durchscheinen lassen, so dass sein Agieren gegenüber Polemarchos ohne Zweifel etwas Strategisches hatte. Außerdem schießt Thrasymachos' Kritik an den Begriffen weit übers Ziel hinaus, denn er möchte alle Begriffe ausschließen, die die Gerechtigkeit in die Nähe des Guten bringen und damit Sokrates die Position verbieten, die diesem voraussichtlich am nächsten liegt. Wie man gleich sehen wird, hält sich Thrasymachos selbst aber nicht ganz an seine Vorgabe (wie auch Sokrates nicht vergisst anzumerken, vgl. 339a 6 f.). Die Kritik bekommt dadurch etwas von einem wilden Umsichschlagen.

Man darf allerdings nicht vergessen, dass wir es hier mit einer keineswegs neutralen Darstellung zu tun haben, denn der eigentliche Berichterstatter – Sokrates – ist eine der Parteien.[16]

16 Einmal ganz davon abgesehen, dass der Autor in der Auseinandersetzung mit den Sophisten selbst in höchstem Maße parteiisch war. Dass er Thrasymachos Geld fordern lässt, dürfte dieser Auseinandersetzung geschuldet sein.

Ohne Zweifel spiegelt sich aber in der Parteilichkeit der Schilderung das Klima, das Thrasymachos in das Gespräch hineingetragen hat.

Worum geht es nun inhaltlich? Welche Perspektive auf die Gerechtigkeit bringt Thrasymachos ins Spiel? Dessen Auftritt ist auch deshalb so dramatisch gestaltet, weil so der Anspruch unterstrichen wird, den Gerechtigkeitsbegriff völlig neu zu definieren.[17] Thrasymachos will sich nicht nur von philosophischen Haarspaltereien, er will sich auch von der bürgerlichen Vorstellung eines Kephalos oder Polemarchos absetzen. Platon bringt so mit der Figur des Thrasymachos nicht nur eine bestimmte politische Gerechtigkeitsvorstellung ins Spiel. Er wirft auch die Frage auf, inwieweit es überhaupt möglich ist, einen Begriff neu zu definieren. Thrasymachos beginnt mit folgendem Definitionsvorschlag:

> D5 Das Gerechte ist nichts anderes als das dem Stärkeren Nützliche (338c 2 f.)

Es wirkt etwas skurril, wenn er sich sofort danach Beifall heischend umschaut. Sokrates' erste Reaktion wirkt, als wolle er ein wenig Luft aus dem aufgeblasenen Thrasymachos herauslassen: Er fasst »stärker« als »physisch stärker« auf und schließt so aus Thrasymachos' Definition, dass beispielsweise Rindfleisch zu essen gerecht sei, wenn es denn starken Männern nützlich ist. So hat Thrasymachos es natürlich nicht gemeint, denn ihm ging es um politische Macht, und so reformuliert er seine Definition (338e 1–339a 4):

17 In dieser Hinsicht gleicht er Sokrates, der in den folgenden Büchern gleichfalls einen Gerechtigkeitsbegriff präsentieren wird, der von demjenigen von Kephalos und Polemarchos erheblich abweichen wird.

D6 (1) Gerecht ist, was in einer Gesellschaft als positives Recht besteht.

(2) Was in einer Gesellschaft als positives Recht besteht, ist zum Nutzen der Herrscher.

Denn das positive Recht, also die Gesetze, ist vom Herrscher aufgrund seiner Macht durchgesetzt worden; und da jeder tut, was für ihn von Vorteil ist, ist das positive Recht immer zum Vorteil der Herrschenden. Eine besondere Pointe dieser Definition liegt darin, dass ihr zufolge der Herrscher immer auch festlegt, worauf das Prädikat »ist gerecht« anzuwenden ist. Anders gesagt: Der Herrscher legt mit den Gesetzen auch die *Extension* des Gerechtigkeitsbegriffs fest.

Das wirft unmittelbar die Frage auf, warum es sich bei D6 überhaupt um eine Definition der *Gerechtigkeit* handeln soll. Gewiss kann ein Herrscher Worte verwenden, wie er will. Kann er aber auch die Bedeutung von Worten des allgemeinen Sprachgebrauchs festlegen? Liegt es nicht vielmehr in der Macht der Untertanen, darüber zu urteilen, ob ein Gesetz gerecht ist oder nicht – auch wenn sie nicht die Macht haben, selbst Gesetze zu erlassen? So dass ihre naheliegende Reaktion auf D6 wäre, dem Herrscher eine Verwechslung von geltendem Recht und Gerechtigkeit vorzuwerfen? Und genauso kommentieren wir ja auch heute Gesetze: Wir beurteilen sie danach, ob sie gerecht sind.

Sollte D6 tatsächlich eine Definition jenes Begriffes sein, der im gewöhnlichen Gebrauch als Gerechtigkeitsbegriff gilt, so muss also noch mehr geleistet werden. Es muss gezeigt werden, dass der in D6 definierte Begriff irgendwie an den alltäglichen Gerechtigkeitsbegriff anknüpft, sowie dass er konsistent ist, während andere Explikationen des Gerechtigkeitsbegriffs sich als inkonsistent erweisen.

Es ginge zwar zu weit, dem bisherigen Gespräch Letzteres

zu entnehmen. Man kann jedoch immerhin feststellen, dass ein erster Anlauf zur Klärung des bürgerlichen Verständnisses von Gerechtigkeit gescheitert ist. Ob der Vorschlag von D6 sich als konsistent erweist, wird zu prüfen sein. Es bleibt zu fragen, inwieweit wir in D6 überhaupt einen Begriff der Gerechtigkeit wiedererkennen können.

Da ist zunächst der Anwendungsbereich, nämlich die Regelung öffentlicher Verhältnisse. Polemarchos war dem mit seinem Vorschlag, Verhandlungen seien der genuine Anwendungsbereich der Gerechtigkeit, schon nahegekommen. In D6 geht es zwar um eine spezifische Art von Verhandlungen – oder besser: um ihr Resultat, nämlich Verträge –, und zwar solchen, die das Verhältnis zwischen Herrschern und Beherrschten regeln. Doch bilden solche Verträge sicherlich einen zentralen Anwendungsbereich des Gerechtigkeitsbegriffs.

Aber das genügt nicht; ein Vertrag oder eine Regel des öffentlichen Lebens ist ja nicht per se gerecht. Es muss also noch mehr hinzukommen. Eine weitere Komponente, die in D6 enthalten ist, ist der Bezug zum Guten, und zwar in Gestalt des Nutzens (der Nutzen des Herrschers ist ja nichts anderes als das, was für den Herrscher gut ist). Ironischerweise ist es genau die Komponente, die Thrasymachos in seiner ersten Attacke ausgeschlossen wissen wollte; doch ist sie als Bestandteil der Bedeutung von »ist gerecht« im Spiel, seit Sokrates in der Widerlegung von D1 vorausgesetzt hatte, dass alles, was gerecht ist, auch gut ist. Wir können also einstweilen festhalten, dass D6 zumindest in zwei Hinsichten an das übliche Verständnis von Gerechtigkeit anschließt.

In einem ersten Anlauf (339b 9–341c 4) bringt Sokrates Thrasymachos zu dem Zugeständnis, dass Herrscher sich darüber irren können, was vorteilhaft für sie ist. Wenn sie sich darüber irren, dann ist laut D6 gerecht, was ihnen schadet.[18] Um dieser misslichen Konsequenz zu entkommen, verbessert Thrasymachos seine Definition nochmals: Herrscher im Sinne von D6 sei nur der, der sich als Herrscher (also wenn er herrscht) nicht irrt (341b 8).

Dabei bleibt es zunächst; Sokrates verfolgt diesen Punkt fürs Erste nicht weiter, sondern startet einen zweiten Anlauf der Widerlegung von D6 (341e 5–342e), indem er folgendes Schema einführt:

> M x ist mangelhaft → x bedarf einer Kunst K, die auf einer Kenntnis dessen beruht, was für x gut ist → K behebt den Mangel von x.

So ist es im Falle des menschlichen Körpers, der mangelhaft ist und dem es nicht genügt, so zu sein, wie er ist (vgl. 341e 5 f.); deshalb bedarf der Körper beispielsweise der medizinischen Kunst.

Gilt die in M beschriebene Struktur nun auch für eine Kunst selbst, d. h. sind für x auch Künste einzusetzen? Falls ja, dann geriete man in einen unendlichen Regress (243a 9), denn jede Kunst bedürfte einer anderen, die ihren Mangel behebt usw.; so könnte nie ein Mangel behoben werden. Tatsächlich lässt sich Thrasymachos sogar dazu bringen, der Behauptung zuzustimmen, dass keine Kunst, »solange sie jeweils genau ganz die ist, die sie ist« (342b 6), irgendeinen Mangel hat.

Diese Behauptung ist mit der im Zitat hinzugefügten Klausel unangreifbar, allerdings erscheint sie unplausibel, insofern

18 Das kurze Zwischengespräch (340a 1–c 1), in dem sich Polemarchos und Kleitophon jeweils auf Seiten Sokrates' und Thrasymachos' einmischen, bringt inhaltlich nichts Neues. Es wirft lediglich ein Licht auf die besondere Gesprächssituation: anscheinend haben sich unter den Anwesenden zwei Parteien gebildet, die jeweils ihrem Helden zum Sieg verhelfen möchten.

wohl niemand, der faktisch eine Kunst ausübt, diesen vollkommenen Zustand erreichen kann. Dies wäre ja ein Zustand der Perfektion. Für seine weitere Argumentation braucht Sokrates allerdings keine solch starke These; es genügt, dass im Schema M x und K nicht identisch sind. Daraus folgt, dass der Adressat von K nicht mit K identisch ist, dass also eine Kunst sich sozusagen nicht selbst heilen kann – und das ist allemal plausibel: Wenn der Arzt seine Kunst ausübt, dann beseitigt er nicht einen Mangel in seiner Kunst, sondern hilft dem Patienten.[19] Jede Kunst ist also auf den Vorteil von etwas von ihr verschiedenem, nämlich ihres spezifischen Gegenstands, ausgerichtet.

Im nächsten Schritt personalisiert Sokrates diese Aussage: Auch ein Künstler sucht, insofern er seine Kunst ausübt, nicht den eigenen Vorteil, sondern den des Adressaten. Das soll nun auch für den Herrscher gelten, insofern er als Herrscher tätig ist (342d 4–342e 11). Da Thrasymachos aber selbst darauf bestanden hatte, den Herrscher nur zu betrachten, insofern er herrscht, ist es Sokrates gelungen, seinen Gegner an einen Punkt zu führen, an dem er sich selbst widersprechen muss: Wenn die Gerechtigkeit die Kunst des Herrschers ist, dann kann dieser sie nicht zum eigenen Vorteil ausüben.

Allen Anwesenden sei dies klar gewesen, so merkt Sokrates an (343a 2), aber ist es wirklich so? Der kritische Punkt in der Argumentation ist der Schritt der Personalisierung: Warum sollte jemand, der über eine Kunst verfügt, diese nicht zum eigenen Vorteil ausüben? Die Antwort hängt vom Verständnis

19 Man mag einwenden, dass ein Arzt doch durch jede Behandlung, die er durchführt, auch lernt. Faktisch ist das sicherlich der Fall, weil die medizinische Kunst eine Erfahrungswissenschaft ist; doch würde man hier an einen Arzt denken, der seine Patienten behandelt, *um* zu lernen. Ein solcher Arzt wäre nach allgemeinem Verständnis ein schlechter Arzt.

der Formel »der Künstler, insofern er Künstler ist« ab. Das wird am Beispiel des Arztes deutlich: Selbstverständlich kann sich der Arzt selbst behandeln und heilen. Doch ist er dann nicht als Arzt, sondern als kranker Mensch mit einem unvollkommenen Körper Adressat seiner Kunst. Als Arzt wird er durch diese Selbstbehandlung nicht besser. Lässt sich dieses Beispiel aber auf den Herrscher übertragen? Gewiss wird der Herrscher nicht ein besserer Herrscher, wenn er Gesetze zu seinem Vorteil erlässt – aber hatte Thrasymachos das in D6 gemeint? Hat Sokrates hier nicht Thrasymachos' ursprüngliche Intention verdreht?

Thrasymachos und Sokrates II (343b–347e)

Platon lässt Thrasymachos nicht so wehrlos dastehen wie Polemarchos. Die nächste Phase in der Auseinandersetzung wird durch eine lange Rede von Thrasymachos eröffnet (343b 1–344c 9), in der er auf genau diesen Punkt eingeht: Denn natürlich gibt es Leute, die eine Kunst ausüben, und dies zum eigenen Vorteil tun. Man denke an die Schäfer: Je besser sie ihre Kunst verstehen, desto mehr werden sie selbst davon haben.

Thrasymachos belässt es aber nicht bei der Präsentation eines Gegenbeispiels; vom Redefieber gepackt, versteigt er sich zu Thesen, die recht überraschend klingen. Denn nun heißt es auf einmal:

D7 (1) Gerechtigkeit und das Gerechte sind eines Anderen Gut, nämlich der Nutzen des Starken und Herrschenden, aber des Beherrschten Schaden. (343c 3–5)

(2) Der gerechte Mann ist überall dem Ungerechten unterlegen. (343d 3)

Überraschend ist dies erstens, weil nach D6 doch das Gerechte das Gut des Herrschers, mithin kein »fremdes Gut« sein sollte; zweitens, da der Herrscher festlegt, was gerecht ist, und er sich wohl an seine eigenen Regeln halten wird – so dass er stets als ein gerechter Herrscher dastehen wird –, kann der im Sinne des Herrschers gerechte Mann wohl kaum unterlegen sein. (Man stelle sich vor, der Herrscher erlässt das Gesetz, dass ihm alles Land gehört. Dieses Gesetz ist nach D6 gerecht; und der Herrscher, der nach diesem Gesetz handelt, ist ein gerechter Herrscher.)

Die Spannung zwischen D6 und D7 lässt sich natürlich leicht auflösen: Denn in D7 spricht Thrasymachos aus der Perspektive der Beherrschten. Die Rede vom »Gut des Anderen« in (1) ergibt sich daraus unmittelbar. Interessanter ist (2). Der »gerechte Mann«, der unterlegen ist, muss der Beherrschte sein, der sich an die Regeln hält. Doch welcher Spielraum bleibt für die Rede von Ungerechtigkeit? Ist es derjenige, der als Beherrschter das geltende Recht bricht und im Lichte dieses Rechts ungerecht handelt? Das wäre ganz im Sinne von D6. Oder wird hier der Herrscher als ungerecht bezeichnet? Wenn Thrasymachos sagt, dass »die Ungerechtigkeit über die wahrhaft Einfältigen und Gerechten« herrsche (343c 6 f.), dann weist das auf die zweite Lesart hin.

Damit gesteht Thrasymachos aber implizit zu, dass die Beherrschten zwar keine reale Macht, wohl aber nach wie vor die Verfügung über die Bedeutung des Begriffs Gerechtigkeit haben. Denn sie sind es ja, die den Herrscher als ungerecht bezeichnen werden. Wenn sie das tun, dann aber nicht im Sinne von D6! Das heißt, die Anmaßung, die mit D6 einherging, auch den Umfang des Begriffs der Gerechtigkeit festzulegen, scheitert. Und das ist nur möglich, wenn mit dem Begriff der Gerechtigkeit eine Bedeutungskomponente verbunden ist, die durch D6 nicht erfasst wird. Bislang waren es zwei Bedeutungskomponenten, die den in D6 definierten Begriff als Gerechtigkeitsbegriff ausgewiesen hatten: der Anwendungsbereich und der Bezug zum Guten. Was könnte als weiterer Bestandteil hinzukommen, der die merkwürdige Volte in Thrasymachos' Redeweise verständlich macht? Es ist der Zusammenhang von Gerechtigkeit und Verteilung: Etwas, das gerecht sein soll, hat stets mehrere Adressaten (so hat ein Vertrag mindestens zwei Vertragspartner als Adressaten; ein Gesetz entweder Herrscher und Beherrschte oder die Bürger eines Staates insgesamt). Eine zusätzliche Klausel, die dies berücksichtigt, könnte lauten:

D7* Wenn x gerecht ist, dann muss x aus der Perspektive aller Adressaten von x als gerecht akzeptiert werden.

(Man könnte die Klausel auch unter Bezug auf ein objektives Gut formulieren: Wenn x gerecht ist, dann muss x für alle Adressaten gut sein. Da der Punkt implizit bleibt, ist einstweilen nicht auszumachen, welche Fassung besser ist.)

Damit wird nachvollziehbar, warum ein Vertrag, ein Gesetz oder eine Handlung von den Adressaten unterschiedlich beurteilt werden kann und warum der Wechsel der Perspektiven, den Thrasymachos hier unter der Hand zugesteht, zum Gerechtigkeitsbegriff notwendigerweise dazugehört.

Thrasymachos reflektiert darauf allerdings nicht; in seinem Redeeifer steigert er sich immer mehr in ein Lob der Ungerechtigkeit hinein, das in der Preisung des Tyrannen als des Ungerechtesten und Glücklichsten überhaupt gipfelt (344b 5–c 2).[20]

Sokrates' Kommentar zu diesem rhetorischen Erguss ist

20 Der Schlusssatz von Thrasymachos' Rede wirkt wie ein Hinweis auf den Widerspruch, in den Thrasymachos sich verwickelt hat: »[…] der Vorteil des Mächtigeren ist das Gerechte, das Ungerechte

knapp und bissig: Er vergleicht Thrasymachos mit einem Bademeister, der einen Wasserkübel über den Badegast auskippt. Inhaltlich kommentiert er den diagnostizierten Widerspruch nicht; in seiner ersten Entgegnung benennt er zunächst das Feld, das Thrasymachos mit seiner Rede eröffnet hat: nämlich die Frage nach der richtigen Lebensführung (vgl. 344e 1 f.). Doch bevor er darauf genauer eingeht, kommt er zurück auf den Auslöser von Thrasymachos' langer Rede – also die Behauptung, ein Herrscher, insofern er als Herrscher agiere, handle nicht zum eigenen Vorteil. Was lässt sich Thrasymachos' Gegenbeispiel, dem Hirten, entgegenhalten? Sokrates versucht es mit einem Prinzip, das er schon in der Argumentation gegen Polemarchos benutzt hatte: dass eine Kunst je einen ihr spezifischen Anwendungsbereich und eine dazu passende Fähigkeit habe (346a 1–3). Da nun die Pflege der Herde und das Geldverdienen zwei verschiedene Aufgaben seien, müssen ihnen auch zwei verschiedene Künste entsprechen – neben der Hirtenkunst eine Kunst des Geldverdienens (346b 1). Formal lässt sich damit Sokrates' frühere Behauptung gegen Thrasymachos aufrechterhalten: Wenn der Herrscher seine Herrschaft kunstgerecht ausübt, verfolgt er damit ein einziges Ziel: nämlich das Gute seiner Untertanen. Wenn er darüber hinaus selbst einen Vorteil davon hat, dann, weil er noch eine andere Kunst beherrscht.

Ist diese Unterscheidung ein bloßer argumentativer Schachzug, dessen alleiniger Zweck darin besteht, Thrasymachos zu besiegen, ist sie Resultat einer ernstgemeinten Weltfremdheit des Idealisten, der vergisst, dass man nicht von der Philosophie alleine leben kann, oder lässt sie sich irgendwie plausibel machen? Denkt man wieder an das Beispiel des Arztes, erscheint

aber ist das, was sich selbst nützt und vorteilhaft ist.« (344c 8 f., Übers. Krapinger).

die Trennung nicht ganz abwegig; schließlich sind es in der Tat verschiedene Fähigkeiten, Patienten zu behandeln und eine Praxis wirtschaftlich zu führen oder gar dabei reich zu werden. Wie ist das aber beim Herrscher? Sokrates weist darauf hin, dass Herrscher für ihre Tätigkeit einen Lohn fordern, und zwar genau deshalb, weil sie für die Beherrschten etwas Gutes tun – eine erstaunlich moderne Auffassung (345e, 346e), die Platon womöglich für so ungewöhnlich hielt, dass er Glaukon nachhaken lässt: Welche Strafe könnte denen drohen, die nicht regieren wollen? Es sei die Strafe, von Schlechteren regiert zu werden, erläutert Sokrates (347c). Unplausibel ist also nicht, was Sokrates hier einführt, bestenfalls weltfremd, insofern man meinen könnte, niemand tut etwas, wenn er nicht einen eigenen Vorteil davon hat. Doch erstens widerspräche man damit nicht der von Sokrates eingeführten Unterscheidung, und zweitens betritt man damit das weitere Feld der Frage, aus welchen Gründen man überhaupt etwas tut – was nichts anderes ist als die Frage nach dem, was im Leben gut ist.

Die nächste Phase der Prüfung von Thrasymachos' Rede wird gleichfalls im Gespräch mit Glaukon eingeführt. Nun geht es endlich um das Thema der Lebensführung, und zwar anhand folgender These:

D8 Das Leben des Ungerechten ist besser als das Leben des Gerechten. (347e 4 f.)

Warum die Einführung im Gespräch mit Glaukon? Sokrates hat schon vorher geäußert, dass er anderer Meinung als Thrasymachos ist – und sich damit zum ersten Mal zu einer eigenen Meinung bekannt; nun versichert er sich, dass Glaukon gleichfalls nicht von D8 überzeugt ist. Im Rahmen des sokratischen Verfahrens ist das ungewöhnlich, obwohl Sokrates damit anscheinend einer anfänglichen Forderung von Thrasymachos nachkommt. Denn im sokratischen Verfahren geht es nicht darum, Meinung gegen Meinung zu stellen und durch Argumente zu streiten; vielmehr geht es darum, Meinungen daraufhin zu prüfen, ob sie mit anderen Meinungen konsistent sind, und sich so der Wahrheit anzunähern. Letztlich ist es gleichgültig, wessen Meinungen hier auf dem Prüfstand stehen. Wichtig ist, dass der Prozess immer an ein und dieselbe Person gebunden bleibt; denn die Überprüfung von Konsistenz oder Inkonsistenz setzt voraus, dass jemand, der eine Behauptung äußert, sich selbst auf alles verpflichtet, was aus dieser Meinung folgt. Dass Sokrates sich mit eigenen Meinungen zurückhält, hat also vor allem den Grund, dieses Prüfungsverfahren nicht zu stören.[21] Der Gesprächspartner soll nicht eine Überzeugung annehmen, weil Sokrates sie teilt, sondern weil er festgestellt hat, dass er zu dieser Überzeugung und ihren Konsequenzen stehen kann. Wenn Sokrates nun im Gespräch mit Thrasymachos seine eigene Überzeugung herausstellt, dann bricht er damit in gewisser Weise die Regeln seines eigenen Verfahrens. Warum tut er das? Es gibt verschiedene Möglichkeiten: Es könnte sein, dass er keine Aussicht sieht, sein Verfahren mit Thrasymachos erfolgreich anzuwenden; es könnte aber auch sein, dass wir uns mit D8 auf ein Feld begeben, auf dem Sokrates' Verfahrensweise an eine Grenze kommt: an eine Grenze dessen, was allein mit argumentativen Verfahren ausfindig zu machen ist. Wie dem auch immer sei, Thrasymachos wird mit folgender These wieder ins Gespräch gezogen:

> D9 Vollständige Ungerechtigkeit ist nützlicher als vollständige Gerechtigkeit. (348b 9 f.)

21 Dass er auf andere Weise, durch die Auswahl der Fragen und Vorgaben des Verständnisses von Begriffen, das Prüfungsverfahren beeinflußt, steht auf einem anderen Blatt.

Es handelt sich dabei um nichts anderes als eine Zuspitzung von D8, die der Steigerung in Thrasymachos' Rede entspricht. Im darauf folgenden Geplänkel bringt Sokrates Thrasymachos dazu, die Ungerechtigkeit als Weisheit (*sophia*) zu bezeichnen (349a 2 f.) – auch das im Einklang mit Thrasymachos' Rede, in der der Ungerechte ja zunehmend als der Schlauere erschien, der die einfältigen Gerechten übervorteilt.

Diese Behauptung wird nun zur Zielscheibe des nächsten Arguments, das Sokrates aufbaut (349b 2–350c 11). Es lässt sich folgendermaßen zusammenfassen:

(i) Der Gerechte möchte nicht mehr haben als der ihm Gleichartige, sondern nur als der ihm Ungleichartige. Der Ungerechte möchte mehr haben als der ihm Gleichartige und der ihm Ungleichartige.
(ii) Der Ungerechte gleicht dem Verständigen (*phronimos*). (d 7 f.)[22]
(iii) Allgemein gilt: Der Verständige bzw. Wissende (*epistêmôn*) will nicht den Verständigen, sondern den Unverständigen übertreffen. (350a 6 ff.)
(iv) Allgemein gilt: Der Unwissende (*amathês*) will den Unverständigen und den Verständigen übertreffen. (b 10)
(v) Es folgt: Der Gerechte gleicht dem Verständigen, der Ungerechte dem Unverständigen. (c 4 f.)
(vi) Also ist der Ungerechte unverständig.

22 Das für »gleichen« verwendete griechische Verb *eoike* betont den Anschein von außen. Allerdings lässt sich Sokrates in d 11 f. bestätigen, dass der Gleichheit im Anschein eine Gleichheit in der Beschaffenheit entspricht. – (*ho*) *phronimos* wird teils mit »der Verständige« (Schleiermacher, Rufener), teils mit »der Vernünftige« (Krapinger) übersetzt.

Die Konklusion (vi) widerspricht der Thrasymacheischen These (ii), die somit widerlegt erscheint.

Formal ist dieses Argument korrekt, wenn man die Relation »x gleicht y« so liest, dass das y definierende Merkmal auf x zutrifft, dass also, wenn der Gerechte dem Verständigen gleicht, der Gerechte verständig ist. Was ist aber von den Prämissen, also (i) und (iii) bzw. (iv), zu halten?

In welchem Sinne lässt sich die Behauptung in (i) verstehen? Nahe liegt es, an eine Gleichverteilung von Gütern zu denken. Wenn jemand gerecht ist, möchte er kein größeres Stück vom Kuchen haben als andere. So suggeriert es auch das im Griechischen verwendete Verb *pleonektein*, so dürfte es auch Thrasymachos auffassen, und so passt es zur Aussage, dass der Ungerechte mehr haben will als alle anderen. Allerdings gibt es noch eine andere Lesart. Man könnte auch davon ausgehen, dass Gerechtigkeit eine Eigenschaft ist, die ein erreichbares Maximum hat: Ab einem gewissen Punkt ist es sinnlos, gerechter sein zu wollen als andere.

Prämisse (iii) erscheint auf den ersten Blick unplausibel: Da der Vorrat an noch nicht erlangtem Wissen unerschöpflich ist, gibt es immer eine Möglichkeit, noch mehr zu wissen, und folglich auch den sinnvollen Wunsch, immer mehr wissen zu wollen – auch mehr als alle anderen. Die Beispiele, die Sokrates zur Begründung von (iii) wählt, erscheinen irritierend, wenn nicht gar irreführend. Sokrates greift wieder auf den Vergleich mit Kunstfertigkeiten zurück: Gewiss wird der Musiker, der seine Leier stimmt, sie nicht immer noch besser als alle anderen stimmen wollen; der Arzt, der seinen Patienten heilt, wird ihn nicht gesünder machen wollen als alle anderen Ärzte. Beiden Beispielen ist gemeinsam, dass es hier ein erreichbares Maximum gibt, über das hinausgehen zu wollen sinnlos ist. Gilt das aber für das Wissen selbst? Kann nicht der Arzt vom Wunsch getrieben sein, immer mehr wissen zu wollen – und womöglich auch mehr als alle seine Kollegen? Hat Sokrates hier nicht durch die Wahl der Beispiele eine falsche Fährte gelegt?

An dieser Stelle ist ein Blick auf die verwendeten Begriffe sinnvoll, in denen sich eine Mehrdeutigkeit verbirgt, über die Sokrates souverän hinweggeht. In der gesamten Passage verwendet Sokrates nämlich drei Begriffe für Wissen bzw. Verständigkeit: *sophia* (Weisheit), *epistêmê* (Wissen) und *phronêsis*. Mag *sophia* noch als Oberbegriff durchgehen, setzen *epistêmê* und *phronêsis* verschiedene Akzente. Während Ersteres generell für wissenschaftliches bzw. technisches Wissen im modernen Sinne verwendet wird, rückt Platon *phronêsis* verschiedentlich[23] in die Nähe der Tugenden, und zwar im Sinne eines die Tugenden begleitenden praktischen Wissens (geeignete Übersetzungen für *phronêsis* wären daher »Klugheit« oder »Einsicht«). Damit gibt es für (iii) und (iv) aber zwei Lesarten: Nach der einen geht es um (wissenschaftliches) Wissen; hier erscheint (iii) unplausibel. Nach der anderen geht es um eine praktische Einsicht; und hier könnten Platons Beispiele eher passen: Ein einsichtiger Arzt weiß, dass es eine Grenze für das gibt, was er in seiner Tätigkeit erreichen kann, dass nämlich der Zustand, den man als »Gesundheit« bezeichnet, nicht beliebig steigerbar ist. Daher wird er etwa nicht damit werben, seine Patienten gesünder zu machen als alle seine Kollegen.[24] Entsprechendes gilt dann für den Unwissenden (oder besser: Uneinsichtigen) aus (iv): er erkennt nicht, dass es eine solche Grenze gibt, und will darum immer mehr haben.

Blickt man von dieser Unterscheidung aus auf das Argument als Ganzes, dann zeigt sich, dass seine Beurteilung davon ab-

23 Z. B. Phaidon 69a–c, Menon 88c–89a.

24 Ein solcherart uneinsichtiger Arzt würde vielleicht nicht damit werben, seine Patienten gesünder zu machen, wohl aber damit, sie »leistungsfähiger« zu machen.

hängt, wie man Gerechtigkeit auffasst: ob man damit eine Verteilung von Gütern meint oder einen nicht mehr optimierbaren Zustand. Man könnte meinen, beides fiele zusammen, weil doch auch der Zustand, in dem jeder gleich viel hat, nicht optimierbar ist. Doch das ist nicht der Fall: Angenommen, Gerechtigkeit bestünde darin, dass jeder hat, was er in einem objektiven Sinne braucht, dann wäre dies ein Zustand, der ein erreichbares und damit nicht mehr steigerbares Optimum kennt, ohne dass er in einer Gleichverteilung der Güter bestehen müsste.

Diese ambivalente Beurteilung des Arguments hat nun auch Konsequenzen für die Einschätzung seiner Rolle im Gespräch. Denn wenn die Überzeugungskraft des Arguments von Vormeinungen über die Gerechtigkeit abhängig ist, dann ist es offensichtlich nicht geeignet, jemanden zu überzeugen, der eine andere Vormeinung hat. Für ein Gespräch bedeutet eine solche Differenz in den Vormeinungen, dass man Gefahr läuft, aneinander vorbeizureden: Zwar verwenden alle die gleichen Worte, aber sie meinen damit Verschiedenes. Und es könnte eine Funktion des Arguments gegenüber dem Leser sein, auf die Bedeutung solcher Vormeinungen und die Möglichkeit einer Dissoziation des Gesprächs hinzuweisen. In der Tat umrahmt Platon das Argument mit entsprechenden Hinweisen: In 349c 5–d 1 deutet sich zum ersten Mal an, dass Thrasymachos nicht mehr hinter dem steht, was er antwortet; und in 350e wird dann endgültig klar, dass Thrasymachos sich faktisch aus dem Gespräch zurückzieht und nur noch mechanisch mit »ja« antwortet. Dieses Verhalten mag daraus resultieren, dass Thrasymachos glaubt, er werde den Kampf mit Sokrates verlieren, dies aber nicht eingestehen will.[25] Doch genau besehen hat So-

25 Darauf deuten auch das Schwitzen und Erröten hin, das Sokrates genüsslich vermerkt (350d 1–3).

krates ja bislang kein zwingendes Argument vorbringen können. So könnte man es auch als Konsequenz des Eindrucks verstehen, dass zwischen Thrasymachos und Sokrates kein Gespräch möglich ist, weil sie zu unterschiedliche Vorstellungen von Gerechtigkeit haben.[26]

Im restlichen Gespräch trägt Sokrates noch zwei weitere Argumente vor, die sich offiziell gegen Thrasymachos richten, gegen einen Thrasymachos aber, der nun mit offen vorgetragener Lustlosigkeit antwortet. Es sind Argumente, deren Themen und Prämissen später noch wichtige Rollen spielen werden; daher lässt sich die Vermutung nicht ganz von der Hand weisen, dass Platon seinen Sokrates hier mehr und mehr für sich selbst sprechen und argumentieren lässt.

Im ersten Argument (351a 2–352b 5) geht es noch einmal um die Behauptung, dass die Ungerechtigkeit stärker und mächtiger sei als die Gerechtigkeit (351a 2 f.). Dass das falsch ist, folge unmittelbar daraus, dass die Ungerechtigkeit Unwissenheit ist (351a). Sokrates will es aber noch auf andere Weise zeigen: indem er nämlich auf die innere Verfassung einer vollkommenen ungerechten Gemeinschaft blickt (das kann eine Stadt oder auch eine Räuberbande sein, vgl. 351c 6–9). Da sich die Ungerechtigkeit auch nach innen auswirkt, wird eine solche Gemeinschaft nichts ausrichten können, sondern sich in innerem Streit erschöpfen. Das gelte dann auch für den einzelnen Menschen; ist er ungerecht, wird er nicht in der Lage sein, zu handeln, da er in sich entzweit ist (352a 6–9).

Das zweite Argument (352d 9–354a 9) ist unter dem Namen »*ergon*-Argument« berühmt geworden. Jedes Ding und jedes Lebewesen habe eine bestimmte Aufgabe (*ergon*); diese Auf-

26 So lässt sich auch die Antwort lesen, die Thrasymachos in 351c 1 f. gibt; aber sie kann auch als Trotzreaktion von jemandem aufgefasst werden, der seine Niederlage nicht eingestehen will.

gabe ist dasjenige, was man am besten mit diesem Ding und nur mit diesem Ding ausführen kann (353c 10 f.). Dieser Aufgabe entspricht eine spezifische *aretê* (353b 2). Nur wenn diese *aretê* vorhanden ist, kann die Aufgabe erfüllt werden. Die Aufgabe der Seele sei nun das Leben (353d 3–10). So muss es auch eine *aretê* der Seele geben – und diese *aretê* sei eben die Gerechtigkeit, wie ja zuvor schon festgestellt worden sei (353e 7–9). Nur die gerechte Seele wird also ihre Aufgabe gut erfüllen können; und das heißt: nur der Gerechte wird gut leben können (353e 10 f.). Und da nur der, der gut lebt, glücklich ist, wird nur der Gerechte glücklich sein (354a 4).

Damit ist auch die Prüfung der These zur Lebensführung abgeschlossen (vgl. D8), und Thrasymachos' Behauptung, der Ungerechteste sei der Glücklichste (344a 4 f.) ist widerlegt – oder besser: sie wäre widerlegt, wenn man nicht den Eindruck haben müsste, dass das Gespräch zum Schluss nur noch den Schein einer Unterhaltung zweier Personen gewahrt hatte, Sokrates aber faktisch mit sich selbst gesprochen hat.

In seiner abschließenden Bemerkung lässt Platon Sokrates das zurückliegende Gespräch selbst kommentieren. Sokrates wirft sich dort selbst vor, alle möglichen Themen aufgegriffen, aber nicht gründlich untersucht zu haben, und vor allem die Ausgangsfrage – was Gerechtigkeit sei – nicht beantwortet zu haben. Und dann zieht er die Voraussetzung seines letzten Arguments selbst in Zweifel: er wisse gar nicht, ob die Gerechtigkeit wirklich eine *aretê* sei, und damit auch nicht, ob der Gerechte glücklich sei oder nicht (354c 1–3).

Man mag dieser Selbstkritik aus vollem Herzen zustimmen, denn sie fängt den Eindruck ein, den man am Ende dieses ersten Buches wohl vor allem haben mag: den Eindruck, in der Fülle der Argumente den Überblick verloren zu haben. Das liegt nicht zuletzt daran, dass Sokrates immer wieder neue Annahmen eingeführt hat – außer der von ihm selbst zu Recht inkriminierten Annahme, die Gerechtigkeit sei die *aretê* der Seele, wäre hier nicht zuletzt die These zu nennen, die in beiden Schlussargumenten auftritt, nämlich, dass die Gerechtigkeit auch die Eigenschaft eines Einzelnen sein kann. Denn bislang war es eine selbstverständliche Voraussetzung, dass die Gerechtigkeit eine Eigenschaft mit mehreren Adressaten ist, die daher immer im sozialen oder politischen Raum anzusiedeln ist. Wollte man an dieser Voraussetzung festhalten, müsste man eine innere Vielheit im Einzelnen postulieren.

Kann man als Leser außer Verwirrung und Orientierungslosigkeit noch etwas anderes mitnehmen? Eine Einsicht betrifft die Weite des Untersuchungsfelds. Wer sich für Gerechtigkeit interessiert, kann sich anscheinend nicht auf Fragen der Güterverteilung beschränken. Die Machtverteilung gehört mit dazu, und wichtiger noch die Frage, warum man überhaupt gerecht sein soll – wie weit die Gerechtigkeit in der menschlichen Motivationsstruktur verankert ist. Und dieser Punkt scheint bis zur Frage zu führen, was ein gutes Leben sei. Nicht, dass das Gespräch eine solche Ausweitung zwingend gezeigt hätte; aber es ist schwer, den Punkt auszumachen, an dem man sie hätte unterbinden können, nachdem einmal allgemein akzeptiert war, dass gerecht zu sein einen Nutzen hat oder, anders gesagt, gut ist. Eine weitere Einsicht betrifft die Konstellation, in die der Gerechtigkeitsbegriff eingebettet ist. Die Beziehung zum Guten stand nie in Zweifel; aber wie sieht es mit dem Anwendungsbereich aus? Es scheint, als spiele die Gerechtigkeit eine besondere Rolle, die man vielleicht als die einer Metaeigenschaft inter- und womöglich gar intrapersonaler Strukturen beschreiben könnte. Und schließlich scheint zur Gerechtigkeit auch eine besondere Art von Multiperspektivität zu gehören. Eine Partei mag im Alleingang Gesetze und Regeln festlegen; darüber, was als gerecht gilt und was nicht, kann sie nicht alleine entscheiden.

Buch II: Die Leitfrage (357a–369b)

Drei Alternativen (357a–358d)

Obgleich Sokrates mit dem Verlauf des Gesprächs nicht zufrieden ist, meint er, es dabei bewenden lassen zu können. Das überrascht: War er vielleicht nur des Gesprächs mit einem lustlosen Thrasymachos überdrüssig, oder war ihm klar, dass die Wettkampfsituation, die Thrasymachos heraufbeschworen hatte, für eine auf Wahrheit ausgerichtete Untersuchung ohnehin nicht taugt? Entschieden war der Kampf ja, und so hatte Sokrates in einem solchen Rahmen nichts weiter zu tun. Doch Platon tauscht die Gesprächspartner aus, und das ist in einem platonischen Dialog immer ein Zeichen für einen Einschnitt, sei es inhaltlich oder sei es in der Art des Gesprächs. Glaukon übernimmt nun das Wort, macht deutlich, dass ihn das bisherige Gespräch keineswegs überzeugt habe, und konfrontiert Sokrates sogleich mit drei Optionen (357b 4–d 2):

(1) Es gibt gute Dinge, die wir nicht wegen ihrer Folgen haben möchten, sondern weil wir sie um ihrer selbst willen lieben.
(2) Es gibt gute Dinge, die wir sowohl um ihrer selbst willen als auch um ihrer Folgen willen lieben.
(3) Es gibt gute Dinge, die wir nicht um ihrer selbst willen haben wollen, sondern allein wegen ihrer Folgen.

Als Beispiele für die erste Gruppe nennt Glaukon das Fröhlichsein und andere »harmlose Vergnügungen«, für die zweite Einsichtigkeit, das Sehen und das Gesundsein, für die dritte Leibesübungen und ärztliche Behandlungen. Seine Frage an Sokrates lautet nun, zu welcher Gruppe er die Gerechtigkeit zähle. Sokrates ordnet sie der zweiten Gruppe zu; diese sei die schönste (358a 1–3). Die Begründung für diese Antwort wird Sokrates, seine Gesprächspartner und Platons Leser bis ans Ende der *Politeia* beschäftigen.

Die Dreiteilung scheint klar genug, ebenso wie Sokrates' Entscheidung: Warum sich mit der Hälfte begnügen, wenn man alles haben kann? Doch hat es Glaukons Vorlage in sich, und es ist für das Verständnis der Frage wichtig, sich darüber klar zu werden, auf welche Weisen man die Optionen verstehen kann, die Glaukon vorlegt.

Eine naheliegende Lesart ist die folgende: Es gibt Dinge, die an sich gut sind, und es gibt Dinge, die sind deshalb gut, weil man damit etwas erreichen kann, was an sich gut ist. Man kann diese beiden Klassen guter Dinge mit den Etiketten »intrinsisch Gutes« und »instrumentell Gutes« versehen. In dieser Lesart bereitet weder die Existenz der Mischklasse (2) Schwierigkeiten, noch Sokrates' Aussage, sie sei die schönste: Ist nicht das am besten, was nicht nur Spaß macht, sondern obendrein auch noch nützlich ist – frei nach dem Motto »schmeckt nicht nur, sondern ist auch gesund«?

Diese Lesart steht allerdings vor einem erheblichen Problem: Denn wenn die Dinge, die wir um ihrer Folgen schätzen, im instrumentellen Sinne gut sind, dann gehört das Ziel, das wir damit verfolgen, immer zur Gruppe (1). *Eigentlich* gut ist dann also nur das, was zur Gruppe (1) gehört. Diese Konsequenz passt aber weder zu den Beispielen, die Glaukon für die Gruppe (1) gibt – denn dort gehören ja nur die »harmlosen« Freuden hin (*ablabês*, wörtlich im Deutschen wie im Griechischen: »was keinen Schaden anrichtet«) –, noch passt es zu Sokrates' Behauptung, dass die Dinge in Gruppe (2) am schönsten seien.[1]

1 Zu diesem Einwand vgl. Shields (2006), S. 67.

Die Lesart von »um ihrer selbst willen geliebt« als »intrinsisch gut« und »um ihrer Folgen willen geliebt« als »instrumentell gut« greift also zu kurz. Wenn die Gerechtigkeit »um ihrer selbst willen« geliebt werden soll, dann muss damit etwas gemeint sein, das der Freude, die wir etwa beim Spielen empfinden, zwar strukturell ähnlich ist, insofern es gut nicht durch den Bezug auf etwas anderes ist. Es muss jedoch noch eine weitere Qualität im Spiel sein, die dem Spiel nicht zukommt.

Ein Kandidat für eine solche Qualität ist nicht schwer zu finden, wenn man es mit der Gerechtigkeit zu tun hat: Könnte es nicht die Moral sein? Daraus speist sich in der Tat eine zweite Lesart von »um ihrer selbst willen geliebt« und »um ihrer Konsequenzen willen geliebt«: Was um seiner selbst willen geliebt wird, ist an sich moralisch gut; was um seiner Folgen willen geliebt wird, ist wegen seiner Konsequenzen moralisch gut.

Diese Unterscheidung ist in der modernen Ethik unter den Titeln einer »deontologischen« und einer »konsequentialistischen« Ethik bekannt. Die deontologische Ethik behauptet, dass es Normen gibt, so dass eine Handlung, wenn sie diesen Normen genügt, in jedem Fall gut, und wenn sie diese Norm verletzt, in jedem Fall schlecht ist. Als ein Beispiel könnte man das Tötungsverbot nennen, das mitunter auf diese Weise aufgefasst wird: Demnach ist es immer schlecht zu töten – selbst dann, wenn man dadurch ein Volk von einem Tyrannen befreit oder die Bevölkerung einer Stadt vor einem Terroranschlag schützen kann. Die konsequentialistische Ethik bewertet eine Handlung dagegen nach ihren Folgen: Hat sie überwiegend gute Folgen, dann ist sie moralisch gut. Die bekannteste Variante des Konsequentialismus ist der Utilitarismus, der diejenige Handlung als gut bewertet, die der größtmöglichen Anzahl von Menschen zu größtmöglichem Nutzen – und das bedeutet: zu erreichen, was immer sie für gut halten – verhilft.

Können wir mit dieser modernen Unterscheidung besser

verstehen, was Glaukon meint? Kritisch ist hier die Mischgruppe (2). Für eine deontologische Bewertung ist jede Kontamination der Bewertung einer Handlung als (moralisch) gut oder schlecht mit ihren Folgen inakzeptabel. Das Tötungsverbot kann sich nur dann als absolut geltende Norm behaupten, wenn es in keiner Situation außer Kraft gesetzt werden kann. Andernfalls wird jeder plausible Ausnahmen finden, und am Ende steht für den Deontologen eine Gesellschaft, in der auch das Töten wegen Verletzungen von Ehre oder Eigentum als moralisch legitim gilt. Ein Konsequentialist dagegen wird jede Regel, die situationsübergreifend gelten soll, immer an seinem Kriterium der Nutzenmaximierung messen: Da könnte das Töten einiger weniger Menschen auch schon einmal in Ordnung gehen. Was Sokrates als das »Schönste« bezeichnet, erweist sich aus der Perspektive der modernen Unterscheidung somit als eine zwar bequem erscheinende, theoretisch aber unhaltbare Vermengung von Unvereinbarem.

Es gibt jedoch noch eine dritte Lesart, die sich aus den weiteren Ausführungen von Glaukon und Adeimantos herauslesen lässt (auf die ich gleich noch ausführlicher eingehen werde), denn beide werden das »um ihrer selbst willen« so auslegen, dass die Gerechtigkeit »um ihrer selbst willen« übrig bleibt, sobald alle *äußeren* Konsequenzen abgezogen worden sind (361c, 367b): Was P um seiner selbst willen liebt, wäre demnach gut für P, und zwar allein auf P selbst bezogen, unabhängig vom sozialen Kontext; was P um seiner Folgen willen liebt, wäre gut für P, insofern P in einem sozialen Umfeld steht (also beispielsweise Folgen wie Anerkennung, Belohnung oder Sicherheit).

Die Kombination beider Möglichkeiten bereitet unter dieser Lesart keine Schwierigkeiten, aber die Lesart scheint nicht so recht zu den Beispielen zu passen, die Glaukon für die Gruppe (3) nennt. Gesundheit oder Einsicht wären ja nun »externe« Güter, doch können sie sich ganz unabhängig davon einstellen, ob man in einem sozialen Kontext steht oder nicht. Immerhin ist dennoch eine Unterscheidung zwischen »internen« und »externen« Konsequenzen möglich: Wenn ich gesund bin, dann fühle ich mich wohl (intern), und ich kann meine Arbeit gut verrichten (extern).

Wichtig für das Verständnis der Unterscheidung ist der Zusatz, den Sokrates seiner Entscheidung hinzufügt, die Gerechtigkeit zur Gruppe (2) zu zählen: Was zu dieser Gruppe zählt, sei zu schätzen, *wenn man glücklich sein will* (358a 2 f.).[2] Dieses Glück ist das je eigene Glück. Daher sollten *beide* Arten, wie etwas gut sein kann, auf den Menschen bezogen sein – auch das, was wir um seiner selbst willen lieben: es muss gut *für uns* sein. Alle von Glaukon genannten Beispiele erfüllen diese Anforderung. Für das weitere Gespräch ergibt sich daraus zweierlei:

- Die Frage, was Gerechtigkeit ist, steht im Horizont eines glücklichen Lebens. Es handelt sich also um keine »rein theoretische« Frage, sondern um eine praktische Frage: Warum soll man gerecht sein? – und ihre Antwort muss zeigen, inwieweit ein gerechtes Leben ein glückliches Leben ist.
- Andererseits lässt sich die Frage, warum man gerecht sein soll, nicht beantworten, ohne zu klären, was Gerechtigkeit eigentlich ist. Darauf zielen Glaukons drei Alternativen: Erst wenn man weiß, was Gerechtigkeit ist, weiß man auch, in welche Gruppe sie gehört. Eine solche Klärung zu versäumen, war die von Sokrates monierte Voreiligkeit in Buch I:

2 Mit diesem Zusatz knüpft Sokrates außerdem an ein Thema an, das bereits in Buch I gestreift wurde. Dort war der am häufigsten gebrauchte Begriff für »glücklich« »*eudaímôn*«, hier verwendet Sokrates »*makários*«. Allerdings wurden bereits in Buch I beide Begriffe parallel benutzt (344b 7 f., 354a 1).

> Dort war nämlich schon davon die Rede, dass der Gerechte glücklich sei, obgleich eine ganze Schar möglicher Antworten auf die Frage, was Gerechtigkeit sei, durchs Gespräch geisterte.

Die Frage, die Glaukon Sokrates zur Beantwortung aufgibt, ist daher konsequent formuliert: was nämlich Gerechtigkeit und Ungerechtigkeit sind und »was eine jede von ihnen an und für sich in der Seele zu wirken vermag« (358b 5 f., Übers. Rufener). Auch dass er sich auf das »um ihrer selbst willen« konzentriert, leuchtet ein, denn dass Gerechtigkeit gute Konsequenzen haben kann, gehört zur allgemeinen Auffassung dazu, wie sich an Kephalos und Polemarchos gezeigt hat.

Eines allerdings ist an dieser Frage doch bemerkenswert, nämlich wie selbstverständlich Glaukon die Gerechtigkeit hier zu einer Eigenschaft der Seele macht. Es passt zwar zur dritten oben genannten Lesart, aber nur schlecht dazu, dass Gerechtigkeit nach gemeinem Verständnis eine Eigenschaft sozialer Beziehungen ist. Vorausgesetzt, dass ich mit der Torte ganz allein auf der Welt bin: Wie sollte man da sinnvoll noch von einer gerechten Tortenteilung sprechen können? Die Antwort, die Sokrates am Ende auf Glaukons Frage geben wird, wird zeigen, dass eine solche Redeweise durchaus sinnvoll ist.

Glaukon zur allgemeinen Auffassung der Gerechtigkeit (358e–362d)

Nach der Formulierung der generellen Frage, die Sokrates beantworten soll, schiebt Glaukon noch einige Erläuterungen nach, so dass die Hürde, die Sokrates zu überwinden hat, noch höher wird. Glaukon wünscht sich zwar, dass Gerechtigkeit um ihrer selbst willen geliebt werde (358d 2–4), aber die meisten Leute würden sie seiner Meinung nach doch in die Gruppe (3) einordnen. Glaukon kündigt an, diese Behauptung in drei Schritten zu begründen:

> Zunächst (i) werde er eine eigene Definition der Gerechtigkeit vorstellen, zweitens (ii) darlegen, dass Gerechtigkeit in der Tat in die Gruppe (3) gehört, und drittens (iii) zeigen, dass Thrasymachos mit seiner These, das Leben des Ungerechten sei besser als das des Gerechten (vgl. D 8) recht habe (358c 1–5).

ad (i): Die Definition der Gerechtigkeit, die Glaukon gibt, würde man heute »vertragstheoretisch« nennen: Ihr zufolge besteht Gerechtigkeit in einer Übereinkunft, die die Menschen treffen aus der Einsicht heraus, dass ein Unrecht zu erleiden ein größeres Übel sei, als Unrecht zu tun ein Gut ist (358e 5). Der Gedanke ist einfach: Wenn man mit Thrasymachos davon ausgeht, dass jeder seiner Natur nach so viel haben möchte wie möglich, dass man dazu aber stärker sein muss als die anderen, und wenn man die realistische Einsicht hinzunimmt, dass man keine Garantie hat, immer stärker zu sein als die anderen, dann sieht man leicht ein, dass es besser ist, Regeln zu vereinbaren, die einen zwar einschränken, wenn man stärker ist, die einen aber schützen, wenn man schwächer ist. Diese Regeln machen dann aus, was als gerecht gilt. Was Glaukon hier als Wesen der Gerechtigkeit präsentiert, ist gleichsam eine auf den Boden der Realität zurückgeholte Version der Thrasymachischen Auffassung. Und daraus folgt, dass niemand freiwillig – bloß um der Gerechtigkeit willen – gerecht ist, sondern nur, um Konsequenzen abzuwenden, die noch unangenehmer sind als die Gerechtigkeit: Gerechtigkeit ist demnach eindeutig ein Kandidat für Gruppe (3).

Interessanterweise spricht Glaukon von vornherein davon, dass wir eigentlich am liebsten »unrecht« tun würden. Damit erkennt Glaukon an, dass die Bewertung einer Handlung als gerecht oder ungerecht immer bei allen beteiligten Seiten liegt: Nehme ich mir mehr vom Kuchen als andere, weil ich der stärkere bin, bin ich mir – schlechtes Gewissen hin oder her – doch zumindest darüber im Klaren, dass die anderen ihre eigene Perspektive auf mein Verhalten haben werden und sie es aus dieser Perspektive als ungerecht einstufen werden.

ad (ii): Dass Gerechtigkeit nun tatsächlich in die Gruppe (3) gehört, versucht Glaukon mit einem argumentativen Manöver zu zeigen, das man als eines der ersten überlieferten Gedankenexperimente der Philosophiegeschichte bezeichnen könnte. Die meisten Menschen handeln meistens mehr oder weniger gerecht. Aus dieser Beobachtung können wir aber nicht schließen, warum sie es tun – denn die Alternativen, die Glaukon angeführt hat, nennen zwei verschiedene Motivationen: Sie tun dies um der (sozialen) Konsequenzen willen (wozu auch gehört, negative Konsequenzen des Unrechttuns abzuwenden), und um der Gerechtigkeit selbst willen. Nun handeln normalerweise alle Menschen unter Bedingungen, die sie dazu zwingen, die (sozialen) Konsequenzen ihres Handelns zu bedenken. Die Motivation, um der Folgen willen gerecht zu sein, kann faktisch also immer im Spiel sein. Ein Experimentator, der mit einer solchen Situation konfrontiert ist, in der er *ein* Phänomen, aber *mehrere mögliche* Ursachen vor sich hat, versucht eine experimentelle Situation herzustellen, in der alle bis auf eine Ursache ausgeblendet werden können, um herauszufinden, ob das Phänomen tatsächlich von dieser einen übrig gebliebenen Ursache abhängig ist. Genau dies geschieht auch in Glaukons Gedankenexperiment:

Angenommen, jemand kann handeln, ohne sich um die sozialen Konsequenzen kümmern zu müssen – denn er kann alles, was er tun möchte, heimlich tun. Wird er dann immer noch gerecht handeln? Wenn ja, dann ist er gerecht um der Gerechtigkeit willen. Wenn nein, dann ist er gerecht nur um der sozialen Konsequenzen willen. Um sein Gedankenexperiment auszugestalten, erzählt Glaukon die Geschichte von Gyges, einem lydischen Hirten, der eines Tages einen Ring findet, der ihn unsichtbar macht. Dieser Ring gibt ihm die Möglichkeit, alles zu tun, was er will, ohne entdeckt zu werden und folglich ohne Konsequenzen befürchten zu müssen. Und was er will, ist klar: zuerst die Frau des Königs und dann dessen Reich (359c 9–360b 3). Nun wissen wir nicht, ob Gyges nicht schon vorher durch allerlei Ungerechtigkeiten aufgefallen war; was aber würde einer, der bislang gerecht war, tun, wenn er einen solchen Ring in die Hände bekommt? Er würde genauso handeln wie Gyges, sagt Glaukon, und das sei für ihn ein »großer Beweis« (*mega tekmêrion*, 360c 6), dass niemand um der Gerechtigkeit selbst willen gerecht ist.

Im Unterschied zu naturwissenschaftlichen Experimenten haben Gedankenexperimente die Schwierigkeit, dass sie uns auffordern, uns in eine Situation zu versetzen, für die uns keine Erfahrungswerte vorliegen können, eben weil die Voraussetzungen dieser Situation oft irreal sind. Diese Schwäche gilt auch für Glaukons »Beweis«. Wollte man seine Argumentation angreifen, könnte man außerdem darauf verweisen, dass sie auf einer bestimmten Annahme über die menschliche Motivation beruht, dass nämlich jeder nur seinen eigenen Vorteil verfolgt. Würde man im Gegensatz dazu annehmen, dass wir genauso elementare Impulse zu sozialem Handeln wie zu selbstbezogenem Handeln empfinden, dann wäre überhaupt nicht mehr klar, wie jemand sich in der von Glaukon fingierten Situation verhält. Und schließlich scheint Glaukons »Beweis« überhaupt nur unter der Voraussetzung zu funktionieren, dass eine Motivation, um der Gerechtigkeit willen gerecht zu sein, von vornherein ausgeschlossen – und damit das Ergebnis schon vorweggenommen wird.

Vermag das Gedankenexperiment überhaupt etwas zu zeigen? Die Rede von einem »Beweis« führt, glaube ich, auf eine falsche Fährte.[3] Eher sollte man es als einen Appell dazu betrachten, sich selbst zu prüfen: Denn jeder war schon in Situationen, in denen er sich einigermaßen sicher sein konnte, dass eine Handlung unentdeckt bleibt. Wie stark war dann unsere Motivation, nicht ungerecht zu handeln? Hier könnte das Ergebnis womöglich wenig günstig für uns, damit aber zugunsten dessen ausfallen, was Glaukon plausibel machen möchte – dass Gerechtigkeit eine Gruppe(3)-Angelegenheit ist.

ad (iii): Um zu zeigen, dass das Leben des Ungerechten besser ist als das des Gerechten, greift Glaukon zum Mittel der Zuspitzung. Vergleichen wir nicht den gewöhnlich Ungerechten und den gewöhnlich Gerechten; vergleichen wir den Ungerechten, der nicht nur gänzlich ungerecht ist, sondern so geschickt ist, dass er dabei nicht entdeckt wird – ja, dass er vielmehr gegenüber anderen als vollkommen gerecht gilt! Er wird die Vorteile seiner Ungerechtigkeit genießen und zusätzlich all das, was man sich durch den Ruf erwirbt, gerecht zu sein. Der Gerechte dagegen handelt nicht nur gerecht. Um sich aller äußeren – auf sozialer Anerkennung beruhender – Vorteile zu entledigen, die seine Motivation eintrüben könnten (denn er will ja nur um der Gerechtigkeit willen gerecht sein), bemüht er sich vielmehr, nach außen hin als ungerecht dazustehen (360d 8–361d 3). Der Gerechte wird daher mit allen erdenklichen Grausamkeiten bestraft werden (361e 4–362a 2). Wer hat

3 *tekmêrion* wird von Platon nicht strikt terminologisch benutzt. Er setzt oft – außer an dieser Stelle z. B. auch in 405b 1 f. – ein *mega* (»groß«) hinzu. Was auch immer mit *tekmêrion* gemeint ist, dürfte daher etwas sein, das verschiedene Abstufungen aufweisen kann.

nun das bessere Leben? Die Antwort erübrigt sich. Der Gerechte selbst wird einsehen, dass es nicht darauf ankommt, ob man gerecht ist, sondern darauf, ob man von den anderen als gerecht wahrgenommen wird. So jedenfalls scheint es. Denkt man allerdings an den weiteren Lebensweg des hier angesprochenen Sokrates, mag man wiederum unsicher werden: Hat dieser Sokrates nicht in gewisser Weise darauf verzichtet, etwas anderes scheinen zu wollen, als er ist, und dafür den Tod in Kauf genommen? Hat er solches getan, weil er freiwillig ein schlechteres Leben führen wollte als ihm möglich war, oder hat er solches getan, weil er auch unter den Bedingungen des Todesurteils sein Leben für das bessere hielt? Doch Sokrates war auf jeden Fall eine Ausnahmeerscheinung, und in einer milderen Form mag man Glaukon recht geben: Wer gerecht ist, sollte auch dafür sorgen, dass die anderen es bemerken. Wenn das aber so ist, dann ist es nur noch ein kleiner Schritt zur Behauptung, dass es ganz egal ist, ob man gerecht *ist*, da die Hauptsache darin besteht, dass die anderen es glauben.

Adeimantos zur allgemeinen Auffassung der Gerechtigkeit (362d–367e)

An diesem Punkt mischt sich Adeimantos ins Gespräch ein, um seinem Bruder zur Seite zu stehen. Er tut dies erstens, indem er prüft, mit welchen Argumenten eigentlich die Gerechtigkeit üblicherweise gelobt wird. Dabei zeigt sich, dass es immer nur um den guten Ruf geht (362e 2–363a 5). Und zwar nicht nur um den guten Ruf bei den Menschen, sondern auch bei den Göttern: Denn die Mythen wissen zu berichten, wie die Gerechten von den Göttern belohnt, die Ungerechten aber bestraft werden (363a 6–e 3). So bestätigt sich, dass Gerechtigkeit um ihrer sozialen Folgen willen geschätzt wird.

Schaut man ferner genauer auf die alltäglichen Meinungen, dann findet man nicht nur, dass die Ungerechtigkeit durchaus als lohnender und das Leben des Gerechten als eines beschrieben wird, das mit harten Prüfungen verbunden ist. Schlimmer noch, es wird auch immer wieder erzählt, wie leicht sich die Götter bestechen lassen. Mag sich also vor den Göttern die Ungerechtigkeit zwar nicht verbergen lassen, so hilft doch das mit ihrer Hilfe eingenommene Geld, um sich von den üblen Konsequenzen freizukaufen. Wer gerecht, aber arm ist, steht am Ende auch vor den Göttern dumm da (364d 3–365a 3). Sollte man dagegen die ganzen Göttererzählungen als bloße Märchen verwerfen, dann umso besser: Wenn es keine Götter gibt, dann braucht man auch keine Angst vor ihnen zu haben (365d 7–366b 3).

Alles in allem wiederholt Adeimantos eine ganze Reihe von Punkten seines Bruders, wobei seine Rede weniger klar argumentativ aufgebaut ist. Gegen Ende schließt er sich Glaukons Bitte an, Sokrates möge zeigen, dass die Gerechtigkeit das größte Gut ist – aber eben anders als es die Lobeshymnen tun, deren innere Widersprüche er gerade ans Licht geholt hat (376a 1). Wenn er dann mehrfach (367d 3–6, d 1–3, e 1–4) Sokrates auffordert zu zeigen, wie Gerechtigkeit »an und für sich ihrem Besitzer nützt«, dann ist das nur scheinbar eine Verlagerung des Akzents auf die Folgen der Gerechtigkeit: Vielmehr legen die Formulierungen, die Platon Adeimantos in den Mund legt, noch einmal nahe, dass auch die um ihrer selbst willen gewählte Gerechtigkeit gut für den Menschen ist, in dem sie etwas bewirkt.

Obwohl Glaukon und Adeimantos weit davon entfernt sind, ein zwingendes Argument dafür vorgebracht zu haben, dass Gerechtigkeit in die Gruppe (3) einzuordnen ist, haben sie die Hürde, die Sokrates zu überwinden hat, sehr hoch gelegt. Denn dass sie ein geläufiges Bild der Gerechtigkeit zeichnen –

von der vertragstheoretischen Begründung bis hin zu den Zweifeln, ob ohne die Angst vor negativen Konsequenzen sich noch jemand an vereinbarte Regeln hält –, lässt sich bei einem nüchternen Blick auf die Realität menschlichen Verhaltens kaum bestreiten. Die Aufgabe, die sich Sokrates nun stellt, kann nicht darin liegen, innerhalb des Rahmens, den Glaukon vorgegeben hat, zu manövrieren. Er muss etwas liefern, das grundsätzlich stärker als das von Glaukon gezeichnete und von Adeimantos bestätigte Bild ist. Nur so lässt sich dem Common Sense etwas entgegenhalten. Dazu aber muss Sokrates eine ganz andere Auffassung der Gerechtigkeit entwickeln.

Schließlich hat die Art und Weise, wie Platon die Themenstellung seines Werks einführt, auch Konsequenzen für die Dramaturgie des restlichen Gesprächs. Im ersten Buch trat ein Sokrates auf, der – in teils wenig konstruktiver Absicht – die Thesen seiner Gesprächspartner auf den Prüfstand stellte. Zu mehr war Sokrates dort auch gar nicht verpflichtet. Jetzt aber ist er von Glaukon und Adeimantos mit einer Aufgabe betraut worden, die gewichtiger kaum sein könnte, nämlich beide davon zu überzeugen, dass ein gerechtes Leben ein glückliches Leben ist. Er muss nun also eine konstruktive Rolle übernehmen, denn von ihm wird eine positive Antwort erwartet. Dadurch tritt Sokrates, anders als in den meisten anderen platonischen Dialogen, als eine Art von Lehrer auf, der Meinungen hat, die er anderen vermitteln möchte. Allerdings darf man darum als Leser Platons auch hier nicht voreilig das, was Sokrates an einer bestimmten Stelle im Gespräch sagt, mit einer philosophischen These des Autors gleichsetzen. Denn auch in diesem Dialog gestaltet Platon ein Gespräch, in dem sich Sokrates an recht genau charakterisierte Adressaten richtet: Es sind zwei junge Männer, die intelligent genug sind, um Sokrates eine ernstzunehmende Aufgabe zu stellen, und die der Philosophie Aufgeschlossenheit und Erwartungen entgegenbringen.

Beide sind aber keine Philosophen. Was immer Sokrates sagt, richtet sich an Adressaten, die in die Philosophie einsteigen möchten, nicht an ein philosophisches Fachpublikum.

Buch II–III: Der Entwurf des Modellstaats und das Erziehungsprogramm

Vorspann zur Vorgehensweise (367e–369c)

Um die Frage, die Glaukon und Adeimantos ihm vorgelegt haben – warum die Gerechtigkeit um ihrer selbst willen gut für uns sei – zu beantworten, holt Sokrates in der denkbar größten Weise aus: Er entwirft einen Modellstaat, an dem untersucht werden soll, was Gerechtigkeit ist.

Als Grund für diese Vorgehensweise führt Sokrates eigene Unzulänglichkeiten an. Er vergleicht die Situation, in der er und seine Gesprächspartner sich befinden, mit der eines Fehlsichtigen: Wer die kleinen Buchstaben nicht lesen könne – will sagen: wer nicht gut erkennen könne, was es heißt, dass ein einzelner Mensch gerecht ist –, der suche sich einen größer geschriebenen Text – hier: den Staat – und lese zuerst den, um daraufhin zu prüfen, ob die kleineren Buchstaben die gleichen sind wie die größeren.

In der Beschreibung, die Sokrates gibt, schwingt allerdings eine Unstimmigkeit mit. Zuerst sagt Sokrates, dass jemand, der die kleinen Buchstaben nicht lesen könne, auf den Gedanken gekommen sei, dass es dieselben Buchstaben wohl auch anderswo in größerer Schrift gibt; fügt dann aber hinzu, dass es wohl eine gute Idee sei, zuerst die großen Buchstaben zu lesen und dann die kleinen daraufhin zu untersuchen, ob es wohl dieselben sind (368d 1–7). Die Unstimmigkeit ist folgende: Um von der Lektüre der größeren Buchstaben etwas zu haben, muss man doch anscheinend voraussetzen, dass sie dieselben sind wie die kleinen. Das kann man aber nur, wenn man auch die kleinen erkennen kann. Will man aber nach der Lektüre der großen Buchstaben die kleinen daraufhin untersuchen, ob sie mit den großen identisch sind, kommt man um die Lektüre der kleinen Buchstaben doch nicht herum. Das ganze Verfahren scheint also zwischen einer *petitio principii* – der Vorwegnahme dessen, was gezeigt werden soll – und Überflüssigkeit zu schwanken.

Und diese Unstimmigkeit betrifft nicht weniger als das gesamte Verfahren, das Sokrates der Untersuchung zugrunde legen will: Denn wie können wir wissen, ob Staat und Seele in der gleichen Weise gerecht sein können, ohne zu wissen, was Gerechtigkeit ist? Um es herauszufinden, setzt Sokrates aber voraus, dass beide in der gleichen Weise gerecht sind. Allerdings sind die Extreme von *petitio principii* und Überflüssigkeit nicht unvermeidbar, sobald man bedenkt, dass es zwischen Erkennen und Nichterkennen Abstufungen gibt. Es ist ja nicht so, dass der Fehlsichtige gar nichts erkennen kann, denn er wird etwa einige Umrisse sehen. Damit wird er sich an die Auswahl des größeren Vergleichsobjekts machen, um an diesem die Umrisse zu schärfen und zu vervollständigen. Dies wird ihn wiederum beim Erkennen des Kleinen anleiten, doch wiederum keineswegs in infallibler Weise: Selbst wenn man an das Kleine mit einer bestimmten, vom Großen abgeleiteten, Gestalt herantritt, kann man doch feststellen, ob diese Gestalt passt oder nicht, auch wenn man die Gestalt des Kleinen nicht genau bestimmen kann. Sollte sie nicht passen, wird man zum Größeren zurückkehren müssen, um die Gestalt zu modifizieren. So betrachtet ist das, was Sokrates hier ankündigt, also eher ein beständiges Hin- und Hergehen zwischen Großem und Kleinen – und das heißt: zwischen Staat und Seele – anstatt ein einfacher Vergleich.

Mit diesem Problem hängt noch eine andere für das Verständnis der *Politeia* zentrale Frage zusammen: Welchen Stellenwert hat der Modellstaat überhaupt? Hat er eine bloß dienende Funktion, oder ist er Selbstzweck? Anders gefragt:

Wechselt Sokrates nun in das Feld der politischen Philosophie und arbeitet eine Staatsutopie aus? Oder bleibt der Fokus weiterhin bei der individuellen Seele, so dass jede Interpretation, die das Staatsmodell als Verfassungsentwurf wörtlich nimmt, von vornherein fehlginge? An dieser Stelle ist diese Frage nicht zu entscheiden. Man muss jedoch im Hinterkopf behalten, dass es sich um eine offene, unbeantwortete Frage handelt. Dass diese Frage offen ist, ist ein erster Grund dafür, warum ich es für unglücklich halte, den Modellstaat als eine Staats*utopie* zu bezeichnen.

Der Entwurf des Modellstaats (369d–373e)

Nach diesen Vorbemerkungen schreitet Sokrates ans Werk und gründet eine Stadt. Ausgangspunkt ist der Umstand, dass die Menschen einander brauchen (396d 1 f.), denn sie können nicht alle Aufgaben, die sich ihnen in der Bewältigung ihres Lebens stellen, alleine erledigen. Fügt man einen Gedanken hinzu, der uns in anderer Form schon im »*ergon*-Prinzip« im ersten Buch begegnet ist, dass es nämlich für jeden eine spezifische Funktion oder Tätigkeit gibt, die er[1] am besten erfüllen kann, so führt dies zum Konzept einer arbeitsteiligen Gesellschaft, in der jeder eine spezifische Arbeit übernimmt und so in der Kooperation alle Bedürfnisse erfüllt werden können (370b 5–7).

Welche Berufe benötigt man nun in der Stadt? Sokrates beginnt aufzuzählen: Bauern, Baumeister, Weber, Schuster; wohl auch Zimmerleute und Schmiede, Hirten sowie Händler,

1 »er« steht hier einstweilen für die generische Form, in der alle Menschen gemeint sind. Die Frage, ob und wie Frauen an den Aufgaben der Stadt beteiligt sind, wird Sokrates später selbst thematisieren (s. S. 135 ff.).

falls die Stadt nicht alles, was sie benötigt, selbst produzieren kann; wenn Händler, dann auch Seeleute (man ist in Griechenland), und nicht zuletzt Leute, die Waren auf dem Markt verkaufen; die benötigen wiederum Hilfsarbeiter, die gegen Geld schwere Arbeiten verrichten. So detailliert die Aufzählung der Berufe ist, aus denen sich die Stadt zusammensetzt, so interessant ist, dass überhaupt nicht erwähnt wird, wer in dieser Stadt herrscht. Man könnte meinen, dass diese Stadt allein durch das Prinzip der Arbeitsteilung zusammengehalten wird und gar keiner Herrschaft bedürfe; dass es, anders gesagt, eine anarchische Stadt im positiven Sinne des Wortes ist.[2]

»Ist nun wohl unsere Stadt so groß geworden, dass ihr nichts fehlt?« fragt Sokrates. Adeimantos antwortet mit einem zögernden »vielleicht« (371e 8–10), doch das genügt Sokrates, um sogleich nach der Gerechtigkeit zu fragen. Ein sehr früher Zeitpunkt für diese Frage – doch wird sich Adeimantos' Antwort, die Gerechtigkeit liege wohl darin, dass die Menschen in dieser Stadt einander brauchen, später als gar nicht so schlecht erweisen.

Anstatt das Thema weiterzuverfolgen, setzt Sokrates jedoch die Beschreibung der Stadt fort: Wir sehen nun, wie diese Menschen im Laufe der Jahreszeiten eifrig ihren Tätigkeiten nachgehen; und wie eine Kamera, die aus der Totale heraus auf eine einzelne Szene fokussiert, lässt uns Sokrates an einem idyllischen Fest teilhaben, in dem die Bewohner die Früchte ihrer Arbeit genießen. Ein »fröhliches« (*hedys*) Leben führen sie mit ihren Kindern – von denen sie allerdings nicht mehr haben als sie ernähren können (372b 7–c 2). Eine etwas ernüchternde Schlussbemerkung, die Sokrates dieser wunderschönen Beschreibung anfügt, deren Bedeutung aber nicht zu unterschätzen ist:

2 *an-archia* heißt wörtlich: ohne Herrschaft.

Erstens ist die Regulierung der Bevölkerungszahl wichtig für die Stabilität der Stadt über die Generationen hinweg. Und zweitens bedeutete zu Zeiten, da Mittel zur Empfängnisverhütung unbekannt waren, eine Kontrolle der Geburtenzahl nicht weniger als die Fähigkeit, die eigene Sexualität zu kontrollieren. Das Leben, das die Bewohner der Stadt führen, ist also wohl ein sinnlich angenehmes[3], aber es ist keines, in dem die Lust keine Grenzen kennt.

Ist das Leben in dieser Stadt aber wirklich so angenehm? Glaukon hat seine Zweifel, denn Sokrates hat einige Zutaten vergessen, die nicht nur für einen Griechen unverzichtbar sein dürften: Oliven, Salz und Käse. Das Gemüse fehlt auch, vom Nachtisch ganz zu schweigen. Und dann wird man wohl auch nicht auf die zivilisatorische Errungenschaft der Liege verzichten wollen![4] Es sind wahrlich keine spektakulären Bedürfnisse, die hier hinzukommen, und doch führt eins zum anderen: die Speisen werden immer reicher, feiner und differenzierter; ebenso der Hausrat. Schmuck und Kunst kommen ebenfalls hinzu; nicht zuletzt wird man viel mehr Ärzte brauchen als zuvor. So entsteht unter der Hand eine »üppig aufgeblasene« Stadt (372e 8)[5].

Die Stadtgründung, die Sokrates beschreibt, gliedert sich also in zwei Phasen, die Sokrates auch deutlich auseinanderhält (an der gleichen Stelle stellt er der aufgeblasenen Stadt die »echte, gleichsam gesunde« gegenüber): Die Zäsur zwischen beiden Phasen wird durch jene Beschreibung eines idyllischen

3 Das Wort *hedys*, das Sokrates in der Beschreibung benutzt, ist verwandt mit *hedone*, dem Standardausdruck Platons für sinnliche Lust.

4 In Griechenland aß man, indem man sich auf eine *kline*, eine Liege mit erhöhtem Kopfende, niederließ. Zur Bedeutung ihrer Erwähnung in der *Politeia* siehe Burnyeat (1999), S. 232–236.

5 *phlegmainousa polis*, was auch eine »entzündete Stadt« bedeuten kann.

Festes markiert. Und doch ist diese Zäsur keine deutliche Grenze. Sokrates spricht zwar vom »Notwendigen«, das die erste Phase bestimmte (373a 5). Wer aber wollte schon sagen, ob Oliven noch notwendig oder schon »üppig« sind? Der Übergang zwischen beiden Phasen ist derartig fließend, dass es kaum möglich scheint zu sagen, wann die Grenze zum Überfluss überschritten ist. Was Platon hier tut, ist nichts anderes als ein Stück psychologischer Realismus: Denn zu sagen, ob »die Menschen« im Allgemeinen, ob »wir« im Kontext einer bestimmten Kultur, ob ich selbst etwas »wirklich brauche« oder nicht, ist schwierig, wie jeder bestätigen kann, der vor einer Anschaffungsentscheidung steht oder der sein Leben durch den Verzicht auf Überflüssiges vereinfachen möchte.

Doch Ziel Platons ist es ja, die Gerechtigkeit zu bestimmen. Mit diesem unmerklichen Übergang zu einer Stadt, deren Bedürfnisse keine festen Grenzen kennen, tut er also nichts anderes als die Bedingungen dieser Bestimmung an die menschlichen Verhältnisse, die wir im Alltag überall beobachten können, anzupassen. Dass diese Verhältnisse allerdings nicht ohne Alternative und vielleicht auch nicht optimal sind, zeigt die Gegenüberstellung mit der ersten Phase. Auch darum sollte man vorsichtig sein, den Modellstaat, den Sokrates hier entwirft, als eine Utopie zu bezeichnen.

Die Wächter (373e–376d)

Die üppige Stadt wird auch ein anderes Verhältnis zu ihren Nachbarn haben: Konnte die Stadt in der ersten Phase sich noch auf Handel beschränken, werden die Begehrlichkeiten der üppigen Stadt nicht an ihren Grenzen haltmachen, sondern sich auch auf Land und Reichtum der Nachbarn richten, kurz: Wir treten in eine Zeit ein, in der es Kriege geben wird, sei es, um sich an den Nachbarn zu bereichern, sei es, um sich gegen Nachbarn zu verteidigen, die Ähnliches vorhaben. Unter der Voraussetzung, dass die Stadt Kriege führen soll, braucht sie Soldaten, und da für die Soldaten dasselbe gilt wie für alle anderen Bewohner – dass nämlich jeder eine und nur eine Aufgabe am besten erfüllen kann –, müssen diese Soldaten Berufssoldaten sein. Diese Soldaten erhalten dann von Sokrates beiläufig auch einen eigenen Namen: Sie sind die *Wächter* (*phylakes*) (373e–374e). Gemeint ist damit zunächst der Schutz nach außen. Wie im Laufe des Gesprächs aber noch klar werden wird, üben diese Wächter ihre Funktion genauso nach innen, gegen die anderen Bürger, aus.

Diesen Wächtern gilt nun für geraume Zeit die Aufmerksamkeit der Gesprächspartner, zunächst unter dem Gesichtspunkt, wie man geeignete Wächter auswählt (374e 7–10). Diese Frage ist unmittelbar mit der nach den für das Wächteramt geeigneten Charakteren verbunden. Noch ausführlicher wird die Frage behandelt, wie die Wächter in ihrer Jugend zu erziehen sind.

Um die Frage nach der Auswahl der Wächter anzugehen, wählt Sokrates einen treffenden und zugleich irritierenden Vergleich: Hunde. Treffend ist er deshalb, weil die Charaktermerkmale, die Sokrates nennt, durchaus eine Parallele erlauben: Wächter wie Hunde müssen körperlich flink und stark und in einer Weise tapfer sein, die keine Furcht kennt und dadurch etwas Unbesiegbares erhält (375a–b).

Gemeinsam mit dem Stichwort »Tapferkeit« führt Sokrates einen anderen Begriff ein, der im Laufe der *Politeia* noch eine große Rolle spielen wird: Hunde und ebenso Wächter müssen *thymoeidês* sein, denn das ist ihre hauptsächliche seelische Eigenschaft (375a 11, b 8). *thymoeidês* stammt von *thymos* ab; *thymos* ist ein altes homerisches Wort, das Platon hier reaktiviert und das schwer zu übersetzen ist. Bei Homer stand es für den emotionalen Impuls im Allgemeinen, der eine Handlung auslöst, insbesondere aber für die Aggression im Kampf, bei dem es gilt, einen Gegenschlag zu führen. Das Spektrum der Übersetzungen für die Verwendung bei Platon schwankt zwischen »Mut«, »Eifer« und »Zorn«[6]; es gibt kein deutsches Wort, das *thymos* angemessen entspricht, so dass man sich das Verständnis am besten entlang Platons Verwendung erarbeitet. Hier steht es vor allem für einen unbedingten Kampfeswillen.

Mag der Vergleich mit Hunden manchem auch als Tiervergleich irritierend und wenig schmeichelhaft erscheinen, ist er doch auch unter einem anderen Gesichtspunkt nicht schlecht gewählt: Denn dieser aggressive Impuls des Wächters soll sich ja nicht gegen die eigene Stadt, sondern nur gegen Fremde richten; und auch diese Eigenart findet man bei Hunden (375d). Noch befremdlicher wird der Vergleich allerdings, wenn Sokrates die Parallele dahin ausweitet, dass Hunde wie Wächter ihrer Natur nach philosophisch sind, weil sie Bekanntes und Unbekanntes bzw. Eigenes und Fremdes zu unterscheiden vermögen (376a). Ohne Zweifel ist diese Unterscheidungsfähigkeit eine Voraussetzung für die gesuchte selektive Ausrichtung des *thymos*. Doch was sollte sie mit Philosophie zu tun haben? Wer Vertrautes und Fremdes nach Kennen und Nichtkennen voneinander unterscheidet, der sei lernbegierig, erläutert Sokrates (376b 5 f.). Dass »lernbegierig« und »philosophisch« dasselbe sind, behauptet allerdings Glaukon, indem er Sokrates' entsprechende Frage bejaht (376b 9–11). Wenn man daran zurückdenkt, wie Sokrates im Gespräch mit Polemarchos die Unterscheidung zwischen Freund und Feind auf den Prüfstand gestellt hatte und dabei an den Punkt gelangt war, den Freund als den Guten zu bestimmen, dann kann man schwerlich umhin, einen Hintersinn in dieser Rede von Philo-

6 Siehe dazu die Erläuterungen bei Vegetti (1998), Bd. 2, S. 65 f.

sophie zu vermuten: Wenn der Freund der Gute ist und nicht jeder, der ein Freund zu sein scheint, auch wirklich einer ist, dann könnte das spontane, unreflektierte Unterscheiden, das man bei Hunden findet, nicht ausreichen, und es bedürfte womöglich eines Philosophen, um Freund und Feind genau voneinander zu unterscheiden. Glaukon scheint ein solcher Unterschied jedoch noch nicht klar zu sein.

Neben dieser manifesten Irritation im Vergleich zwischen Wächtern und Hunden gibt es noch eine zweite – die man leichter übersieht, weil sie in einer Auslassung besteht: Hunde haben normalerweise einen Herren. Wer ist aber der Herr der Wächter? Denn an herrenlose Hunde wird Sokrates kaum denken, haben diese doch die Eigenart, gegenüber jedem aggressiv zu sein.

Die Erziehung der Wächter (376d–412b)

Das Gespräch wechselt nun wieder zu Adeimantos.[7] Ein solcher Wechsel geht, wie schon erwähnt, immer auch mit einer inhaltlichen Veränderung einher. Das neue Thema wird von Sokrates denn auch sogleich angekündigt: Es geht um die Erziehung der Wächter. Die Erörterung des Erziehungsprogramms für die Wächter[8] wird eingeleitet mit der Bemerkung: »So wollen wir denn, als ob wir einen Mythos erzählten und viel Zeit hätten, unsere Männer in der Vernunft (*logos*) erziehen« (376d 9 f.).

7 Adeimantos war schon Gesprächspartner in der ersten Phase der Stadtgründung (369b–372d); in der zweiten Phase war es Glaukon (372d–376d).

8 Dass es um die Erziehung der Wächter geht, geht aus Sokrates' Frage in 376c 9 hervor, wird aber nicht ausdrücklich gesagt.

Die hier zitierte Übersetzung von Rufener[9] akzentuiert das Begriffspaar *mythos* und *logos*, das gerne als Ausdruck einer Opposition zwischen vor- oder arationalem und rationalem Denken aufgefasst wird. Doch passt eine solche Gegenüberstellung nicht zu der Art und Weise, wie Sokrates hier und anderswo in der *Politeia* beide Worte verwendet.[10] Schon an dieser Stelle erscheint *logos* eher als ein Oberbegriff im Sinne von »in Worten« oder »in unserem Gespräch«[11]. *mythos* signalisiert eine besondere Form oder Verwendung des *logos*, die zum einen weniger argumentativen als narrativen Regeln gehorcht, und die zum anderen nicht an strenge Anforderungen der Wahrheit und Begründung gebunden ist, so dass im *mythos* auch über Dinge gesprochen werden kann, die zeitlich oder räumlich zu weit entfernt sind, als dass wir über sie irgendetwas Sicheres sagen könnten, über Dinge, die sogar jenseits der Grenzen des Glaubwürdigen liegen können. Das heißt jedoch nicht, dass der *mythos* grundsätzlich falsch sein oder im Gegensatz zum *logos* stehen müsse. Für das Erziehungsprogramm der Wächter bedeutet Sokrates' Charakterisierung daher nur: Wir haben es mit Überlegungen zu tun, die in einer noch zu prüfenden Weise sich eher im Bereich des Wahrscheinlichen als des nachweisbar Wahren bewegen.

Das Erziehungsprogramm, das Sokrates, Adeimantos und später Glaukon nun im Gespräch entwickeln, folgt der traditionellen Zweiteilung in Gymnastik für den Körper und »Musenkunst« (*mousikê techne*) für die Seele (376e), und diese

9 Krapinger übersetzt mit »in Gedanken«, anschließend an eine frühere Bemerkung, man wolle sich »in Gedanken an den Beginn eines Staates« versetzen (369c 9).

10 Siehe dazu Vegetti (1998), Bd. 2, S. 21 ff. und Halliwell (2007), S. 453 f.

11 Die gleiche Formulierung (*en tôi logôi*) hat Sokrates schon zu Beginn der Staatsgründung (369c 9) verwendet.

Zweiteilung gibt auch dem Gespräch die Struktur vor. Begonnen wird mit der Musenkunst.

Die Rolle der Dichtung in der Erziehung der Wächter (376e–398b)

Eine Gattung der Musenkunst sind die *logoi*, so beginnt Sokrates. Erneut wird das Wort *logos* als Oberbegriff verwendet, den Sokrates sogleich aufteilt in die wahren und falschen *logoi*. Damit dreht sich das Gespräch zunächst um die inhaltliche Seite der »Musenkunst«.[12] Mit den »falschen *logoi*« meint Sokrates jene Mythen, die Kindern erzählt werden. Man könnte meinen, dass die Einstufung als »falsche *logoi*« das, was ich gerade über die Verwendung von *mythos* bei Platon gesagt habe, Lügen straft. Doch wenn alle Mythen schlechthin falsch wären, würde Sokrates ja damit auch das eigene Gespräch angreifen – und außerdem fügt er hinzu, dass auch etwas Wahres an den Mythen sein kann (376e 8–377a 5).

Vor allem geht es im folgenden, als Dichterkritik berühmt gewordenen Gespräch, nicht darum, Mythen aus der Erziehung generell zu verbannen, sondern darum, die richtigen Mythen auszuwählen. Denn diese Mythen richten sich an Kinder, deren Seelen besonders leicht Meinungen aufnehmen und sich von diesen Meinungen besonders leicht formen lassen, so dass das, was man Kindern in frühen Jahren präsentiert, bleibende Prägungen hinterlassen wird (377a 11–b 9).

Sokrates fährt mit der Bemerkung fort, man müsse also zuerst die Mythendichter »beaufsichtigen«. Dies ist oft als Auf-

12 »Inhalt« und »Form« werden von Sokrates 392c 7–9 einander gegenübergestellt: »Soviel also über den Inhalt der Erzählungen. Jetzt aber, glaube ich, gilt es noch ihre Form zu untersuchen [...]« (Übers. Krapinger). Die griechischen Worte sind *logos* und *lexis*.

takt eines einschneidenden Zensurprogramms gewertet worden. Bevor man Platon solche Vorwürfe macht, sollte man allerdings zweierlei berücksichtigen: Erstens geht es hier um die pädagogische Verwendung der Kunst – und wenn man Platon einen Vorwurf machen wollte, dann den, dass er die Kunst nur unter dem Aspekt ihres Nutzens betrachtet; und zweitens hat jede Zeit, auch unsere, ihre Debatten darüber, was Kindern zugänglich gemacht werden darf und soll und was nicht.

Sokrates' Zielscheibe sind die großen Ependichter Homer und Hesiod, die in der griechischen Erziehung eine enorme Rolle spielten.[13] Ihnen wirft Sokrates vor, ein schlechtes Bild von den Göttern und Heroen zu zeichnen (377e 1 f.). Material, um diesen Vorwurf zu belegen, findet Sokrates reichlich und zitiert es auch ausgiebig, denn in der Tat gibt es kaum eine Gemeinheit, Schandtat und Grausamkeit, die Homer und Hesiod ihren Göttern nicht zugeschrieben hätten.

Als Adeimantos dann nach positiven Beispielen fragt, meint Sokrates, sie seien ja nun keine Dichter, sondern Gründer einer Stadt (378e 7–379a 1) – eine Bemerkung, die in zweierlei Hinsicht Beachtung verdient:

Erstens signalisiert sie einen Wandel in der Rolle von Sokrates und Adeimantos, der unter der Hand stattgefunden hat: Von Leuten, die versuchen zu beschreiben, wie eine Stadt *eingerichtet* ist, sind sie zu Leuten geworden, die sich darüber

13 Im *Protagoras* (325c–326a) findet sich eine Beschreibung des allgemeinen kindlichen Bildungsgangs, in der auch erwähnt wird, dass die Kinder die Dichtungen »tüchtiger Dichter« lesen und auswendig lernen sollen, um darin moralische Ermahnungen ebenso wie Vorbilder zu finden. Xenophon lässt in seinem *Symposion* Nikeratos, den Sohn des berühmten Feldherrn Nikias aus dem peloponnesischen Krieg, berichten, dass sein Vater ihn anhielt, die gesamten homerischen Epen auswendig zu lernen (3,5).

unterhalten, wie man eine Stadt *einrichtet* – jedenfalls mit Blick auf die Erziehung einer wichtigen Bevölkerungsgruppe.

Und zweitens kontrastiert sie zu Sokrates einleitender Bemerkung, man werde nun einen *mythos* erzählen. Wenigstens stellt sich die Frage, wie sich das, was Sokrates und Adeimantos hier machen, dem Charakter nach von dem unterscheidet, was ein Hesiod gemacht hat, der in seiner *Theogonie* die Ordnung der Götterwelt beschrieben hat.

Auf den ersten Blick scheint die konstruktive Antwort, die Sokrates nun auf Adeimantos' Frage hin gibt, den Unterschied deutlich zu machen: Anstelle reichhaltig ausgeschmückter Geschichten spricht Sokrates von »Richtlinien« (*typoi*) – Adeimantos ergänzt dies zu »Richtlinien der Götterlehre« (*typoi peri theologias*).[14] Dabei handelt es sich um folgende Regeln:

(i) »Gott ist in Wirklichkeit gut und muss auch so dargestellt werden« (379c 1 f.), außerdem ist er »nicht Urheber von allem, sondern nur von dem Guten« (380c 9 f.);
(ii) Gott wird nicht verändert und verändert sich nicht selbst, denn er ist im besten Zustand und daher am wenigsten von außen zu verändern und schon gar nicht bereit, sich selbst schlechter zu machen (380d–381e);
(iii) Gott lügt nicht (382e 6).

Dass diese Regeln auf etwas anderes zielen als homerische Mythen, ist klar; doch woher wissen Sokrates und Adeimantos, dass die Götter so sind wie in diesen Regeln festgehalten? Die Antwort ist einfach: Sie können es nicht wissen, denn die Götter sind unseren Erfahrungen entzogen. Insofern also Sokrates und Adeimantos hier über etwas sprechen, das jenseits

14 Später (380c 7 f.) ist sogar von »Modellen und Gesetzen über die Götter« (*peri theous nomoi te kai typoi*) die Rede.

menschlicher Erkenntnismöglichkeiten liegt, bewegen auch sie sich im Bereich des *mythos*. Man kann natürlich überlegen, ob man nicht eine rational begründete Gottesvorstellung entwickeln und aus ihr Merkmale der Götter ableiten kann. Sokrates und Adeimantos aber versuchen erst gar nicht, die Annahmen wie die, dass ein Gott gut und im bestmöglichen Zustand ist, zu begründen; stattdessen zitiert Sokrates eifrig Beispiele aus Homer, die diesen Regeln zuwiderlaufen.

Das Thema »Wahrheit und Lüge«, das ständig mitschwingt, seit Sokrates den Mythos unter die Kategorien von wahrer und falscher Rede gestellt hat, erhält im Zuge des Gesprächs über die dritte Richtlinie noch eine besondere Nuance. Dort führt Sokrates nämlich die Unterscheidung zwischen einer »wahren Lüge« und einer »Lüge in Worten« ein (382b 6–c 2). Die wahre Lüge sei die, bei der die Seele selbst einer Täuschung unterliege; die Lüge in Worten dagegen sei »bloß die Nachahmung des seelischen Zustands und ein nachträglich entstandenes Abbild, also durchaus nicht mehr die reine Unwahrheit«. Mit letzterer Beschreibung ist vermutlich gemeint, dass derjenige, der bewusst etwas sagt, was von dem abweicht, was er denkt, in den Worten ein »Bild« seiner Gedanken erzeugt, das von der Wahrheit so abweichen kann wie eine Nachahmung vom Original (man denke an die Skulptur eines Menschen, die – bemalt, wie die griechischen Skulpturen waren – aus der Ferne wie der Mensch selbst wirken mag; das Stichwort »Nachahmung« wird uns noch des Öfteren beschäftigen)[15]. So aufgefasst, könnte man Sokrates' Unterscheidung folgendermaßen auffassen:

Wer andere täuscht, weil er sich selbst täuscht, der begeht insofern den schwereren Fehler, als er selbst unter einem epis-

15 Siehe S. 87 und 267.

temischen Mangel leidet.[16] Das wäre sozusagen eine moralfreie Betrachtung der Lüge, insofern das, was man mit den Lügen anderen antut, für die Bewertung der Lüge keine Rolle spielt. Allerdings gehen Sokrates' Überlegungen doch einen Schritt weiter in Richtung auf die Wirkung von Lügen. Denn er fragt Adeimantos, ob die Lüge in Worten nicht auch nützlich sein kann: Wenn er hier an die Freunde erinnert, die im Wahnsinn etwas Schlechtes tun wollen und durch eine Lüge davon abgehalten werden können, dann liegt der Nutzen nicht nur bei dem, der lügt, sondern er kann auch beim Adressaten der Lüge liegen (382c 7–d 1).

Sokrates' Unterscheidung kann man daher auch etwas anders verstehen: Wer sich selbst täuscht, der kann gar nicht unterscheiden, ob er mit seinen unwahren Reden schadet oder nützt. Wer sich selbst nicht täuscht, der hat immerhin die Möglichkeit, anderen zu nützen. Sokrates gibt diesen Überlegungen übrigens eine selbstreflexive Wendung, wenn er meint, in den Geschichten über uralte Begebenheiten, von denen wir ja kein sicheres Wissen haben können, könne man die Unwahrheit immerhin der Wahrheit angleichen und die Geschichten oder anders gesagt: die Mythen[17] zu etwas Nützlichem werden lassen (d 1–5). Die Nachahmung, von der vorher die Rede war, erhält hier eine neue Wendung: Eigentlich können wir in unseren Geschichten die Götter nicht nachahmen, weil wir das Original nicht kennen; wir können uns aber darüber im Klaren sein, dass alles, was wir von den Göttern erzählen, von der Wahrheit mehr oder weniger weit entfernt ist. Das Problem, dass wir zur Bestimmung dieser Distanz aber eigent-

16 Diese Lesart wird unterstützt durch eine spätere Bemerkung zum Thema, vgl. 535e 3–5.

17 Der griechische Begriff für die Geschichten lautet *mythologia*, zusammengesetzt aus *mythos* und *logos*.

lich doch wissen müssten, wie die Götter eigentlich beschaffen sind, lässt sich damit aber nicht aus der Welt schaffen.

Damit endet Buch II. Die Buchgrenze bildet hier keine inhaltliche Grenze, denn das Gespräch in Buch III setzt das Vorhergehende ohne jede Zäsur fort. Sokrates fügt der inhaltlichen Diskussion der Musenkunst noch einige Punkte hinzu: So müsse man auch aufpassen, den Kindern nicht durch schreckliche Geschichten über den Hades Todesfurcht einzuflößen (386b) oder die Helden als mutlos und jammernd darzustellen (denn auch die Helden fürchten sich nicht vor dem Tod, 387d). Und lachend dürfen die Götter auch nicht dargestellt werden (389a). Schließlich bedarf auch die Darstellung der Menschen durch die Dichter einer kritischen Prüfung; hier seien aber Anweisungen für die richtige Darstellung noch nicht möglich, da noch nicht klar ist, wie der Mensch sein muss, solange noch nicht klar ist, was die Gerechtigkeit ist (392a–c). Auch in dieser langen Passage spart Sokrates nicht mit Zitaten aus dem zu verbannenden Homer.

Die Rolle der Musik in der Erziehung der Wächter (392c–403c)

Nach der Diskussion über die Inhalte der Mythen bringt Sokrates das Gespräch nun auf die »Form« (*lexis*) der Musenkunst (ab 392c 7). Adeimantos kann die Unterscheidung zwischen Form und Inhalt nicht verstehen; dadurch wird sie als ein besonderes theoretisches Element hervorgehoben, das genauerer Erläuterung bedarf. Sokrates gibt eine solche Erklärung, indem er zwei weitere Begriffe einführt, nämlich erstens den der »einfachen Darstellung« (*haplê diêgesis*) und zweitens den der »Darstellung durch Nachahmung« (*mimêsis*) (392d 5 f.). Was damit gemeint ist, verdeutlicht Sokrates zunächst am Beispiel von Bericht und (fiktiver) direkter Rede bei Homer.

Im Anschluss gibt Sokrates eine Definition der Nachahmung: Sich einem anderen in Stimme (*phoné*) oder Gestalt bzw. Haltung (*schêma*) anzugleichen, heißt ihn nachzuahmen (393c 4–9) – und genau das geschieht, wenn der Dichter eine seiner Figuren sprechen lässt (man sollte hier nicht vergessen, dass Homers Epen weniger gelesen als mit lauter Stimme vorgetragen wurden). Es gibt sogar eine wohlbekannte Art der Dichtung, die ganz auf Nachahmung beruht, nämlich die dramatische (also Tragödie und Komödie, 394c 1 f.). Als Beispiel für eine Dichtung, die sich ganz auf die einfache Darstellung beschränkt, nennt Sokrates den Dithyrambos (c 3)[18]; das Epos, die Gattung Homers, sei aus einfacher und nachahmender Darstellung gemischt.

Der Begriff der Nachahmung, den Platon Sokrates hier verwenden lässt, wurde zu einem Schlüsselbegriff des Denkens über Kunst, bis er im 18. Jahrhundert in Verruf kam: In dieser Zeit wurde der bloßen Nachahmung die schöpferische Autonomie des Künstlers und der Ausdruck seiner Subjektivität gegenübergestellt.

Doch selbst wenn, wie in der erwähnten Bemerkung aus 393c schon anklingt, die Nachahmung sich auf Äußerliches richtet, steht sie auch hier in engstem Zusammenhang mit dem Inneren: Denn schließlich steht die gesamte Erörterung der »Musenkunst« unter der Vorgabe, dass diese für die Erziehung der Seele da sei (376e). Es leuchtet ja auch ein, dass in der Stimme etwas Seelisches zum Ausdruck kommt: Im Tonfall können Emotionen ebenso wie Unsicherheit oder Festigkeit zum Ausdruck kommen. Bei der »Gestalt« ist dies nicht ganz

18 Dithyramben sind Chorlieder, die im klassischen Griechenland zu verschiedenen Festen von großen Chören vorgetragen wurden. Platons Einteilung kann man so verstehen, dass in diesen Liedern ein Mythos erzählt wurde.

so offensichtlich. Denkt man aber etwa an die Körperhaltung, lässt sich Ähnliches sagen. Zwischen dem, auf das sich die Nachahmung richtet, und inneren Zuständen besteht also eine enge Verbindung, und dies sogar in zwei Richtungen: Einerseits wird das, was innen ist, äußerlich sichtbar. Andererseits kann eine Haltung, die wir nach außen hin annehmen, auch zu einer nach innen gerichteten Haltung werden. Derjenige, der Emotionen darstellen will, kann dies nur, indem er sich auf die erste, die expressive Richtung stützt. Die zweite Richtung ist dagegen für die Erziehung relevant, die ja Sokrates' eigentliches Thema ist.

Sollen die Wächter auch nachahmend darstellen, fragt Sokrates dementsprechend (394e 1f.)? Die Frage mag überraschen, insofern die Wächter bislang als Rezipienten der Dichtung betrachtet wurden, die Geschichten hören. Wenn sie nachahmen, dann werden sie dagegen selbst zu Akteuren. Doch erstens bestand der Umgang mit Dichtung nicht bloß im Anhören; er bestand ebenso im Rezitieren. Und beim Rezitieren kann es, wie gesehen, passieren, dass man in eine *mimêsis*, eine Nachahmung hineingerät. Und zweitens geht es beim Nachahmen eben nicht in erster Linie darum, etwas zu tun, sondern darum, dass in der Nachahmung etwas mit dem Nachahmenden passiert. Unter dieser Perspektive haben das Anhören von erzählten Geschichten und das Nachahmen eine wichtige Gemeinsamkeit: Bei beiden wird etwas aufgenommen – Meinungen beim einen, Haltungen gegenüber den Gefühlen beim anderen.

Sokrates schlägt vor, die Frage, ob die Wächter auch Theater spielen sollen, unter Rückgriff auf Überlegungen zu beantworten, die der Stadtgründung zugrunde lagen: Da man nur eine Sache richtig tun kann, kann man nicht vielerlei Dinge gleich gut nachahmen (394e 8 f.). Dass man nicht vielerlei gleich gut nachahmen kann, widerspricht allerdings der Idee des Schauspielers, der – selbst wenn er sich auf das tragische oder komische Fach spezialisiert – verschiedene Rollen, verschiedene Lebenssituationen, verschiedene Charaktere und verschiedene Gefühle darstellen können muss. Möchte Sokrates hier also bestreiten, dass es gute Schauspieler gibt?

Sokrates sagt zu dieser Frage explizit nichts – schließlich interessiert ihn nicht das Theater. Es ist jedoch wichtig, einen Moment bei ihr zu verweilen, um zu verstehen, was Sokrates an der Nachahmung kritisieren wird. Die Antwort auf die Frage, ob es gute Schauspieler geben kann, hängt nämlich entscheidend am Verständnis des Wortes »gut« in diesem Kontext: Wenn man unter einem guten Schauspieler einen wandlungsfähigen Schauspieler versteht, der in viele Rollen schlüpfen kann, dann wäre es absurd, wenn Sokrates ihre Existenz bestreiten wollte – schließlich gab es schon im klassischen Athen professionelle Schauspieler.[19] Wenn man unter einem guten Schauspieler aber einen Schauspieler versteht, der dasjenige, was er nachahmt, aus einer möglichst intimen Kenntnis des Nachgeahmten heraus darstellt, dann könnte Sokrates doch wenigstens insofern recht haben, als ein Schauspieler womöglich im letzteren Sinne nicht zugleich gut und wandlungsfähig sein kann.

Hier geht es aber um die Wächter. Zuerst meint Sokrates, dass die Wächter am besten überhaupt nicht nachahmen sollten (395c 2). Das ist einleuchtend, wenn man davon ausgeht, dass die Schauspielerei ein eigener Beruf ist; dann kann dem Prinzip gemäß, dass jeder nur eine Sache am besten kann, niemand sowohl ein guter Wächter als auch ein guter Schauspieler sein. Es lässt sich aber auch verstehen, wenn man die Schauspielerei als ein Hobby auffasst: Denn warum sollte erstens

19 Platon selbst erwähnt sie als besondere Berufsgruppe, die in der »üppigen Stadt« Einzug halten werden (373b 6).

jemand, der die Sache selbst ausüben kann, sie nachahmen wollen – was doch gegenüber dem Original immer zurücksteht? Zweitens ist die Schauspielerei immer eine Einladung zur Vielfalt. Ist es nicht gerade das, was Kinder ebenso wie Erwachsene daran reizt: in *andere* Rollen schlüpfen zu können?

Warum diese Vielfalt aber gefährlich ist, wird erst dann richtig deutlich, wenn man sich an die bereits erwähnte Rückwirkung der Nachahmung auf den Nachahmenden erinnert. Sokrates schließt nämlich die Nachahmung für die Wächter nicht ganz aus: Wenn sie nachahmen, dann sollen sie nachahmen, was sie werden sollen – tapfere, besonnene, fromme und freie Männer (395c 3–5). Solche Nachahmungen können in der Erziehung nämlich durchaus einen positiven Effekt haben, denn »Nachahmungen, die man von Jugend an beständig betreibt, werden zur Gewohnheit und zur Natur« (395c 9–d 2). Hier tritt der Gedanke zum ersten Mal explizit in Erscheinung, dass die Nachahmung auf den Nachahmenden zurückwirkt: Wer wiederholt eine bestimmte Haltung nachahmt, der wird sich diese Haltung nach und nach zu eigen machen, sie wird zu seiner Gewohnheit (*ethos*).

Ahmt dagegen jemand immer wieder einen anderen nach, bleibt auch dies nicht ohne Effekt auf den Nachahmenden: Denn dann wird sozusagen die Vielfalt zu seiner Natur. Das Einzige, an das er sich gewöhnen wird, ist der Wechsel. Eine stabile innere Haltung wird sich nicht einstellen. Wenn daher ein Erwachsener ernsthaft anfängt, als Schauspieler zu arbeiten, dann setzt er seine eigene Natur aufs Spiel; wenn ein Kind auf diese Weise schauspielert, dann wird es nie einen stabilen Charakter erwerben.

Es sind diese beiden Rückwirkungen der Nachahmung auf den Nachahmenden, die die Nachahmung für die Erziehung zugleich wichtig und gefährlich werden lassen. Sokrates stellt beide nochmals als zwei Arten des Vortrags und der Darstellung gegenüber (396b 9–c 4): Die eine ist einheitlich und an der Vortragsweise eines tüchtigen Mannes orientiert, die andere ist vielfältig und ahmt alles Mögliche nach (397a). Für die Stadt kommt nur erstere in Frage, auch wenn sie strenger und weniger angenehm ist (398a 9).[20]

Mit der Bemerkung, die Erzählung habe auch den Vorteil, mit weniger Tonarten (*harmoniai*) und Rhythmen auszukommen (397c), bringt Sokrates schließlich auch die (im heutigen Sinne) musikalische Seite der Musenkunst ins Spiel, die er 398c als dritten Aspekt zum Thema macht. Glaukon übernimmt nun die Rolle des Gesprächspartners. Obwohl er für sich kein musikalisches Fachwissen in Anspruch nimmt (398c 7 f.), wird er von Sokrates doch als »Musiker« bezeichnet (e 1).[21]

Die Ausdrücke, die Sokrates für das »spezifisch Musikalische« verwendet, sind *melos* und *ôdê* (398c 1 f.). Den Begriff *melos* erläutert Sokrates kurz darauf selbst: Es handele sich um die Verbindung von Wort, Harmonie und Rhythmus (398d 1 f.), also in etwa um das, was wir heute als ein Lied bezeichnen.[22] Die im engeren Sinne musikalischen Komponen-

20 Spricht Sokrates hier von zwei Arten des Vortrags und tut so, als seien damit alle Möglichkeiten erfasst, fragt man sich allerdings, ob es nicht auch eine Einheit in der Untugend geben kann. Das Problem, ob Tüchtigkeit und Einheit dasselbe sind, wird uns noch mehrfach beschäftigen.

21 Von sich selbst sagt Sokrates, dass er sich mit den Tonarten nicht auskenne (399a 5) – eine Bemerkung, die in merkwürdigem Kontrast zum Reichtum an musiktheoretischen Details in seinen Äußerungen steht. Bei der folgenden Besprechung der Rhythmen (399e-400b) wird auf den Musiktheoretiker Damon als Autorität verwiesen. In 424c 6 wird Damon auch die Ansicht zugeschrieben, dass eine Veränderung der musikalischen Regeln immer auch eine Veränderung der politischen Gesetze nach sich ziehe.

22 *ôdê* dürfte in etwa die gleiche Bedeutung haben (vgl. 411a 9 und

ten sind demnach Harmonie und Rhythmus. Von ihnen behauptet Sokrates, dass sie sich nach dem Text zu richten haben. Was damit gemeint ist, wird wenig später deutlich: Die Tonarten ahmen nämlich die »Töne[23] und Betonung« (*phtongos* und *prosôdia*) nach (399a 7f.). Tonarten sind also ein Teilbereich der generellen Nachahmung von »Stimme und Gestalt«, und ihre Verbindung zu inneren Seelenzuständen wird auf demselben Zusammenhang beruhen: Wer verweichlicht ist, der spricht auch mit weicher Stimme, wer in Trauer ist, der spricht mit klagender Stimme.

Diese Verbindung stellt Sokrates auch dann in den Mittelpunkt, wenn er nach allerlei musiktheoretischen Details zusammenfasst (400d 10f.): Gute Redeweise (*eulogia*[24]), gute Harmonie (*euharmostia*), gute Gestalt (*euschêmosyne*) und guter Rhythmus (*eurhythmia*) folgen dem guten »Charakter« – und hier verwendet Sokrates für »Charakter« einen Begriff, der in engem Zusammenhang mit dem zuvor verwendeten Wort *ethos* (»Gewohnheit«) zu sehen ist, nämlich das Wort *êthos*. Heute dient es als Oberbegriff für die Sphäre der Moral, hier aber bezeichnet es eine durch Gewohnheit entstandene innere Haltung.[25] Sokrates meint hier, dass das Äußere dem Inneren folgt. Nimmt man aber die Rolle der Nachahmung des Äuße-

424c 2, wo das Wort in einem übergreifenden Sinne für das, was jemand singt, benutzt wird).

23 *phtongos* ist nicht »Stimme« (wie z. B. Rufener übersetzt), sondern etwas an der Stimme (*phone*). Eher könnte es der »Klang« der Stimme sein (so Krapingers Übersetzung). Die Übersetzung »Töne« orientiert sich an der Definition des Aristoteles-Schülers Aristoxenos, der *phtongos* als das »Fallen der Stimme auf eine Tonhöhe« bestimmt (*Elementa harmonica* I, 15).

24 Die Vorsilbe *eu* bedeutet »gut«.

25 Aristoteles leitet in der *Eudemischen Ethik* (1220a 39 ff.) ausdrücklich *êthos* (Charakter) von *ethos* (Gewohnheit) ab.

ren in der Erziehung hinzu, haben wir es mit einer Wechselwirkung zu tun: Die Gewöhnung an bestimmte Weisen des Sprechens durch Nachahmung bewirkt einen guten Charakter, der sich wiederum in einer bestimmten Weise des Sprechens zeigt, die dann durch andere nachgeahmt werden kann.

Sobald Musik im engeren Sinne in diese Wechselwirkung eintritt, vollzieht sich diese Wechselwirkung aber doch nicht völlig reibungslos, denn anders als beim Nachahmen von Stimme und Haltung eines tapferen Menschen kommen zusätzliche musikalische Gestaltungsprinzipien ins Spiel. Man hat den Eindruck, dass Sokrates dem Rechnung trägt, indem er zunehmend die Ordnung als wichtigste Qualität in den Mittelpunkt rückt: Waren es zunächst noch Eigenschaften von Handlungen, durch die die Tonarten charakterisiert wurden, geht es nun um die »gute Gestalt« oder »gute Haltung« (*euschêmosyne*), der die Schönheit an die Seite gestellt wird (401a 5, c 4, d 7). Diese Eigenschaft kann der Musik ebenso wie der Seele zukommen und begründet die Ähnlichkeit, Verwandtschaft und den Einklang, die zwischen beiden zustande kommen können (401a 8, d 1). Unter der Voraussetzung, dass Ordnung an sich schätzenswert ist und in der musischen Erziehung durch Gewöhnung zur grundlegenden Charaktereigenschaft wird, wird die Behauptung verständlich, dass »Rhythmus und Tonart am tiefsten in das Innere der Seele dringen« (401d 5).

Eines ist in jedem Fall klar: Die Nachahmung wird von Sokrates keineswegs verworfen, im Gegenteil: Sie ist das entscheidende Instrument, um durch Gewöhnung an Ordnung im Allgemeinen und an äußere Haltungen im Besonderen den Charakter der zukünftigen Wächter zu bilden. Darum ist die Nachahmung die Grundlage der gesamten Erziehung, wie jedenfalls der musikliebende Glaukon meint (402a 5 f.).

Die Erörterung der Erziehung der Seele könnte mit dieser

Bemerkung zu Ende sein – Sokrates führt das Gespräch vom Stichwort der Schönheit aber weiter zu dem der Liebe (40d 6) und damit zu einem Thema, das Glaukon persönlich naheliegt, scheint er doch gerade verliebt oder es kürzlich gewesen zu sein (e 1 f.). Die Liebe, um die es hier geht, ist die Liebe erwachsener Männer zu heranwachsenden Knaben, die Bestandteil der griechischen Erziehung war. Die Aufgabe des älteren Mannes war es, den Jüngeren auf seine Aufgaben im Erwachsenenleben vorzubereiten: Wer wen wählte und wer sich von wem erwählen ließ, war dabei Bestandteil eines sozialen Wettkampfs. In diesem Rahmen waren homosexuellen Beziehungen zulässig, sofern sie bestimmten Regeln gehorchten, die vor allem darauf zielten, dass der erwachsene Mann niemals eine passive und der Jugendliche niemals eine aktive Rolle einnehmen durfte.[26] An dieses Verständnis schließt Platon hier an, wenn er Sokrates genaue Regeln für den Verkehr älterer Männer mit Jugendlichen vorschlagen lässt (403b), die ganz dem Gedanken folgen, dass auch in der Liebe die »gute Haltung« bestimmend sein muss.

Im Rahmen des Gesprächs hat dieser kurze Blick auf die Liebe zwei Funktionen: Zum einen richtet sich das bisher besprochene Erziehungsprogramm an Kinder. Hier wird sein Grundprinzip sozusagen in die Erziehung der nächsten Altersstufe übertragen. Zum anderen wird auf die Ordnung der »guten Haltung« eine neue Perspektive geworfen: Sie erscheint nun als etwas, nach dem wir streben, als etwas, das uns anzieht, wenn wir es vorfinden. Es geht also nicht um eine Reglementierung, die von einem strengen, gar lustfeindlichen Gesetzgeber verordnet wird: Die Ordnung wird uns vielmehr als das

26 Vgl. dazu grundlegend Dover (1978); zur neueren Diskussion, insbesondere mit Blick auf Foucaults Deutung, vgl. Detel (1998), Kap. 4.

präsentiert, was wir suchen, wenn wir lieben. Darum ist es auch so wichtig, dass das Erziehungsprogramm an dieser Stelle an die Realität der Gesprächspartner zurückgebunden und an ihre eigene Erfahrungswelt angeschlossen wird.

Und schließlich erklären sich Sokrates und Glaukon in dieser Passage erneut zu Gesetzgebern der Stadt; ja, vorher (399e 4 f.) hatte Sokrates sogar davon gesprochen, dass die »üppige« Stadt im Zuge der Ausgestaltung des Erziehungsprogramms für die Wächter »gereinigt« werde (auf diese Bemerkung wird noch zurückzukommen sein).

Die Rolle der Gymnastik in der Erziehung der Wächter (403d–412b)

Ähnlich wie die Seele durch die Musenkunst zu erziehen sei, so der Körper durch die Gymnastik, hatte Sokrates angekündigt. Entsprechend kommt er nun auf Letztere zu sprechen, wobei deren Erörterung deutlich kürzer ausfällt. Was man vielleicht als eigentliches Thema erwartet – nämlich Überlegungen, wie der Sportunterricht auszusehen habe –, spielt dabei kaum eine Rolle. Nur gegen Ende der Passage (410b 5–9) findet sich der dürre Hinweis, dass die körperlichen Übungen nicht zur bloßen Steigerung der Muskelkraft, sondern zur Verbesserung des Muts vorzunehmen seien. Sokrates war also vermutlich weder ein Freund des Leistungssports noch des Bodybuildings – ein Vergleich, der übrigens gar nicht so weit hergeholt ist, wurden Olympiasieger doch in der Antike genauso verehrt und als Vorbilder behandelt wie heute manche Fußballspieler und andere Leistungssportler.

Sokrates beginnt mit Ausführungen zur richtigen Ernährung, und man erkennt hier, warum Sokrates zuerst auf die Musenkunst eingegangen ist: Er will nun die Ablehnung von Vielfalt und Buntheit auch zum Grundprinzip der richtigen Ernährung machen (404d 11–e 6), was zur Folge hat, dass sich auf der Speisekarte der Wächter Gewürze ebenso wenig wie Süßigkeiten finden. Vor allem aber ist das Thema für Sokrates Anlass zu einer heftigen Polemik gegen das Medizinwesen[27] und – erstaunlicherweise – auch gegen das Gerichtswesen seiner Zeit. Eine Rolle spielt dabei der einfache Gedanke, dass eine gute Lebensweise Ärzte weitgehend überflüssig machen würde. Doch geht Sokrates noch weiter: Er macht die zeitgenössischen Ärzte geradezu zu Komplizen der Krankheiten, die die aufgeblähte Stadt befallen. Anstatt radikale Schnitte vorzunehmen, verordnen sie lebenslange Therapien, durch die die Krankheiten nicht beseitigt, sondern verlängert und sogar zum Lebensmittelpunkt werden (406b–e). Wenn Sokrates kurz darauf vom »Hegen der Krankheiten« (*nosotrophia*, 407b 1, Übers. Rufener) spricht, wird die Perversion dieser Art von Medizin deutlich: Medizin wird hier zu einer anderen Art des Körperkults – und fügt sich insofern dann doch recht gut mit den Themen Leistungssport und Bodybuilding zusammen. Das aber sei eine gänzlich verkehrte Sicht: Der Körper soll dem Menschen dazu dienen, seine Aufgaben zu erfüllen; die Medi-

27 Für die alte Medizin steht hier der Gottessohn Asklepios ein. Sokrates verbindet seine Erwähnung mit einem kleinen Stück Mythenkritik ganz im Sinne des zuvor Gesagten: Ein Gottessohn lasse sich nicht bestechen. Darum müsse eine entsprechende Geschichte, die von Pindar und den Tragödiendichtern erzählt wird, falsch sein (408b–c). Exemplarisch für die zeitgenössische Medizin wird Herodikos genannt, der, wenn man Sokrates' Ausführungen folgt, Sportlehrer und selbsternannter Arzt war. Warum sich Sokrates hier auf ihn bezieht, lässt sich nicht sagen. Herodikos taucht bei Platon noch öfters auf (vgl. *Phaidros* 227d und *Protagoras* 316e). Vermutlich war er etwas älter als Sokrates und womöglich noch zu Platons Zeiten einflussreich, was der Polemik einen gewissen Sinn verleihen würde.

zin soll aber dazu dienen, dass der Körper dem Menschen dienen kann. Sokrates verschweigt allerdings auch nicht die harte Konsequenz der von ihm bevorzugten Therapie: Wo die Heilung durch das Entfernen der Krankheit nicht möglich ist, da muss es der Tod sein, der den Menschen von seinen Beschwerden befreit (406e 3 f., vgl. auch 410a 2 f.). Doch wenn ein langes Leben in Krankheit nichts anderes als ein langsamer Tod ist (*makros thanatos*, 406b 4), dann mag ein kurzer Tod in der Tat besser erscheinen.

Über die Richter – die im Zuge des Entwurfs der Modellstadt hier zum ersten Mal erwähnt werden – wird weniger gesagt, doch ist eine Parallele zu den Ärzten offensichtlich: Auch sie sind dazu da, Übel zu bekämpfen, die erst durch eine insgesamt schlechte Verfassung entstehen. Wir erfahren nur, welche Bedingungen ein guter Richter zu erfüllen hat, und zwar Bedingungen, die seine Erziehung betreffen: Seine Seele muss von solch einer Art sein, die das zuvor entworfene Erziehungsprogramm erfolgreich durchlaufen hat und daher in ihrer guten Ordnung gefestigt ist. Erst von einer solchen fest verankerten Ordnung aus darf sie sich mit Ungerechtigkeiten beschäftigen (409a–b). Geht man davon aus, dass zu Sokrates' Zeit das beschriebene Erziehungsprogramm keine Realität war, dann folgt daraus allerdings, dass es keine oder höchstens zufällig einige wenige geeignete Richter gibt.

Sokrates beendet den Exkurs zu Ärzten und Richtern mit einer Bemerkung darüber, welche Ärzte und Richter in der Stadt zuzulassen seien (409e–410a), und wendet sich dann dem eigentlich angekündigten Thema zu, der Rolle von Gymnastik bzw. Sport in der Erziehung der künftigen Wächter. Dabei stellt Sokrates das Verhältnis von musikalischer und gymnastischer Erziehung in den Mittelpunkt: Denn letztlich ist auch die Gymnastik um der Seele willen auszuüben, da sie mutiger und härter macht (410b–d). Musik dagegen macht weicher: In den

Wächtern müssen daher beide Eigenschaften vorhanden und aufeinander abgestimmt sein (410e–412a). Übrigens bringt Sokrates hier ganz beiläufig wieder das Wort »philosophisch« ins Spiel (410e 1) – das letzte Mal war es uns bei den »philosophischen Hunden« begegnet – und spricht wie selbstverständlich von einem Bedürfnis nach Bildung (411d 1). Die »Musenkunst«, der nun auch die Philosophie zugeordnet wird (e 5), erhält dadurch eine ganz neue Farbe, von der bislang überhaupt nicht die Rede war und von der daher eigentlich noch gar nicht klar ist, was damit gemeint sein könnte.

Auswahl der Herrscher und die Einführung des Drei-Stände-Modells (412b–417b)

Die Erörterung des Erziehungsprogramms ist damit abgeschlossen (412b 3). Sokrates kommt endlich auf ein Thema zu sprechen, das bislang sozusagen durch seine Abwesenheit auffiel, nämlich die Frage, wer in der Stadt eigentlich herrschen soll. Es sei klar, dass die Älteren und die Besten herrschen sollen (412c), beginnt Sokrates. Wer sind aber die Besten? Die Auswahl findet unter den Wächtern statt. Doch wer sind nun die besten Wächter? Es sind die »wächterischsten«, so müsste man den Superlativ wörtlich übersetzen, den Sokrates in seiner Antwort benutzt (*phylakikôtatos*, 412c 11). Besser wäre natürlich »die Wachsamsten« oder »die, die zur Bewachung der Stadt am geschicktesten sind«, wie Rufener übersetzt, aber diese Übersetzungen verdecken schon ein wenig, dass Sokrates' Antwort zunächst kein substantielles Kriterium dafür liefert, welches nun eigentlich die besten Wächter sind. Das ändert sich, wenn Sokrates das Objekt der Wachsamkeit von der Stadt auf die Meinungen verschiebt, die den Wächtern im Laufe ihrer Erziehung eingepflanzt worden sind. Dabei geht es vor allem um die Überzeugung, dass man tun muss, was für die Stadt am besten ist (412e 5, 413c 5 f.). Allerdings bleibt auch diese Überzeugung noch inhaltlich unbestimmt – denn wir wüssten natürlich auch gerne, was denn nun für die Stadt am besten ist. Im Moment kann man nur so viel sagen: Was immer es sein mag, es muss gleichfalls zu dem gehören, was die Wächter in ihrer Erziehung aufnehmen – denn bewahren zu können ist die einzige Eigenschaft, auf die es hier anzukommen scheint.

Anstatt den Leser darüber zu informieren, an welchen Überzeugungen die Wächter denn nun festhalten sollen, lässt Platon Glaukon nachhaken: Er versteht nicht, wie man Meinungen verlieren kann. Für Sokrates ist dies Anlass, sich länger darüber auszulassen, auf welche Weise man die Fähigkeit eines angehenden Herrschers testen kann, Wächter »seiner selbst und der musischen Bildung, die er empfangen hat« (413e 2 f.), zu sein. Resultat dieses Auswahlverfahrens ist eine Aufteilung der Wächter in zwei Gruppen: Die einen sind die »vollkommenen Wächter« und werden mit der Herrschaft betraut. Die übrigen Wächter sind ihre Gehilfen (414b 4 f.).

Schließlich schlägt Sokrates vor, dass die Herrscher den Bürgern einen Mythos erzählen sollen (einen »Trick«, eine »notwendige Täuschung«[28], wie er sagt, 414b 7 f.), um sie erstens vom Zusammenhalt der Stadt und zweitens von der Gliederung der Stadt in drei Stände zu überzeugen (414b–415c). Zum ersten Zweck soll ihnen erzählt werden, sie seien alle aus der Erde entstanden – und zwar als Erwachsene und obendrein in voller Rüstung. Darum sei der Boden der Stadt ihre gemeinsame Mutter. Dem zweiten Ziel dient die Erzählung, in ihnen seien drei verschiedene Metalle vorhanden – bei den einen

28 Die griechischen Ausdrücke sind *mechanê* und *pseudos to en deonti gignomenon* (414b 7).

überwiegend Eisen und Bronze, bei den zweiten Silber, bei den dritten Gold. Wessen Inneres aus Gold bestehe, der sei zum Herrschen gemacht, die Silberbürger zum Bewachen und die Eisen-Bronze-Bürger für die handwerklichen und landwirtschaftlichen Tätigkeiten. Die Nachkommen hätten zwar überwiegend die gleichen Metalle in sich wie die Eltern, doch da es zu Mischungen komme, müsse man jeden Nachkommen gleichermaßen dem rigiden Auswahlverfahren unterziehen, das zuvor skizziert wurde, um diejenigen ausfindig zu machen, die Gold in sich hätten und damit die künftigen Herrscher seien.

Schon zu Beginn scheut sich Sokrates, diesen Mythos zu erzählen, weil er so unglaubwürdig sei, und Glaukon pflichtet dem am Ende bei: Bei der ersten Generation werde der Mythos wohl kaum funktionieren, vielleicht aber bei den folgenden Generationen. Der Mythos wird durch diese Einbettung von vornherein in ein zweifelhaftes Licht von Unwahrheit gestellt. Das allein macht ihn natürlich noch nicht verwerflich, sondern ganz im Gegenteil: Da Sokrates und Glaukon wissen, dass es sich um eine unwahre Geschichte handelt, wäre es eine »Lüge in Worten«, und die ist normalerweise zulässig, wenn sie einem guten Ziel dient. Dieses gute Ziel darf man hier unterstellen: Denn es geht darum, die Verfassung der Stadt zu festigen.

Trotzdem irritiert die Präsentation des Mythos: Denn es kann keinen Zweifel daran geben, dass er unglaubwürdig ist. Entsprechend wenig überzeugend ist Glaukons Rettungsversuch, der Mythos funktioniere vielleicht bei späteren Generationen eher. Denn dort werden sich die gleichen Glaubwürdigkeitsprobleme stellen wie für die erste Generation. Allerdings schneiden die beiden Teile des Mythos in Sachen Glaubwürdigkeit unterschiedlich ab: Zu glauben, dass man in voller Rüstung aus der Erde geboren sei, würde ja bedeuten, die eigene Kindheit und Jugend für eine Illusion zu halten, an die wir doch allerlei Erinnerungen haben. Zu glauben, dass die Menschen aus drei Metallen bestehen, lässt sich dagegen durch Erfahrung nicht widerlegen.[29] Man könnte sogar, im Geiste einer radikalen Prädestinationslehre, den Erfolg im erzieherischen Ausleseprozess als Beleg für die Gold-Natur der Seele verwenden. Wenn dieser zweite Mythos unglaubhaft erscheint, dann jedenfalls vor allem deshalb, weil Sokrates ihn genau so präsentiert hat.

Seine Funktion ist außerdem die wichtigere: Denn durch diesen Mythos wird zum ersten Mal eine *substantielle* Unterscheidung zwischen »vollkommenen Wächtern«, »Gehilfen« und restlichen Bürgern eingeführt. Bislang unterschieden sich die vollkommenen von den übrigen Wächtern ja nur graduell: Sie waren »am wächterischsten«. Eine solche graduelle Unterscheidung ist gegen Revisionsversuche nicht gefeit: Wer heute der beste Wächter ist, mag im nächsten Jahr nur noch zweitbester sein, so dass die Aufteilung zwischen vollkommenen Wächtern und Gehilfen immer aufs Neue vorgenommen werden müsste. Der Mythos dagegen liefert einen konstitutionellen Unterschied: Wer Gold in der Seele hat, dem kommt von Natur aus eine andere Rolle in der Stadt zu – und zwar dauerhaft, denn während einer Lebensspanne bleibt die Zusammensetzung unverändert. Erst in der jeweils folgenden Generation kann es zu neuen Mischungen kommen. Glaukons vorsichtige Hoffnung, der Mythos werde in den folgenden Generationen an Glaubwürdigkeit gewinnen, ergänzt Sokrates mit einem sybillinischen »das mag so gehen, wie es die Stimme des Volkes (*fêmê*) will« (415d 4 f.). Es wird sich zeigen, dass Sokrates' Bemerkung mit Blick auf den Metallmythos rascher in Erfüllung geht, als man an dieser Stelle glauben mag.

Auf den letzten Seiten von Buch III schiebt Sokrates noch ei-

29 Selbstverständlich nur in der damaligen Zeit.

ne Anwendung nach: Er kommt nämlich auf praktische Probleme der Stadteinrichtung zurück, indem er fragt, mit was bzw. wie man die Wächter nun ausstatten soll. Die Wohnungen und das Essen sollen bescheiden sein und von den übrigen Bürgern zur Verfügung gestellt werden. Privater Besitz sei auf das Nötigste zu beschränken. Besitz an Grund und Boden sei gänzlich ausgeschlossen, da sich dadurch die Interessensphären von Wächtern und übrigen Bürgern überschneiden würden und es zu Konflikten komme. Und Gold und Silber bräuchten die Wächter schon gar nicht, da sie beides ja in ihrer Seele trügen und dieses göttliche Gold nicht mit irdischem Gold verunreinigt werden dürfe (415d–417b).

Buch IV: Die Definition der Gerechtigkeit in Staat und Seele

Das Glück der Wächter (419a–427d)

Zu Beginn des vierten Buchs übernimmt Adeimantos wieder die Rolle des Gesprächspartners von Sokrates. Der zuletzt erörterte Punkt veranlasst ihn, sich einzuschalten: Ein Leben ohne Besitz, in Wohnungen, die womöglich eher Kasernen als privaten Appartements gleichen, und Mahlzeiten, deren Reiz sich in der Sättigung erschöpft: Kann das ein glückliches Leben sein? (419a–420b) Sokrates meint zwar, es würde sich wohl noch zeigen, dass die Wächter auch so – also ohne Besitz und bei kargem Lebensstandard – die glücklichsten seien. Eigentlich gehe es aber gar nicht um das Glück der Wächter, sondern um das Glück der Stadt (420b 4–8). In der Tat war die Stadt als Ganze das Gebilde, dem die Gerechtigkeit zukommen sollte, woran Sokrates hier erinnert. Und wenn es darum geht, ob der Gerechte glücklich ist, ist es anscheinend nicht sinnvoll zu fragen, ob ein *Teil* des Gerechten glücklich ist.

Trotzdem wirft Sokrates' Verweis auf das Glück der Stadt im Ganzen Fragen auf, die auch damit zu tun haben, wie sinnvoll eigentlich die Parallele zwischen Stadt und Individuum ist. Wenn Sokrates nämlich weiter darauf hinweist, dass ja auch die übrigen Bürger nicht in Saus und Braus leben können, sondern ihren jeweiligen Aufgaben nachkommen müssen (420e), scheint das darauf hinauszulaufen, dass niemand in der Stadt glücklich ist – jedenfalls in dem von Adeimantos unterstellten, sehr naheliegenden Verständnis von Glück. Kann aber eine Stadt glücklich sein, deren Bewohner insgesamt unglücklich sind? Besteht nicht das Glück einer Stadt in der Summe des Glücks ihrer Bürger?

Interessant ist die Formulierung, die Sokrates an einer Stelle wählt, um das Verhältnis von Glück der Stadt und Glück der Bürger zu beschreiben: Dort meint er, dass in einer gut geordneten Stadt jeder »Stand«[1] seinen »Anteil am Glück« haben werde (421c 4, *metalambanein eudaimonias*). Was bedeutet hier aber »Anteil«? Dass damit kein physischer Anteil am materiellen Wohlstand der Stadt gemeint sein kann, ist offensichtlich – denn dann müssten ja auch die Wächter einen physischen Teil des Reichtums der Stadt in ihrem Besitz haben. Eher könnte man daran denken, dass es um immaterielle Güter geht, an denen die Bürger auf andere Weise Anteil haben: So haben etwa alle an einer funktionierenden Infrastruktur und öffentlicher Sicherheit Anteil und ziehen ihren Nutzen daraus. Allerdings erscheinen solche immateriellen Güter von einem alltäglichen, adeimantischen Standpunkt aus bestenfalls als notwendige Voraussetzungen, nicht aber als hinreichend für Glück. Wollte man die Formulierung, dass die einzelnen Stände – und so darf man wohl weiterdenken: damit auch die einzelnen Bürger – einen Anteil am Glück der Stadt als Ganzer haben, im vollen Sinne ernstnehmen, müsste man auf eine andere Vorstellung von Glück ausweichen. Nämlich einer, nach der das individuelle Glück darin besteht, einer bestimmten Struktur anzugehören und in ihr eine Aufgabe zu erfüllen. Dann wäre das optimale Funktionieren dieser Struktur tatsächlich das Optimum an Glück. Heute sind wir geneigt, Glück und die Erfüllung von Aufgaben zu trennen: Man arbeitet bzw. erfüllt eine gesellschaftliche Aufgabe, um davon einen Vorteil zu haben, der von dieser Aufgabe verschieden ist. Darum erscheint uns diese Option fremd.

1 Diese Redeweise (das griechische Wort für »Stand« ist *ethnos*) wird von Sokrates hier in Buch IV erstmals verwendet.

Die Tugenden im Staat und die Definition der Gerechtigkeit (427d–434d)

Nach einigen weiteren Überlegungen zur Organisation der Stadt, bei denen es vor allem darum geht, wie die Wächter ihre Rolle auch nach innen ausüben sollen (indem sie nämlich die Stadt gegen Neuerungen schützen), erklärt Sokrates in 427c 6 die Stadt für gegründet. Nun kann also endlich die eigentliche Aufgabe angegangen werden, um derentwillen die Stadt überhaupt entworfen wurde, nämlich zu bestimmen, was Gerechtigkeit ist.

Das Ziel, das Sokrates hier formuliert, lautet allerdings etwas anders: Denn er möchte sowohl die Gerechtigkeit als auch die Ungerechtigkeit finden (d 4). Dieses doppelte Ziel entspricht den Formulierungen, die Sokrates im Vorfeld des Entwurfs des Modellstaats verwendet hatte (vgl. 368c und 369a). Trotzdem provoziert es die Frage, ob es sich um eine echte zweiteilige Aufgabenstellung handelt oder ob sich aus der einmal gefundenen Definition der Gerechtigkeit die Definition der Ungerechtigkeit logisch ableiten lässt (diese Frage ist im weiteren Verlauf der Lektüre im Hinterkopf zu behalten).

Der Bestimmung der Gerechtigkeit geht ein kleines Geplänkel voraus, in dem Sokrates seine Gesprächspartner zu einer gemeinsamen Suche auffordert. Glaukon – der ab hier wieder antwortet – spielt den Ball jedoch zu Sokrates zurück. Es wäre ein Fehler, Sokrates' Appell an eine gemeinsame Suche als bloße Koketterie eines Lehrers zu verstehen, der gerne »wir« sagt, aber eigentlich »ich« meint. Wie sich gleich zeigen wird, ist dieses Geplänkel durchaus eine Erinnerung des Autors an den Leser, dass trotz der deutlichen Führungsrolle, die Sokrates im Gespräch mit Glaukon und Adeimantos übernimmt, der Horizont, in dem das Gespräch sich bewegt, nicht von Sokrates, sondern von seinen Gesprächspartnern bestimmt wird.

Sokrates beginnt seine Argumentation mit einer steilen These: Die richtig angelegte Stadt sei vollkommen gut (427e 7). Diese These ist deshalb gewagt, weil sie, unterstützt durch das Attribut »vollkommen«, an das Ende eines Prozesses springt, den Sokrates zuvor bescheidener noch als »Reinigung« beschrieben hatte.[2] Woher weiß aber Sokrates, dass die Reinigung tatsächlich ans Ende gelangt ist? Im Text findet sich keine Antwort.

Die These ist jedenfalls Voraussetzung für den nächsten Schritt: Wenn die Stadt vollkommen gut ist, dann muss sie alle Eigenschaften aufweisen, die zur Güte einer Stadt dazugehören, nämlich weise (*sophos*), tapfer (*andreios*), besonnen (*sôphrôn*) und gerecht (*dikaios*) zu sein. Warum ausgerechnet diese vier? Wieder erhalten wir keine Auskunft.[3] Und wieder ist die These Voraussetzung des nächsten Schritts: Wenn drei dieser Eigenschaften gefunden seien, dann ergebe sich der Ort der vierten von selbst (428a). Dieses Verfahren setzt nicht nur voraus, dass es tatsächlich insgesamt nur vier Eigenschaften sind, sondern auch, dass man vier Orte – wörtlich oder metaphorisch – in der Stadt ausmachen kann, an denen sie zu finden sind, so dass sich, wenn man drei Eigenschaften drei Orten zugewiesen hat, die vierte Zuordnung von selbst ergibt. Sokrates entwirft hier also in wenigen Zügen eine Vorgehensweise, die auf einer ganzen Reihe ungedeckter Voraussetzungen beruht.

2 Auch in 420 c 2 war immerhin noch davon die Rede, dass die glückliche Stadt gebildet bzw. ausgeformt (*plattein*) wird.

3 Man konnte vermuten, Platon knüpfe hier an eine zu seiner Zeit vertraute Aufzählung an. Das trifft jedoch nur partiell zu. Bei Aischylos findet man beispielsweise die Vierzahl von Besonnenheit, Gerechtigkeit, Tüchtigkeit (*agathos*) und Frömmigkeit (*Sieben gegen Theben* 610), bei Aristophanes edle Geburt, Besonnenheit, Gerechtigkeit und Tüchtigkeit (*kalokagathia*) (*Frösche* 727 ff.).

Die erste Eigenschaft, nach der in der Stadt gesucht wird, ist die Weisheit. Sokrates leitet die Suche mit der Bemerkung ein, hier trete etwas Seltsames zutage (428b 1 f.). Was ist damit gemeint? Die Stadt sei weise, weil sie wohlberaten sei (*euboulos*, 428b 5). Und das wiederum sei eine Art von Wissen (b 7 f.). Die gesuchte Art von Wissen bezieht sich dabei nicht auf irgendeinen Teil der Stadt, sondern auf die Stadt als Ganze; Glaukon identifiziert sie mit der Wächterkunst (*hê phylakikê*, 428d 6) und lokalisiert sie bei den »vollkommenen Wächtern«, also bei eben denen, die herrschen. Damit ist die Weisheit gefunden und zugeordnet. Sokrates kommentiert dieses Resultat mit der Bemerkung, er selbst wisse nicht, wie man die Weisheit gefunden habe (429a 5 f.), Glaukon aber ist zufrieden.

Dieser merkwürdige Kommentar von Sokrates ist Anlass, noch einmal zum Mythos der Metalle zurückzukehren. Die wichtigste Leistung dieses Mythos bestand ja darin, die bloß graduelle Differenz zwischen Herrschern und übrigen Wächtern (»Gehilfen«) durch eine substantielle Differenz zu ersetzen. Hier werden nun die Herrscher durch die Eigenschaft der Weisheit charakterisiert (während, wie sich gleich zeigen wird, die Wächter der spezifische Ort der Tapferkeit sind). Glaukon und Sokrates gehen also erneut von einer substantiellen Unterscheidung aus, wobei an die Stelle der Metalle nun andere Eigenschaften getreten sind (nämlich Weisheit und Tapferkeit). Glaukon ist sich allerdings nicht im Klaren darüber, was er hier eigentlich tut, denn er setzt die Weisheit mit der Wächterkunst gleich, die aber genauso gut mit der Tapferkeit identifiziert werden könnte. Was Glaukon an dieser Stelle an Gründen anführen könnte, reicht also nicht hin, um Herrschern und Wächtern je eigene spezifische Eigenschaften zuzuweisen. Wie kommt Glaukon dann aber dazu, eine solche Zuordnung als selbstverständlich anzunehmen? Gewiss ist es das von Sokrates vorgeschlagene Verfahren, das ihn dazu einlädt. Der Gedanke scheint mir aber nicht abwegig zu sein, dass der Metallmythos auch bei Glaukon seine Wirkung getan hat – dass er dazu geführt hat, dass bei Glaukon sich die Meinung verfestigt hat, Herrscher und Wächter seien nicht nur graduell, sondern substantiell verschieden – und dies, obwohl Glaukon sich völlig darüber im Klaren war, es mit einer erfundenen und unglaubwürdigen Geschichte zu tun gehabt zu haben. Falls diese Deutung nicht fehlgeht, hat Platon hier die Wirksamkeit eines psychologischen Prinzips demonstriert, auf das auch die Werbung setzt: Wenn die Kaffeewerbung lauter glückliche Menschen zeigt, dann wird jeder, nach seiner begründbaren Meinung gefragt, sagen, dass die suggerierte These, Kaffee mache glücklich, bloße Fiktion und unwahr ist. Und trotzdem investiert die Werbewirtschaft Milliarden, weil sie darauf vertraut, dass man auch mit Geschichten, die man als unwahr erkennt, andauernde, festsitzende Meinungen erzeugen kann. Es sind solche Mechanismen, auf die vielleicht Sokrates' vage Bemerkung »es mag gehen, wie es die Stimme des Volkes will« zielte, mit der er die Frage beiseiteschob, ob der Erdgeburt- und Metallmythos denn nun geglaubt werde.

Dass Sokrates nicht weiß, wie Glaukon und er die Weisheit in der Stadt gefunden haben, hat noch einen anderen Aspekt. Denn von der Weisheit war bislang kaum je die Rede[4] (anders als von Mut und Tapferkeit), so dass an dieser Stelle im Gespräch wenigstens Glaukon vermutlich gar nicht klar ist, was

4 Sieht man von der ironischen Zuschreibung von Weisheit in 398a 1 und 406b 8 ab, wurde der Begriff in positiver Weise nur auf den guten Richter angewandt (409d 7, e 1). Von Philosophie, der Liebe zur Weisheit, war einmal in der merkwürdigen Passage über die philosophischen Hunde in Buch II die Rede (376a–b, s. S. 78), ein anderes Mal kam sie in den Schlussüberlegungen zur Erziehung wieder ins Spiel, allerdings in einer unspezifischen Weise als Streben nach Bildung (410e 1, 411c 5).

darunter zu verstehen ist. Es war Sokrates, der das Wort mit seinem Katalog von vier Eigenschaften aufgebracht und geschickt über die »Wohlberatenheit« einer Stadt eingeführt hat. Wenn aber Glaukon nicht einmal weiß, was Weisheit ist, andererseits aber die Herrscher durch Weisheit zu eben dieser Funktion qualifiziert sein sollen, dann rückt die Rolle, die Glaukon hier an Sokrates' Seite als Gesetzgeber einer »vollkommen guten Stadt« eingenommen hat, in ein schiefes Licht. Und Sokrates, von dem bekannt ist, dass er keinerlei Anspruch auf Wissen erhob – eine Haltung, die er auch in der *Politeia* bestätigt –, kann nicht wirklich aushelfen.

Was also befähigt Sokrates, Glaukon und Adeimantos zu der Rolle, die sie sich anmaßen – angefangen mit der Reinigung der Stadt bis hin zur Behauptung, eine vollkommen gute Stadt gegründet zu haben? Tatsächlich lautet die Antwort: Nichts. Doch scheint mir, dass Platon Sokrates auf dieses Problem hat reagieren lassen. Denn was kann man tun, wenn man eine Stadt so gut wie möglich einrichten möchte, aber weiß, dass man nicht das Wissen hat, um eine gute Verfassung zu schreiben? Ein Ausweg wäre: Man konzentriert sich auf die Erziehung und gestaltet diese so gut wie man eben kann, und hofft, dass eine so ausgebildete Generation zu besserer Einsicht kommen wird als man selbst. Und genau das ist es, was Sokrates beschreibt, wenn er zu Beginn von Buch IV nochmals auf das Erziehungsprogramm zu sprechen kommt (424a).

Die Tapferkeit ist die nächste zu lokalisierende Eigenschaft, und ich habe bereits vorweggenommen, wo sie in der Stadt zu finden ist, nämlich bei den Wächtern, die keine Herrscher sind. Folgt man einmal dem von Sokrates vorgegebenen Verfahren, ist dies in der Tat nicht schwer zu finden, wie Sokrates sagt (429a 8 f.). Nebenbei führt Sokrates eine Definition der Tapferkeit ein: Sie sei »das Bewahren der Vorstellung, was und wie beschaffen dasjenige ist, was man zu fürchten hat, einer

Vorstellung, die vom Gesetz her durch die Erziehung vermittelt worden ist« (429c 5–8). Diese Definition schließt an jene Bestimmung der Wächter an, die dem Erdgeburt- und Metallmythos vorausging, und sie macht deutlich, in welcher Weise die bloßen Wächter den Gesetzgebern und damit den Herrschern untergeordnet sind. Der Vergleich, mit dem Sokrates diese Bewahrung einer Meinung erläutert, mit der die Tapferkeit gleichgesetzt wird, ist erhellend und ernüchternd zugleich: Es sei nämlich wie ein Stück Stoff, das so mit Farbe imprägniert worden ist, dass es diese Farbe unter keinen Umständen mehr verlieren kann (429d–430b). Eine rationale Absicht, eine Meinung zu bewahren, Reflexionen über das zu Bewahrende, ja überhaupt ein Verständnis davon, warum das Bewahren wichtig ist, spielen hier keine Rolle. Diese Wächter sind anscheinend von jener »Wohlberatenheit«, die die Herrscher auszeichnet, grundsätzlich abgekoppelt.

Es bleiben aus dem Viererkatalog noch Besonnenheit und Gerechtigkeit in der Stadt ausfindig zu machen. Glaukon möchte, dass zuerst nach der Besonnenheit gesucht wird, damit sie am Ende nicht in Vergessenheit gerate (430d). Sokrates beginnt diesmal mit einer Erläuterung des Begriffs, und er knüpft dabei anscheinend an den alltäglichen Sprachgebrauch an: Wer besonnen ist, der habe eine gewisse Ordnung und Herrschaft über seine Lüste und Begierden (430e 4 f.). Doch die (ja auch im Deutschen wohlvertraute) Rede von der Selbstbeherrschung sei unsinnig, da Herrscher und Beherrschter nicht miteinander identisch sein können.[5] Darum setzt dieser Begriff von Besonnenheit voraus, dass es in der Seele des Menschen zwei Teile gibt, derart, dass der eine besser als der andere

5 Formal gesagt: Da »Herrschen« eine Relation ist, die voraussetzt, dass ihre Relata unterschiedliche Macht haben, kann es keine reflexive Relation sein.

ist. Wenn nun der Bessere herrsche, dann sei der Mensch besonnen und werde eben darum gelobt.

Ob letzterer Schritt plausibel ist, sei einstweilen dahingestellt. Wichtiger ist zunächst, sich an das von Sokrates vorgeschlagene und in den ersten beiden Fällen auch befolgte Verfahren zu erinnern. Dort sollte je ein Ort für eine der vier Eigenschaften in der Stadt ausfindig gemacht werden. Diese Vorgehensweise wird hier doppelt ausgehebelt. Erstens wird die Besonnenheit zunächst im Einzelnen, in seiner Seele bestimmt, und zweitens zeichnet sich ab, dass die Besonnenheit nicht einen bestimmten Ort hat, sondern eine Eigenschaft des Verhältnisses dieser »Orte« zueinander darstellt. Sie ist eine bestimmte Ordnung oder auch Einklang und Harmonie, wie Sokrates zunächst gesagt hatte (430e 1 f.).

Da die Stadt ja drei Teile hat, scheint die Übertragung auf die Stadt einfach. Doch ganz so umstandslos geht sie nicht vonstatten: Denn da Besonnenheit als Herrschaftsverhältnis voraussetzt, dass die Teile unterschiedlich gut sind, muss auch das auf die Teile der Stadt übertragen werden. Und das erweist sich als schwierig, da *jeder* Mensch einerseits Begierden und andererseits etwas in sich haben soll, das diese Begierden beherrschen kann. Soweit es nur um die psychische Konstitution geht, kann also jeder Mensch besonnen sein. Wie lässt sich dann aber die Besonnenheit so auf eine Menge von Menschen übertragen, dass daraus hervorgeht, dass die einen die anderen beherrschen? Der Weg, den Sokrates hier einschlägt, ist also nicht sonderlich überzeugend. Bei Frauen, Kindern, Sklaven und sonstigen »minderwertigen« Menschen finde man ja viele mannigfache Begierden, gut angeleitete und darum mäßige Begierden dagegen nur bei wenigen, eben denen, die nach Natur und Bildung die besten sind (431b–d). Die sind darum der gute Teil, der herrschen soll. Einmal abgesehen von der herabsetzenden Redeweise fragt man sich, wo diejenigen geblieben sind, die bislang den »dritten Stand« ausmachten, also die Handwerker und Bauern? Sind auch sie triebgesteuerte Wesen, deren Begierden von außen kontrolliert werden müssen? Und wenn Glaukon auf Sokrates' Frage, wo denn in der Stadt die Besonnenheit zu finden sei, antwortet, dass sie bei Regenten wie bei Regierten vorliege (431e 4–6), dann fragt man sich, in welcher Weise denn nun die Frauen, Kinder und Sklaven besonnen sind: Sind sie es, weil sie im individuellen Sinne besonnen sind? Dann müssten sie jedoch ihre Begierden selbst kontrollieren können. Oder sind sie es, weil sie in einer Stadt leben, die insgesamt besonnen ist? Dann wäre Besonnenheit aber eine Eigenschaft, die eigentlich doch nur bei einem Teil der Stadt anzutreffen ist, nämlich bei den Herrschern, und die Vorstellung einer Harmonie, die Sokrates nochmals aufruft (431e 7 f.), wäre verfehlt. Denn eine Harmonie ist, wie Sokrates auf Glaukons Nachfrage hin erläutert, eine relationale Eigenschaft, die nie nur einem Teil einer Relation zukommen kann. Sokrates steigert diese Harmonie zum Schluss sogar zu einer Übereinstimmung des »von Natur schlechteren und des besseren Teils in der Frage, welcher von ihnen [...] zu regieren habe« (432a 7–b 1, Übers. Rufener), so als ob beide Teile aufgrund von Einsicht die Herrschaftsordnung akzeptieren. Wenn aber die »Minderwertigen« einsehen, dass sie besser beherrscht werden sollen: Wie viel mehr an individueller Besonnenheit kann man sich noch vorstellen? So klar das Konzept der Besonnenheit erscheint, mit dem hier gearbeitet wird, so groß sind die Probleme, die sich ergeben, wenn man es auf die Stadt überträgt. Ob Platon diese Probleme bewusst waren und er sie inszeniert hat, oder ob er sie nicht bemerkt hat, lässt sich der Gestaltung des Gesprächs nicht entnehmen. Einen Punkt sollte man aber bedenken: Hier wird versucht, die Besonnenheit ohne Einbeziehung der Gerechtigkeit zu bestimmen. Und das könnte ein Fehler sein.

Auf die Gerechtigkeit kommt Sokrates nun endlich auch zu sprechen, und er verwendet in dieser Passage erstmals ein Wort, das schon die ganze Erörterung über in der Luft lag, tatsächlich aber noch nicht benutzt wurde, nämlich das Wort *aretê* (432b 4). Dies möchte man hier als Oberbegriff zu Weisheit, Tapferkeit, Besonnenheit und Gerechtigkeit gerne mit »Tugend« übersetzen, aber auch hier ist es in seiner eigentlichen Bedeutung von Tüchtigkeit aufzufassen:[6] Es sind die Eigenschaften, die eine Stadt braucht, um im bestmöglichen Sinne existieren zu können. (Aus diesem Grund habe ich es bislang auch vermieden, die Weisheit usw. als »Tugenden« zu bezeichnen und den neutralen Begriff »Eigenschaft« verwendet).

Die Art und Weise, in der Sokrates die Suche nach der Gerechtigkeit in der Stadt eröffnet (432b–e), ist allerdings, vorsichtig gesagt, irritierend. Sokrates fordert Glaukon auf, selbst zu suchen, Glaukon bittet Sokrates zu führen; Sokrates fordert Glaukon auf, ein Gebet zu sprechen (es bleibt unklar, ob das passiert), und bringt dann das Bild von Jägern ins Spiel, die die Gerechtigkeit wie ein Wild in einem Gebüsch umstellt haben und aufpassen müssen, dass sie nicht entwischt. Tatsächlich hätten wir nämlich, so Sokrates, die Gerechtigkeit schon lange vor Augen, ohne sie zu erkennen. Glaukon selbst merkt die Umständlichkeit von Sokrates' Exposition an (432e 8).

Was Sokrates dann endlich als Definition der Gerechtigkeit präsentiert, steht in umgekehrtem Verhältnis zur gewundenen Einleitung: Die Gerechtigkeit bestehe nämlich in etwa darin, dass jeder in der Stadt tut, wozu sich seine Natur am besten eignet (433a 6 f.). Das sei schon am Anfang, also in der ersten Phase der Stadtgründung, so gesagt worden. Was der Formulierung nach am ehesten wie eine Definition klingt, wird zuerst als eine oft gehörte und gesagte Formel vorgestellt,

6 Siehe S. 35.

nämlich, das Seine zu tun, um es im Anschluss nochmals in erstaunlich aufweichender Einbettung ausdrücklich als Definition zu wiederholen: Gerechtigkeit besteht darin, das Seine zu tun (433a 8 und b 4).

Sokrates liefert für diesen Vorschlag auch eine Begründung: Die Definition ergebe sich daraus, dass nur noch die Kraft (433b 9) fehle, die dafür sorgt, dass Weisheit, Tapferkeit und Besonnenheit vorhanden sein können. Diese Kraft bestehe eben darin, dass jeder das Seine tut. Und dieser Kraft sei nun als die letzte der vier Eigenschaften der vollkommen guten Stadt zuzuordnen.

Sokrates greift also hier nochmals auf seine anfangs angekündigte Vorgehensweise zurück. Wie schon bei der Besonnenheit versucht er hier nicht mehr, die Gerechtigkeit einem bestimmten Ort oder Teil der Stadt zuzuweisen, sondern erklärt sie zu einer Eigenschaft der Ordnung der Stadt selbst.

Statt dass den vier Eigenschaften vier Orte entsprechen, haben wir es also eher mit einer Struktur zu tun, die aus Elementen und Beziehungen zwischen diesen Elementen besteht. Drei solcher Elemente liefern uns die drei Stände der Stadt, aber nur zweien davon werden spezifische *aretai* zugeordnet. Besonnenheit und Gerechtigkeit sind dagegen Struktureigenschaften.

Wie unterscheiden sich nun beide voneinander? Sokrates präsentiert uns die Besonnenheit als stabiles Bestehen der Struktur, Gerechtigkeit dagegen als eine dynamische Eigenschaft, denn die Struktur ist kein statisches Gebilde, sondern eines, das sich in beständiger Aktivität bzw. Tätigkeit befindet und durch sie aufrechterhalten werden muss. Aufrechterhalten wird sie dann, wenn jeder die ihm zugewiesene Funktion erfüllt. Und genau das wird uns als Definition der Gerechtigkeit präsentiert.

Bei der Besonnenheit ergab sich die Schwierigkeit, dass in

der Stadt jeder besonnen sein sollte, andererseits Besonnenheit ein Maß an Einsicht vorauszusetzen scheint, das Besonnenheit ohne Leitung des Verstandes schwer denkbar werden lässt. Wie sieht dies nun bei der Gerechtigkeit aus? Einerseits scheint es leichter zu sein, gerecht ohne Einsicht in das Ganze zu sein: Es genügt ja, das Seine zu tun. Sokrates deutet sogar eine Begründung dafür an, warum jeder so agieren sollte, weil nämlich er oder sie eine Einheit ist (433d 3 f.). Allerdings kann »Einheit« hier nicht bloß meinen, dass jeder nur einen Körper hat. Es muss vielmehr um eine seelische Einheit gehen, die dafür sorgt, dass man gar nicht das Bedürfnis hat, von seiner eigentlichen Aufgabe abzuschweifen. Und damit stellt sich die Schwierigkeit hier erneut, ob tatsächlich jeder eine solch anspruchsvolle Anforderung erfüllen kann.

Dem Wortlaut nach ist das, was Sokrates hier als Gerechtigkeit präsentiert, von gängigen Gerechtigkeitsvorstellungen weit entfernt. Es geht nicht um die Verteilung von Gütern, sondern um die Verteilung von Aufgaben. Das mag man als einen Anwendungsbereich eines Gerechtigkeitsprinzips sehen, aber nicht als seinen Kern. Ferner ist das Prinzip inhaltlich weitgehend unbestimmt: Wir wüssten gerne, was jeder tun soll, denn nur so können wir aus der Formel »das Seine tun« ein anwendbares Prinzip machen.

Ferner: Wieso ist das, was Sokrates hier präsentiert, überhaupt noch ein Begriff der *Gerechtigkeit*? Bereits in Buch I ging es um die Frage, welche Anforderungen ein Begriff erfüllen muss, um überhaupt ein Gerechtigkeitsbegriff sein zu können. Dort hatten sich drei Kriterien herausgestellt:

(i) Eine Definition der Gerechtigkeit muss erkennen lassen, inwieweit Gerechtigkeit gut ist;
(ii) ihr Anwendungsbereich müssen intersubjektive, am besten öffentliche Verhältnisse sein;

(iii) Gerechtigkeit ist ein Verteilungsprinzip, das impliziert, dass alle Adressaten der Verteilung die Verteilung als gerecht akzeptieren können.[7]

Die ersten beiden dieser Kriterien sind offensichtlich erfüllt: Gerechtigkeit ist eine Voraussetzung oder ein Teil der *aretê* der Stadt, und sie regelt die Verteilung der Aufgaben in der Stadt.

Die dritte Bedingung berührt den kritischen Punkt, ob man gerecht sein kann, ohne Einsicht in das Ganze zu haben. Setzt die Beurteilung eines Verhältnisses als gerecht nicht voraus, dass man sowohl die Definition als auch die Kriterien zu ihrer Anwendung kennt – dass man, anders gesagt, eine klare Vorstellung davon hat, wie die Aufgaben in der Stadt insgesamt verteilt sein sollen? An dieser Stelle lässt sich das Problem nicht lösen. Man sollte es im Hinterkopf behalten und prüfen, ob sich aus der weiteren Erörterung eine Antwort ergibt.

Dass die neue Definition der Gerechtigkeit von herkömmlichen Vorstellungen deutlich abweicht, dürfte allerdings auch Sokrates klar gewesen sein, denn er versucht sogleich, sie auf jenes konventionelle Verständnis zurückzubeziehen, das bei Kephalos anzutreffen war: Die Richter werden dafür sorgen, dass jeder das Seine besitze (433e 10). Denkt man daran zurück, dass die Wächter besitzlos sein sollen, deutet sich allerdings eine Lesart von »Besitzen« an, die sich nicht einfach an tradierten Besitzverhältnissen – so meinte es Kephalos –, sondern an anderen Prinzipien der Güterverteilung orientiert.[8]

7 Siehe S. 47 (D7*).

8 Das Wort *hexis*, das Platon hier für Besitz verwendet, wird im *Theatet* (197b) von *ktêsis* unterschieden. Dort ist *ktêsis* das bloße Besitzen, *hexis* dagegen das Besitzen und Benutzen. Diese Bedeutungsnuance könnte auch hier mitgemeint sein (in Buch I wird im Gespräch mit Kephalos das Wort *ktêsis* für Besitz verwendet, vgl. 330a 7, 331a 10, b 4).

Das, was Sokrates der Erörterung der Gerechtigkeit in der Stadt dann noch folgen lässt, fügt der langen Liste von Irritationen noch einen weiteren Punkt hinzu. Er meint, es sei ja nicht so schlimm, wenn Handwerker untereinander ihren Beruf tauschten; nur eine Vertauschung der Rollen der Stände insgesamt sei von großem Schaden für die Stadt. Mit Blick auf das Funktionieren der Stadt ist diese Aufweichung des eigentlich grundlegenden Prinzips, jeder solle das Seine tun, unverständlich. Sokrates' Interesse hier ist die Bestimmung der Ungerechtigkeit – und so viel wird deutlich: Für die Frage nach Gerechtigkeit und Ungerechtigkeit scheint die Ordnung der Stände insgesamt entscheidend zu sein (434a–c).

Die Tugenden in der Seele (434d–445c)

Nachdem die *aretai* in der Stadt bestimmt sind, ist es nun an der Zeit, das eigentliche Ziel in Angriff zu nehmen, um dessentwillen der Modellstaat überhaupt entworfen wurde: Es geht darum, zu bestimmen, was die Gerechtigkeit *im einzelnen Menschen* ist. Eingeleitet hatte Sokrates seinen Vorschlag, die Gerechtigkeit zunächst an einem größeren Gebilde zu untersuchen, mit einem merkwürdigen Vergleich, der darauf hinauslief, dass man jedenfalls nicht blind die Ergebnisse vom einen Bereich auf den anderen übertragen kann, und auch bereit sein muss, den im einen Bereich gefundenen Gerechtigkeitsbegriff zu revidieren.[9] Daran knüpft Sokrates nun an: Die Definition der Gerechtigkeit gelte erst dann als gesichert, wenn die Übertragung von der Stadt auf den Einzelnen gelungen sei (434d 1–4). Sollte dies nicht gelingen, könnte auch eine Änderung der Vorgehensweise insgesamt nötig sein. Und es könnte

9 Siehe S. 72.

auch sein, dass die Untersuchung der Gerechtigkeit beim Einzelnen zu einer Revision des Staatsmodells führt (435a 1).

Die Aufgabe, die sich stellt, ist klar: Die Definition der Gerechtigkeit setzt eine funktional gegliederte, mehrteilige Struktur voraus. Eine solche Struktur muss sich also beim Einzelnen finden lassen. Sokrates geht noch weiter, indem er sogar verlangt, dass sich in der Seele Teile derselben Art wie in der Stadt finden lassen (435b 9). Aus dem Wortlaut der Definition geht es nicht hervor, Sokrates scheint daher aber mit der Gerechtigkeit eine ganz bestimmte funktionale Gliederung im Sinn zu haben, die Teile von ganz bestimmter Beschaffenheit fordert.

Bevor Sokrates sich nun daran macht, zu prüfen, ob die Seele drei Teile hat, die den drei Ständen in der Stadt entsprechen, fügt er nochmals eine Einschränkung an: Mit der hier angewendeten Methode könne man nicht zu einem genauen (*akribês*) Ergebnis kommen, sondern nur auf einem »längeren und weiteren Weg« (435d 1–4).[10] Glaukon jedoch ist damit zufrieden, und dann, so Sokrates, sei es auch für ihn genug.

Die Teile der Seele (434d–441c)

Es folgt eine der berühmtesten Passagen der *Politeia* und ein interessantes Stück psychologischer Theorie, nämlich ein Argument für die Gliederung der Seele in mehrere Teile. Sokrates trägt dieses Argument vor, und es ist ein komplexes Argument: Man merkt schnell, dass sich das argumentative Niveau im Vergleich zum Auffinden der *aretai* in der Stadt erheblich steigert. Dies zeigt sich auch darin, dass Glaukon zwischen-

10 Dieser Weg wird wieder aufgegriffen (504b), vor der Einführung der Idee des Guten, an jener Stelle, an der Bildungsweg der Philosophen dargestellt werden soll. Dort wird auch die hier folgende Darstellung als ungenügend kritisiert.

durch etwas nicht versteht und Sokrates zu einer erneuten Erläuterung ansetzt (438b). Für den Leser entsteht so der Eindruck einer besonders ausführlichen, um Verständnis bemühten Darstellung, was wiederum die Vermutung nahelegt, dass es um ein Argument geht, an welchem dem Autor Platon selbst viel gelegen war.

Um zu zeigen, dass es sich bei der Seele um ein in solche drei Teile gegliedertes Gebilde handelt, wie wir sie im Staat vorfinden, geht Sokrates in vier großen Schritten vor:

(1) Da die Eigenschaften des Staates von den Eigenschaften der Menschen in ihm stammen, ist es plausibel, dass wir die Eigenschaften Weisheit (*to philomathes*, wörtlich »das Wissenliebende«), Tapferkeit (*to thymoeidês*) und Erwerbslust (*to philochrêmaton*) in den einzelnen Menschen vorfinden (435e). Die Bezeichnung, die hier dem dritten Stand zugewiesen wird, ist neu (noch in 415a 5 f. war von »Bauern und Handwerkern« die Rede). Dieser Wechsel in der Terminologie lässt sich mit Blick auf das Ziel aber leicht erklären: In der Seele gibt es keine Bauern, wohl aber etwas, das Geld liebt. Dafür, dass sich diese drei Eigenschaften in den Menschen vorfinden, führt Sokrates Belege an, die vermutlich als empirische Belege gemeint sind, auch wenn sie auf billigen Vorurteilen beruhen (wie dem, dass die Athener das Wissen und die Phoinikier das Geld lieben). Für das Gespräch ist damit jedenfalls grundsätzlich festgelegt, dass sich die drei leitenden Eigenschaften der Stände in der Stadt auf den Menschen anwenden lassen (was insofern wenig überrascht, als schon die Charakterisierung der Stände darauf beruhte, dass jeweils einzelne Menschen die *aretai* in besonderer Weise exemplifizieren). Daraus ergibt sich aber noch nicht, ob *ein und derselbe Mensch* alle drei Eigenschaften aufweist. Und genau das ist zu zeigen, wenn es im Einzelnen die gleiche Struktur geben soll wie in der Stadt.

(2) Als nächstes führt Sokrates ein allgemeines Prinzip ein:

Wenn ein Ding in Beziehung auf dasselbe zur selben Zeit widersprüchliche Eigenschaften hat, dann ist es nicht eines, sondern mehreres (d. h., es hat Teile) (436b 9–e 2). Sokrates illustriert die Möglichkeit, Widersprüche durch die Annahme einer Vielheit aufzulösen, an zwei Beispielen:

(i) Wenn ein Mensch zur selben Zeit stillsteht und sich bewegt, dann gelten diese widersprüchlichen Bestimmungen nicht für dasselbe; vielmehr steht der Rumpf still, aber die Arme oder der Kopf bewegen sich.
(ii) Wenn ein Kreisel am selben Ort um sich kreist, dann steht er gleichfalls nur scheinbar gleichzeitig still und bewegt sich; tatsächlich führt er eine Kreisbewegung, aber keine lineare Bewegung aus. Im Kreis bewegt zu sein und linear stillzustehen, ist aber miteinander vereinbar.

Der erste Weg, den vermeintlichen Widerspruch aufzulösen, besteht also in der Unterscheidung von Teilen, der zweite Weg in der Unterscheidung von Hinsichten. Denn es gilt für jeden Teil des Kreisels (von einer bloß gedachten, ausdehnungslosen Achse in der Mitte abgesehen), dass er sich in einer Kreisbewegung, aber nicht in einer linearen Bewegung befindet.

Bemerkenswerterweise führt prima facie nur der erste Weg zum intendierten Ziel der ganzen Argumentation, nämlich nachzuweisen, dass die Seele Teile hat.

(3) Als nächstes wird dieses allgemeine Prinzip auf die Seele angewendet: Zu den Eigenschaften der Seele gehört es, etwas zu begehren oder abzulehnen. Die Leitbeispiele für das Begehren sind Hungern und Dürsten. Diese Vorgänge können einander widersprechen: Man kann dasselbe zugleich begehren und ablehnen. Um zu prüfen, ob es sich aber um echte, und nicht bloß um scheinbare Widersprüche handelt, führt Sokrates vier Prinzipien ein:

(i) Jede Begierde (*epithymia*) hat einen und nur einen ihr entsprechenden Gegenstand (einen »natürlichen Gegenstand«, 437e 9).

(ii) Einfache Begierden haben einfache Gegenstände.

(iii) Komplexe Begierden haben komplexe Gegenstände (so ist die Begierde nach einem warmen Getränk selbst zusammengesetzt aus der Begierde nach Getränk und der Begierde nach Wärme, vgl. 437d 10–e 3).

(iv) Spezifische Begierden haben spezifische Gegenstände (438a 7–b 2). Sokrates erläutert das Prinzip zunächst allgemein an Relationen (wenn A kraft seiner Größe in Relation zu B steht, dann muss B auch durch seine Größe bestimmt sein, 438b 4–12), und bringt dann mit dem Wissen ein zur Seele passendes Beispiel (c 6–d 2): Während unspezifiziertes Wissen sich auf Lernbares im Allgemeinen richtet, bezieht sich Spezialwissen nicht auf jeden Lerngegenstand schlechthin, sondern nur auf einen speziellen Gegenstand.

In die Darlegung dieser Prinzipien ist eine irritierende Passage eingeschoben – irritierend deshalb, weil sie anscheinend zu nichts führt. Sokrates merkt an, dass man die Gegenstände von Begierden ja auch durch das Wort »gut« charakterisieren könne. Eine Begierde nach einem guten Getränk scheint ein Fall von komplexer oder auch spezifischer Begierde zu sein. Sokrates verrät Glaukon oder dem Leser jedoch nicht, wie der Fall einzuordnen sei, sondern schließt ihn gleichsam als mögliche Störquelle aus der Betrachtung aus (438a 1–6). Da allerdings schon deutlich geworden ist, welch wichtige Rolle das Wort »gut« spielt, kann dies kaum das letzte Wort zum Thema sein. Der Einschub scheint vielmehr als ein Hinweis an den Leser gemeint zu sein, in welcher Weise die gegenwärtige Untersuchung lückenhaft ist und an welcher Stelle sie an spätere Überlegungen zum Guten angeschlossen werden könnte.

(4) Im letzten Schritt zeigt Sokrates, dass es Widersprüche im Verhalten gibt, die einfache Begierden involvieren. Dazu ist zunächst festzustellen, dass es in der Tat einfache Begierden gibt: Manchmal haben wir schlicht und einfach Durst (439a 1 f.). Wenn nun eine einfache Begierde B den Gegenstand X anstrebt, und das Subjekt S, dem B angehört, X zugleich ablehnt,

- dann kann das nicht daran liegen, dass B X in einer Hinsicht anstrebt und in einer anderen Hinsicht ablehnt, denn dann wäre X ein Gegenstand mit Hinsichten und folglich komplex;
- dann kann es auch nicht daran liegen, dass B zwar X im Allgemeinen anstrebt, aber als spezifischen Gegenstand ablehnt, denn dann wäre X ein spezifischer Gegenstand;
- dann kann es aber auch nicht daran liegen, dass B zwar X anstrebt, eine andere Begierde B* aber X ablehnt, denn wegen Prinzip (i) aus Schritt (3) ist X nicht Gegenstand einer von B verschiedenen Begierde B*.

Es kommt aber vor, dass eine einfache Begierde X anstrebt, S aber X ablehnt (493c 3–5). Also müsse es aufgrund von (2) in S eine von B verschiedene Instanz geben, die S ablehnt und die keine Begierde ist: S (oder genauer: *die Seele von S*, denn nur in der Seele gibt es Handlungsmotivationen) *hat Teile*. Sokrates geht gleich noch einen Schritt weiter und identifiziert die ablehnende Instanz mit dem Verstand (*to logistikon*, 439d 5, wörtlich »Überlegungsvermögen«), da die Ablehnung ja auf vernünftiger Überlegung beruhe (439c 10–e 2). Die andere Instanz wird jetzt mit dem Fachausdruck »Begehrungsvermögen« (*to epithymêtikon*) belegt. Glaukon ist übrigens in dieser das Argument abschließenden Passage in seiner Zustimmung auffällig zurückhaltend.

Wie ist dieses Argument einzuschätzen? Unter den Prämissen, von denen das Argument abhängt, dürfte das Widerspruchsprinzip aus (2) am wenigsten strittig sein. Mehr Bedenken könnte die Rede von einfachen Begierden hervorrufen. Hier ist allerdings zu bedenken, dass Sokrates nur behaupten muss, dass es einfache Begierden gibt und diese an widersprüchlichen Bestrebungen beteiligt sind. Er muss jedoch nicht behaupten, dass die einfache Begierde sozusagen den Normalfall unseres Begehrens darstellt. Dass aber einfache Begierden in der Tat vorkommen, scheint mir phänomenal nicht völlig unplausibel zu sein: Man denke an jemanden, der gezwungenermaßen fastet und der an einem bestimmten Punkt nur noch essen und trinken möchte – ganz gleich, was. Die Beweiskraft des Arguments hängt ferner davon ab, ob tatsächlich Konflikte zwischen Bestrebungen nicht anders als durch die Annahme von Teilen erklärt werden können, oder anders gesagt, ob die Unterscheidung nach Hinsichten, die Sokrates in seinem zweiten Beispiel in Schritt (2) ja selbst ins Spiel bringt, in einigen Fällen ausgeschlossen werden kann. Um im Bild des Kreisels zu sprechen, der sich bewegt und doch nicht bewegt: Besteht tatsächlich keine Möglichkeit, dass eine einfache Begierde sich sowohl linear als auch im Kreis bewegen kann? Dieser Frage kann Sokrates jedoch gelassen entgegensehen. Denn nachdem er mit den Konzepten der komplexen und spezifischen Begierden eine ganze Reihe von naheliegenden Differenzierungen – etwa: jemand will zwar trinken, aber er will nichts von den verfügbaren Getränken trinken, weil sie warm, aber nicht kalt sind, weil sie süß, aber nicht sauer/bitter/trocken sind usw. – ausgeschlossen hat, kann er die Beweislast auf den Zweifler verschieben: Solange der nicht plausibel machen kann, dass es Hinsichten gibt, die einfache Begierden selbst betreffen, bleiben seine Vorbehalte leer.

Was ist von der umstandslosen Identifikation der widerstreitenden Seelenteile als Verstand bzw. Begehrungsvermögen zu halten? Die bloße Diagnose eines Konflikts erlaubt diese Zuordnung nicht. Wichtig ist, dass Sokrates die Liste von drei Arten von Handlungen aus Schritt (1) voraussetzt, mit der Modifikation, dass aus der Liebe zum Wissen der Verstand wird (das unterstellt, dass eine im Alltagsverstand vernünftige Vorgehensweise zugleich das Streben nach Wissen einschließt) und dass die Erwerbslust zu einem Begehren überhaupt verallgemeinert wird. Diese Liste hatte, so die oben vorgeschlagene Lesart, den Status einer empirischen Prämisse: Es handelt sich hier also um nicht mehr als die Behauptung, dass wir diese drei Grundtypen von Handlungen bei der Beobachtung des menschlichen Verhaltens vorfinden. Wenn man sie so auffasst, dann geht es hier nicht darum, eine prinzipielle Aussage über die Struktur der menschlichen Seele zu treffen, sondern eine Aussage zu treffen, die im Lichte anderer empirischer Evidenz revidierbar ist.

Was an prinzipiellen Aussagen über die Struktur dann bleibt, ist die Behauptung, dass es Teile in der Seele gibt, die als Streben und Hemmung in Konflikt zueinander geraten können. Ist das hemmende Element immer der Verstand, wie Sokrates meint (439c 10 f.)? Es ist zu früh, diese Frage zu beantworten, da Sokrates selbst mit seinem Argument für die Existenz von Teilen der Seele noch nicht fertig ist. Eine Frage allerdings ist jetzt schon erlaubt, nämlich: Können sich nicht auch Begierden selbst im Weg stehen? Man mag hier an vertraute Fälle denken, in denen zwei Begierden sich nicht gleichzeitig erfüllen lassen und darum in Konflikt miteinander stehen. Doch ist das nicht die Art von Widerspruch, die Sokrates meint: Wenn ich essen und trinken möchte, meine finanziellen Ressourcen aber nur für eines reichen, dann stehen meine Begierden nicht in Widerspruch zueinander, da sie sich nicht auf dasselbe Objekt richten. Der Konflikt resultiert vielmehr erst aus den Bedingungen der Erfüllung dieser Begierden. Eher müsste man an Phänomene wie das der Hassliebe denken, bei der dieselbe Person begehrt und abgelehnt wird. Solche Fälle dürften aber Beispiele hochkomplexer Begierden sein, die daher gleichfalls keine Gegenbeispiele liefern.

Mit seinem Argument für zwei Teile in der Seele, die er als Begehrungs- und Überlegungsvermögen identifiziert, ist Sokrates aber noch nicht am Ziel: Denn er wollte ja zeigen, dass es in der Seele genauso viele und genauso geartete Teile wie in der Stadt gibt. Es fehlt also noch eine Entsprechung zum Mut. Das Argument, mit dem gezeigt werden soll, dass es in der Tat in der Seele einen entsprechenden Teil gibt, funktioniert ähnlich wie das vorangehende Argument, fällt aber sehr viel kürzer aus. Erzählt wird eine Geschichte, in der erneut jemand einen Konflikt zwischen zwei Bestrebungen erfährt. Die eine Bestrebung scheint die Schaulust zu sein (im Beispiel geht es um die Lust, Leichen nach der Hinrichtung anzuschauen; verwendet man dafür das Wort »Sensationslust«, merkt man, dass es eine auch uns nicht allzu fremde Bestrebung ist). Die andere Bestrebung wird als »Unmut« oder »Unwille« bezeichnet (*orgê*, 440a 6). Da ein Konflikt vorliegen soll, müsse es sich auch hierbei um zwei verschiedene Instanzen in der Seele handeln. Weil Glaukon der Konklusion sofort zustimmt, fühlt sich Sokrates nicht zu einer ausführlicheren Begründung verpflichtet, doch bleiben einige Fragen offen. Zuerst: Handelt es sich um dieselbe Art von Widerspruch zwischen Bestrebungen wie im ersten Argument, so dass das Prinzip aus Schritt (2) anwendbar ist?

Dazu müssten die widerstreitenden Bestrebungen sich weder nach Gegenständen oder Hinsichten differenzieren lassen. Auf den ersten Blick scheint es um denselben Gegenstand zu gehen: Jemand will die Leichen sehen und er will sie nicht sehen. Tatsächlich jedoch – Sokrates formuliert es kurz darauf auch deutlich (440b 2) – richtet sich der Unmut auf die Begierde selbst. Es handelt sich also um ein Vermögen, das eine andere Art von Gegenständen haben kann als das Begehren. Es geht nicht oder jedenfalls nicht nur um Dinge in der Welt, sondern auch um menschliche Bestrebungen bzw. die daraus resultierenden Handlungen.

Das Wort »Empörung« passt dafür recht gut. Tatsächlich verwendet Sokrates verschiedene Ausdrücke, die alle um den Begriff des Zornes kreisen – an der zuletzt genannten Stelle (440b 2) ist es das Verb *thymousthai*, das mit dem Wort *thymos* verwandt ist, mit dem bislang die Haupteigenschaft der Wächter bezeichnet wurde. Sokrates hat damit sozusagen schon sprachlich sein Ziel vorweggenommen. Zorn würden wir heute als eine Emotion betrachten, deren Triebkraft nicht die Erfüllung eines Bedürfnisses ist und die deshalb plausiblerweise von körperlichen Bedürfnissen, die als Beispiele für das Begehrungsvermögen einstanden, unterschieden werden kann. Zorn ist auch für moralische Bewertungen empfänglich: Wir können über erlittenes Unrecht in Zorn geraten (440c 6 ff.).

Geben wir Sokrates also zu, dass das Beispiel eines Konflikts zwischen Bestrebungen, von dem er ausgegangen ist, in der Tat die Unterscheidung zweier Instanzen erforderlich macht, wenn auch aus einem etwas anderen Grund als zuvor: weil nämlich die eine Instanz sich die andere zum Gegenstand machen kann. Wieso fällt dann aber Erstere nicht mit dem Verstand zusammen? Es ist Glaukon, der dafür eine einfache Begründung parat hat: Denn Zorn lässt sich schon bei Kindern beobachten, die doch gewiss noch kein Überlegungsvermögen haben (441a 7–b 1). Sokrates pflichtet bei, bemerkenswerterweise mit einem Homer-Zitat. Wir bewegen uns hier also wieder auf einem Feld von vorphilosophischen Annahmen. Es liegt entsprechend die Vermutung nahe, dass Platon auf diese

Weise signalisieren will, dass der Ausflug in die schwierigeren Gefilde der vorangegangenen Argumentation zu Ende ist. Jedenfalls sollte gezeigt sein, dass der Zorn sowohl vom Begehrungs- als auch vom Überlegungsvermögen verschieden ist. Parallel zu diesen verdient er einen eigenen Namen: *to thymoeidês*, das »Muthafte«, nennt Sokrates es (440e 1), mit einem Ausdruck, den er bereits ganz zu Beginn der Passage (435e 3) für das Charakteristikum des zweiten Stands in der Stadt gebraucht hatte.

Ein letzter Punkt zu diesem Vermögen ist Sokrates noch wichtig: Hatte Glaukon zunächst angenommen, dass muthafte Bestrebungen eher dem Begehren gleichen (439e 4), schließt Sokrates aus dem Beispiel für einen Konflikt zwischen Begehren und Zorn, dass Letzterer auf Seiten des Verstandes steht (440e). Eine These durch einige wenige Beispiele zu etablieren, ist allerdings immer riskant, und so wird man leicht Gegenbeispiele finden – gerade Zorn ist ein Beispiel für eine Emotion, die oft vom Standpunkt der Vernunft aus kritikwürdig ist.

Die Bestimmung der Tugenden in der Seele (441c–445c)

Was immer man von Sokrates' langer Argumentation halten mag: Für das weitere Gespräch ist gezeigt, dass in der Seele wie in der Stadt gleich viele und gleichartige Teile zu finden sind (441c 5 f.). Damit ist der Weg für den letzten Schritt frei: nämlich, die Definition der Gerechtigkeit auf die Seele zu übertragen. Auch hier beschränkt sich Sokrates nicht auf die Gerechtigkeit, sondern bestimmt alle vier *aretai*. Die Weisheit und die Tapferkeit in der Seele zu verorten, ist nach der Bestimmung zweier Seelenteile als Überlegungsvermögen und Muthaftigkeit einfach (442b 10–c 8). Die Besonnenheit wird genauso bestimmt wie vorher – als Übereinstimmung darüber, wer regieren müsse. Da vorher schon festgestellt wurde, dass es die Aufgabe des Überlegungsvermögens ist zu herrschen (441e 3–6), und die Aufgabe des muthaften Seelenteils, ihm dabei zu helfen, lässt sich auch diese Bestimmung leicht auf die Seele übertragen (442c). Und auch die Definition der Gerechtigkeit, dass jeder das Seine tut, ist nun leicht anzuwenden. Daraus ergibt sich selbstverständlich, dass auch der »untere Seelenteil«, also das Begehrungsvermögen, eine Aufgabe zu erfüllen hat: und zwar, so kann man von der Stadt übertragen, die materielle Lebensgrundlage des gesamten Komplexes bereitzustellen.

Dieser Punkt verdient es, hervorgehoben zu werden, da vom unteren Seelenteil hier vor allem als von etwas die Rede ist, das kontrolliert werden muss (442a 7–b 4). Das erweckt leicht den Eindruck, als ginge es um die Unterdrückung körperlicher Bedürfnisse. Das ist jedoch nicht gemeint: Zu verhindern ist nur, dass der untere Seelenteil sich eine Aufgabe zueignet, die nicht die seine ist – nämlich zu herrschen. Der Vorstellung, dass der untere Seelenteil unterdrückt werden muss, steht auch entgegen, wie Sokrates den Zustand der Gerechtigkeit beschreibt: Es ist ein Zustand, in dem nichts im Menschen als fremd oder feindlich empfunden wird, denn der gerechte Mensch ist »Freund mit sich selbst« (443d–e). Wäre das Verhältnis von Verstand und Begehren eines der Unterdrückung, würde aus der Perspektive des jeweils einen das andere als Feind, gar als Fremdkörper empfunden, ähnlich, wie es in religiöser Askese darum gehen mag, dass der Geist den ihm fremden Körper so weit als möglich abtötet. Das ist aber nicht das, was Sokrates hier als seelische Gerechtigkeit beschreibt. Der gerechte Mensch ist vielmehr auch körperlich befriedigt – wäre er es nicht, würde das Begehrungsvermögen seine Aufgabe nicht erfüllen. Nur bedarf diese Befriedigung einer Leitung, die nicht aus ihr selbst kommen kann – das ergibt sich aus der hier entwickelten Konzeption der Gerechtigkeit.

Die Rede von Gerechtigkeit als seelischer Harmonie (443d) klingt zweifellos schön. Dennoch ist erneut zu fragen, inwiefern wir es hier überhaupt noch mit einer Konzeption der Gerechtigkeit zu tun haben.

Eine erste Nachfrage richtet sich auf die Definition selbst. Nachdem sich die Definition der Gerechtigkeit so reibungslos auf die Seele hat übertragen lassen, ist nunmehr klar, dass Sokrates hier nicht bloß das gänzliche abstrakte Prinzip, dass jeder das Seine tut, sondern ein durch die Zahl und Funktionen der Teile spezifiziertes Prinzip im Sinn hat. Das mag die Frage aufwerfen, ob ein gerechter Mensch denn notwendigerweise solche drei Seelenteile haben muss. Diese Frage mag sich besonders auf den »mittleren«, muthaften Seelenteil richten: Muss der Gerechte Emotionen wie Zorn haben? Aus der Perspektive einer Auffassung von der Seele, der zufolge die Seele vom Körper abtrennbar ist, kann man diese Frage aber genauso gut mit Blick auf das Begehrungsvermögen stellen (vom Körper ist das Begehrungsvermögen nicht zu trennen, da es um körperliche Bedürfnisse geht). Wenn man also fragt, wie die gerechte Seele *notwendigerweise*, d.h. unter allen möglichen Bedingungen, beschaffen sein muss, verfehlt man aber meines Erachtens den Sinn des Projekts, das Platon hier verfolgt. Zur Erinnerung: Im Zuge des Entwurfs des Modellstaats wurde ein Zugeständnis an die psychische Realität des Menschen gemacht, nämlich Bedürfnisse zu haben, die sich nicht selbst regulieren. Im gleichen Geiste empirischer Adäquatheit wurde zu Beginn des Übergangs zur individuellen Seele festgestellt, dass wir bei Menschen drei Arten von Handlungen feststellen. Menschen haben nun einmal Körper mit Bedürfnissen, und sie haben Emotionen. Die Definition der Gerechtigkeit, die sich hier herausgeschält hat, ist eine Definition der Gerechtigkeit für ebensolche Menschen, nicht aber für irgendeinen abstrakten »Menschen an sich«.

Zweitens ist nochmals auf das Problem zurückzukommen, das die Definition der Besonnenheit aufwarf: Dort blieb zu fragen, ob nicht alle Bürger Weisheit benötigen, um die Hierarchie der Stände zu akzeptieren. Das Problem verschärft sich noch, wenn die Definition auf die Seele übertragen wird. Denn Begehrungsvermögen und Muthaftes haben keinen Verstand, der sie die Hierarchie akzeptieren lassen könnte. Aus der Anwendung der Gerechtigkeitsdefinition ergibt sich aber vielleicht eine Auskunft in Bezug darauf, was sie dazu motivieren könnte, die vom Verstand geleitete Ordnung zu akzeptieren: Sie werden es nämlich dann tun, wenn sie befriedigt werden. Nun mag es bei Begierden, die sich selbst nicht regulieren können, oder bei einem Zorn, der sich ins Maßlose steigern kann, schwer vorstellbar sein, wie sie jemals befriedigt werden könnten. Doch ist das in der Praxis vielleicht gar nicht so schwer: Denn eine Begierde wird die andere ablösen, eine Emotion die andere – es muss nur eine Instanz geben, die für die richtige Balance sorgt. Und das ist eben die Aufgabe des Verstandes, dessen Herrschaft genau dadurch akzeptiert wird, dass ihm die Balance gelingt.

Eine dritte Frage gilt der sozialen Dimension der Gerechtigkeit, die doch dem konventionellen Verständnis nach im Mittelpunkt steht: Der Gerechte ist der, der nicht stiehlt, seine Schulden bezahlt und sich an mit anderen vereinbarte Abkommen hält. Beziehungen zu anderen Menschen fehlen in der jetzt gefundenen Bestimmung der Gerechtigkeit aber ganz: Sie handelt nur von der inneren Beschaffenheit der individuellen Seele. Auf diese Frage geht Sokrates nun explizit ein; ja, erst mit ihrer Beantwortung werde ein letzter Zweifel ausgeräumt, ob tatsächlich die Gerechtigkeit im Einzelnen gefunden sei (442d 11 ff.). Das, was er zu diesem Thema anmerkt, klingt allerdings eher nach Wunschdenken, so frei ist es von jeder Begründung: Der Gerechte werde kein Geld unterschlagen, niemanden verraten, seine Versprechen halten und weder die Eltern noch den Gottesdienst vernachlässigen (442e–443b). Glaukon stimmt zwar eifrig zu, aber diese Passage hinterlässt doch den Eindruck, allzu rasch voranzuschreiten.

Dieser Eindruck trifft nicht weniger auf die beiden letzten Punkte zu, die Sokrates noch anspricht. Für die Bestimmung der Ungerechtigkeit genügt ein Absatz (444b): Ungerechtigkeit trete ein, wenn eben nicht jeder Teil das Seine tut. Allerdings liegt Sokrates' Augenmerk hier ganz darauf, dass die »unteren Seelenteile« die Herrschaft an sich reißen. Das Umgekehrte, dass nämlich der Verstand versucht, körperliche Bedürfnisse zu befriedigen, ist vielleicht zu abwegig, um es überhaupt ernsthaft zu erwägen. Der ganze Absatz ist in deutlich politisch gefärbter Terminologie gehalten (dies ist ein Hinweis darauf, wie stark das politische Modell hier die Auffassung von der Seele prägt, allem voran natürlich durch den Begriff der Herrschaft).

Von der Ungerechtigkeit geht Sokrates dann zur Rede von Gesundheit und Krankheit über und überträgt sie auf die Seele: So wie die Gesundheit die richtige Anordnung der Teile im Körper sei, so sei die Gerechtigkeit die richtige Anordnung der Teile in der Seele (444d). Das legt eine Gleichsetzung von Gesundheit und Gerechtigkeit natürlich nahe. Wenn Sokrates aber dann tatsächlich von der Gesundheit der Seele spricht, verwendet er lieber den Begriff *aretê* (444d 12), der in seiner Grundbedeutung (Tüchtigkeit) der Gesundheit ohnehin sehr nahe steht: Gesundheit, so möchte man sagen, ist die *aretê* des Körpers.

Das Stichwort »Gesundheit« baut jedenfalls die Brücke zur Beantwortung jener Hauptfrage, die Glaukon und Adeimantos zu Beginn von Buch II gestellt hatten: ob denn der Gerechte auch glücklich ist. Sokrates verwendet hier allerdings nicht den Ausdruck »glücklich« (*eudaimôn*), sondern spricht nur davon, ob Gerechtigkeit vorteilhaft (*lysitelês*) sei (444e 6–445a 4). Für Glaukon erübrigt sich diese Frage, denn es sei doch klar, dass nur ein gesundes Leben lebenswert ist. Glaukon knüpft dabei an einen Gedanken an, den Sokrates in Buch I geäußert hatte, dass nämlich die Aufgabe der Seele das Leben sei (445a 9, vgl. 353d 3–10). Die gesunde Seele ist die gerechte Seele. Also ist nur ein gerechtes Leben lebenswert. Diese Antwort erfüllt die Bedingung, dass es um die Gerechtigkeit unter Absehung aller äußeren Konsequenzen geht: Der Vorteil, den die Gerechtigkeit bringt, ist allein auf das Individuum bezogen, und bleibt auch dann erhalten, wenn alle äußeren Vorteile der Gerechtigkeit wegfallen. Allerdings fällt doch auf, dass weder Glaukon noch Sokrates an dieser Stelle ausdrücklich sagen, dass der Gerechte glücklich ist – und die Metapher der Gesundheit wirft durchaus die Frage auf, ob denn Gesundheit ein Wert an sich ist oder ihr Wert nicht vielmehr in dem liegt, was man als gesunder Mensch tun kann. Im Falle der körperlichen Gesundheit hatte sich Sokrates jedenfalls eindeutig geäußert: Als es um die gymnastische Erziehung ging, ließ er keinen Zweifel daran, dass die körperliche Ertüchtigung kein Selbstzweck ist (für Glaukon dagegen war die Gesundheit ein Beispiel für die Dinge, die wir um ihrer selbst und um ihrer Folgen willen lieben, vgl. 357b 4–d 2).

Selbst wenn man diesen letzten Punkt außer Acht lässt: Im Moment scheint die ganze Erledigung der Leitfrage der *Politeia* an der Metapher der Gesundheit der Seele und damit an einem durchaus seidenen Faden zu hängen. Sokrates belässt es dabei und schreitet weiter zur anfänglich angekündigten Untersuchung der Formen der Ungerechtigkeit. Mit der These, dass es unzählige, aber unter diesen vier interessante Formen der Ungerechtigkeit gebe (445c–d), endet Buch IV.

Buch V–VI. Philosophen und Philosophenstaat

Frauen, Kinder und Philosophen im Modellstaat (449a–474b)

Bevor Sokrates ansetzen kann, die vier Formen der Ungerechtigkeit vorzustellen, wird er unterbrochen. Die Unterbrechung geht nicht von Adeimantos und Glaukon aus, sondern von Polemarchos, seinem Gesprächspartner im ersten Buch. Wollte Platon dadurch dieser Figur aus dem ersten Buch erneut eine bescheidene Rolle verschaffen? Eher dürfte als Grund in Frage kommen, der Unterbrechung einen besonderen Akzent zu verleihen: Denn so wird das *Gespräch mit Glaukon und Adeimantos* von *außen* unterbrochen. Auf diese Weise wird auch die Ausrichtung auf das von den beiden Brüdern gesetzte Ziel suspendiert: nämlich zu erklären, warum der Gerechte glücklich ist.

Was Polemarchos interessierte, erfahren wir aus dem Mund von Adeimantos, der sich ebenso wie dann auch Glaukon und sogar Thrasymachos Polemarchos' Nachfrage zu eigen macht: Es geht um weitere Details des Modellstaats, über dessen Organisation im Einzelnen wir ja bislang erstaunlich wenig erfahren haben. Genauer geht es darum, ob die Wächter, nebst anderem Besitz, auch Frauen und Kinder gemeinsam haben und wie die Nachkommen aufgezogen werden sollen (449c 4f., d 2f., 450c 1f.).[1] Sokrates zeigt sich alles andere als erfreut über diese Nachfrage, weil das, was er dazu zu sagen hat, erstens schwer zu glauben sei (450c 7), und weil er zweitens selbst noch »im Zweifel und im Suchen« begriffen sei (450e 2f.).

Tatsächlich verändert sich durch dieses neue Thema die Rolle, die der Modellstaat spielt. Von Anbeginn an war ja offen, ob

1 Sokrates hatte dies beiläufig in 424a 1ff. erwähnt.

er als Beitrag zur politischen Philosophie gemeint war oder er eine bloß unterstützende Funktion mit Blick auf die Definition der Gerechtigkeit hatte.[2] Was nun folgt, lässt sich eigentlich nur noch im ersten Sinne verstehen. Denn es ist nicht mehr auf die individuelle Seele zu übertragen. Diese Übertragung war aber Voraussetzung dafür, dass das Staatsmodell seine Hilfsfunktion erfüllen kann. Das Gespräch begibt sich nun also eindeutig auf das Feld der politischen Philosophie. Dies geschieht allerdings, wie sich bald zeigen wird, nur vorübergehend, denn sobald die Philosophen ins Blickfeld geraten, werden wir wieder auf Themen treffen, die den Einzelnen genauso wie den Staat betreffen.

Sokrates beginnt mit den Frauen (451c), tut dies jedoch auf überraschende Weise. Die Perspektive, aus der die Gesprächspartner nach den Frauen gefragt haben, war eine dezidiert männliche: Es ging ihnen darum, ob und wie sich die gemeinschaftlichen Besitzverhältnisse der Wächter auf das Verhältnis zu den Frauen auswirken. Sokrates dagegen geht von der neutralen Perspektive des Staatsgründers aus. Wächter wurden in Buch II mit Hütehunden verglichen; weibliche Hunde werden genauso zum Hüten eingesetzt wie männliche, müssen also genauso aufgezogen, ernährt und ausgebildet werden wie Letztere. Überträgt man dies auf menschliche Verhältnisse, ergibt sich, dass Frauen ebenso wie Männer erzogen werden müssen. Das wiederum hat zur Konsequenz, dass Frauen

2 Man mag sich fragen, ob sich beide Lesarten tatsächlich voneinander trennen lassen: Wenn die Gerechtigkeit doch auch eine Eigenschaft von politischen Gebilden ist, ist der Entwurf eines Modells, an dem sich politische Gerechtigkeit bestimmen lässt, nicht automatisch der Entwurf eines perfekten Staates? Diese Überlegung übersieht jedoch die Differenz zwischen der Definition und ihrer Anwendung, eine Differenz, die u. a. durch einen detaillierten Verfassungsentwurf überbrückt werden müsste.

ebenso wie Männer nackt Sport treiben müssen. Manche Männer mögen das lächerlich finden, merkt Sokrates an. Als Gründe würden solche Leute vielleicht auf Gepflogenheit und Schicklichkeit verweisen (und man mag spekulieren, ob die Wurzel solcher Abwehr nicht eher in einer Verlegenheit liegen mag, die durch eigene erotische Assoziationen ausgelöst wird). Sokrates schiebt solchen Vorbehalten jedenfalls sogleich einen Riegel vor: Auch nackt Sport treibende Männer galten bei den Griechen bis vor nicht allzu langer Zeit als »anstößig und lächerlich« (452c 7). Es geht, kurz gesagt, um Gewohnheiten, die sich je nach Zeit und Kontext ohnehin stets ändern.

Was Sokrates jedoch eigentlich prüfen will, ist das Resultat einer solchen gleichen Erziehung: Folgt daraus, dass Frauen ebenso wie die Männer *alle* Aufgaben (*erga*) im Staat übernehmen können (453a 1 f.)? Es scheint einen Einwand zu geben, der sich aus der ergon-Theorie ergibt, auf die Sokrates selbst sich schon mehrfach gestützt hat: Da die Natur der Frauen offensichtlich eine andere ist als die der Männer, und da es für jeden Menschen eine und nur eine seiner Natur entsprechende Aufgabe (*ergon*) gibt, müssen Frauen eine andere und besondere Aufgabe im Staat übernehmen (und man muss nicht lange darüber nachdenken, welche Aufgabe hier gemeint sein könnte) (453b 1–c 3).

Doch so einfach ist die Sache nicht. Denn nicht alle natürlichen Unterschiede sind für die Erfüllung von Aufgaben im Staat relevant: Sokrates' schönes Beispiel ist der Unterschied zwischen Männern mit und ohne Glatze, der ohne Zweifel in der Natur der jeweiligen Männer angelegt ist, der aber mit ihren Qualifikationen, irgendeine Arbeit in der Stadt auszufüllen, nichts zu tun hat. Es muss also gezeigt werden, dass der unleugbare natürliche Unterschied zwischen Männern und Frauen tatsächlich für die Erfüllung einer bestimmten Aufgabe in der Stadt relevant ist (454c–d).

Das Argument, das Sokrates verwendet, um zu zeigen, dass dem nicht so ist, nimmt einen merkwürdig gewundenen Verlauf, der Grund für gegenläufige Auffassungen darüber ist, welche Haltung zur Stellung der Frauen in der Stadt hier tatsächlich vertreten wird.[3] Sokrates setzt sich zum Ziel zu zeigen, dass es keine *für Frauen* spezifischen Tätigkeiten gibt (455b 1 f.). Sodann bringt er Glaukon dazu, der Behauptung zuzustimmen, dass in *jedem* Tätigkeitsfeld einige Männer den Frauen überlegen sein können (455d 3 f.). Wenn dem so ist, dann gibt es kein Tätigkeitsfeld, in dem der Geschlechtsunterschied eine Rolle spielt (455d 6 f.). Dann aber gibt es auch *keine für Männer spezifischen Tätigkeiten*, und Frauen können im Prinzip alle Aufgaben im Staat erfüllen.

Nun weist Sokrates einerseits darauf hin, dass Frauen körperlich schwächer sind als Männer (455e 1). Das könnte nach sich ziehen, dass Frauen von den Männern im Kriegsdienst übertroffen werden und, da der Kriegsdienst in jedem Fall notwendige Vorstufe für den Zugang zum Herrscheramt ist, könnte es weiterhin zur Folge haben, dass Frauen keine Chance haben, Herrscher zu werden. Andererseits zieht Sokrates selbst die Konsequenz, dass Frauen nicht nur Ärztinnen (455e 5), sondern auch Wächterinnen (456a 7) werden können. Ob sie auch Herrscherinnen werden können, wird hier nicht gesagt: Es findet sich nur der Hinweis, dass sie genauso wie Männer philosophisch sein können (456a 4). Später, am Ende von Buch VII, wird Sokrates dann aber ausdrücklich von Herrscherinnen sprechen (540c 5).[4] Die Passage läuft also auf

3 Siehe dazu den die Debatte auslösenden Artikel von Annas (1976). Für eine detaillierte Darstellung der hier skizzierten Deutung siehe Becker (2011).

4 Der einschränkende Verweis, dass Frauen ebenso wie Männer zu behandeln seien, »soweit sie ihrer Natur nach dazu geeignet sind«, findet sich auch in dieser späteren Stelle. Da Sokrates dort aber explizit

ein für die damalige Zeit – in der Frauen keine politischen Ämter übernehmen durften und auch bei privatrechtlichen Angelegenheiten einem Mann unterstanden[5] – ungewöhnliches Plädoyer für die Gleichberechtigung von Frauen und Männern hinaus.[6]

Sokrates stilisiert diese erste Erörterung nachträglich zu einer »Woge«, der sie entronnen seien. Doch eine zweite, noch größere, folgt sogleich. Sie handelt von dem, worauf Polemarchos und seine Freunde eigentlich neugierig waren, die Frage nämlich, wie denn das Eheleben und die Aufzucht der Kinder zu regeln seien (457c–465d). Sokrates kehrt nun wieder zu einer rein männlichen Perspektive zurück. Inhaltlich laufen Sokrates' Vorschläge auf eine völlige Auflösung der Familie zugunsten der Schaffung einer »Riesenfamilie« hinaus, die sämtliche Wächter umfasst. Außerdem sollen selbst intimste Details des Privatlebens der Wächter staatlich geregelt werden.

Das Vorbild der Tierzucht ist hier nicht zu übersehen: Wer sich mit wem wann paaren darf, wird von den Herrschern festgelegt; diese werden darauf achten, dass die besten Männer mit den besten Frauen Sex haben, um so die besten Kinder zu zeugen (458e–459c). Um unvermeidliche Enttäuschungen bei denen zu lindern, die sich mit den zweit- oder drittbesten Partnern zufrieden geben müssen oder gar leer ausgehen, wer-

von Herrscherinnen spricht und das Ganze als Korrektur einer Formulierung von Glaukon präsentiert wird, dürfte klar sein, dass die Unterschiede in der Natur von Frauen und Männern eben nicht die Qualifikation zum Herrscheramt betreffen.

5 Siehe dazu Simon (1992), z. B. S. 123.

6 Entsprechend ist aus Adeimantos' anfänglicher Formulierung, dass den Freunden (d. h. den Wächtern) die Frauen gemeinsam (*koina*) sein sollen (449c 5) in Sokrates' abschließender Zusammenfassung ein »Wächterinnen und Wächter sollen alles gemeinsam (*koinêi*) erledigen« geworden (457b 9–c 1).

den die Paarungen offiziell durch Los ermittelt, wobei das Losverfahren allerdings zum Zwecke eines optimalen Zuchterfolgs von den Herrschern manipuliert wird (459c–460b). Die Kinder der guten Paarungen werden getrennt von ihren Eltern von Pflegerinnen aufgezogen, die Kinder schlechterer Paarungen oder missgebildete Kinder werden nach der Geburt getötet (460b–460d). Die Kinder werden ihren Müttern sofort weggenommen, und es wird streng darauf geachtet, dass keine Mutter eine Chance hat, ihr eigenes Kind ausfindig zu machen (und folglich auch kein Vater herausfinden kann, welches sein Kind ist). Die Folge ist, dass alle Wächterinnen und Wächter jedes einzelne Kind als potentiell ihr eigenes Kind betrachten und entsprechend behandeln werden: Sie werden also alle Kinder gleich gut behandeln (462e–464b). Im Laufe der Generationen dehnen sich diese Beziehungen auf alle anderen Wächter aus: Jeder könnte Mutter, Vater, Enkel usw. von jedem sein, so dass sich das Zusammengehörigkeitsgefühl und die Solidarität innerhalb einer Familie auf den gesamten Wächterstand ausdehnen. Dies verstärkt die Einheit der Stadt, während privater Besitz, auch solcher an Kindern, zwangsläufig zu Differenzen zwischen den Interessen der einzelnen Wächterinnen und Wächter führen und Konflikte hervorrufen würde (462a–466a).

Sokrates stellt diesem Entwurf erhebliche Zweifel an der Realisierbarkeit voran (458a–b).[7] Ob man daraus schließen kann, dass er für einen damaligen Leser ebenso schockierend

7 In 458c 6 macht Sokrates Glaukon zum Gesetzgeber. Ob damit Glaukon lediglich in die Überlegungen einbezogen werden soll oder – wie an anderen Stellen – deutlich gemacht werden soll, dass der ganze Entwurf von einer Person vorgenommen wird, die dafür eigentlich nicht qualifiziert ist, ist nicht eindeutig zu entscheiden. Da Sokrates aber zuvor eindeutig die Verantwortung für das Folgende übernommen hat (457e 7), scheint mir Ersteres wahrscheinlicher.

gewirkt hat wie auf einen modernen, sei dahingestellt. Jedenfalls gibt es wenig, was man heutigen Lesern zur Linderung dieses Schocks sagen kann.[8] Hauptauslöser dürfte die anscheinend totale Missachtung des eigenen Willens der Menschen sein, und das in einem Bereich, dem wir in der persönlichen Lebensgestaltung höchste Bedeutung beizumessen gewohnt sind. Aus der Perspektive, die Sokrates einnimmt, kommt es nur darauf an, dass eine Gemeinschaft sich reproduzieren muss und diese Reproduktion daher zum bestmöglichen Wohle der Gemeinschaft organisiert werden sollte. Dass die Menschen dabei Lust empfinden, wird nicht ignoriert, sondern ausgenutzt – und Menschen, die altersbedingt nicht mehr an der Reproduktion mitwirken können, sind von nahezu allen Restriktionen bezüglich des Sexuallebens befreit (461b–c). Der Gedanke jedoch, dass Menschen von sich aus ihr Sexualleben unter ein Ziel stellen und entsprechend regulieren könnten, das über die bloße Triebbefriedigung hinausgeht, ist sehr weit entfernt.[9]

Für Sokrates allerdings sind die Wächter mit einem derart organisierten Privatleben besonders glücklich, denn sie seien alle Sorgen um Kindererziehung und Haushaltsführung los und lebten noch glücklicher als die Olympiasieger, denen der Staat erst nach einem Olympiasieg lebenslange freie Mahlzeiten gewährt: Die Wächter genießen diesen Vorteil ihr ganzes Leben lang (465c–e).

Sokrates orientiert sich hier an konventionellen Vorstellungen: Dafür steht schon der Vergleich mit den Olympiasiegern,

8 Für Leo Strauss ist das Befremdliche dieser Vorschläge ein Widerspruch zur menschlichen Natur; vgl. Strauss (1964), S. 127.

9 Man denke zum Kontrast an die kurze Bemerkung im Rahmen der ersten Phase der Staatsgründung, aus der hervorgeht, dass die Menschen eines solchen Staates von sich aus ihr Sexualleben regulieren.

ebenso aber der Rückgriff auf Homer und Hesiod in der Passage von 466d–471c, in der sich Sokrates detailliert darüber auslässt, wie und gegen wen der Staat Krieg zu führen hat. Wenn er im Zuge dessen ausgiebig gegen den Krieg von Griechen gegen Griechen plädiert, hat man den Eindruck, dass er unversehens in die politische Gegenwart geraten ist (denn anzunehmenderweise liegt das fiktive Datum, zu dem das Gespräch stattfand, mitten im peloponnesischen Krieg), und man gewinnt den Eindruck, dass er die Frage nach der Realisierbarkeit des Modellstaates, um die es doch eigentlich gehen sollte, aus dem Blick verloren hat. Platon lässt Glaukon eben dies ausdrücklich bemerken (471c 5–7), und wenn Sokrates darauf antwortet, indem er ganz offen zugibt, sich um den nächsten Schritt herumzudrücken, dann scheint es fast, als arbeite Platon hier wie ein geschickter Regisseur, der bei seinen Zuschauern die nächste dramatische Wende durch eine besondere Verlangsamung und Verzögerung klug vorbereitet.

Diesen nächsten Schritt kündigt Sokrates als »dritte, größte und gefährlichste« der Brandungswellen an, denen er zu widerstehen habe. Bevor er aber die Katze aus dem Sack lässt, schaltet er einige Bemerkungen zum Status der Überlegungen vor. Worum es sachlich geht, ist klar: nämlich um das Verhältnis zwischen einer theoretischen Bestimmung (wie die in Buch IV gefundene Definition der Gerechtigkeit eine ist) und ihrer Umsetzung in die Realität. Das passt zum Generalthema der Realisierbarkeit des Modellstaats, das Glaukon ja kurz zuvor nochmals ausdrücklich angesprochen hat.

Was aber wird zu diesem Verhältnis genau gesagt? Am Ende bekennt sich Sokrates selbst dazu, es genüge zu zeigen, dass man etwas realisieren kann, das der theoretischen Vorlage »möglichst nahekomme« (473a 7). Das Gespräch bis dahin hält allerdings einige Irritationen bereit. So schlägt Sokrates vor, die Bestimmung der Gerechtigkeit als ein »Muster« (*paradeig-*

ma, 472c 4) zu bezeichnen, an dem man Staaten und Menschen, nicht zuletzt mit Blick auf ihr Glück und Unglück, messen könne.

Ist aber ein Muster sinnvoll, von dem unklar ist, ob man es realisieren kann? Die Frage ist nicht leicht zu beantworten. Wenn man eine ideale, beispielsweise reibungsfrei arbeitende Maschine entwirft, um den optimalen Wirkungsgrad zu erkunden, dann wird dieses Optimum nicht dadurch angefochten, dass es keine reibungsfrei arbeitende Maschine gibt, sondern im Gegenteil: Man kann aus dem Ideal lernen, warum es keine Maschine mit optimalem Wirkungsgrad geben kann. Andererseits ist dieses Optimum ein »bloß theoretisches«. Ein Optimum, mit dem man tatsächlich etwas anfangen könnte, müsste die Unvermeidlichkeit von Reibungsverlusten berücksichtigen. Ähnlich könnte man sagen, dass ein Modell des Zusammenhangs von Gerechtigkeit und Glück, das nicht die Bedingungen berücksichtigt, unter denen Menschen überhaupt nur gerecht sein können, nutzlos ist.

Irritierend ist auch der Vergleich mit einem Maler, den Sokrates anführt (472d 4–8). Zunächst scheint die Sache klar: Ein Maler kann einen idealen Menschen zeichnen, ohne sich darum zu kümmern, ob ein solcher idealer Mensch existieren kann. Das Beispiel des Malers wird nochmals in 484c und 500e herangezogen, jeweils in dem Sinne, dass ein Maler auf ein »göttliches« *paradeigma* schaue, um eine Stadt zu entwerfen. In Buch X jedoch wird den Malern gerade vorgeworfen, die Funktion und die Verwendung der Dinge, die sie abbilden, nicht zu kennen.[10]

Schließlich ist auch der Gang des Gesprächs irritierend: Zuerst bringt Sokrates Glaukon zum Zugeständnis, ein Modell sei nicht darum weniger wert, dass man nicht wisse, wie man es

10 Siehe dazu S. 269.

realisieren solle (472e 2–5). Dann will er aber doch auf die Realisierung eingehen (e 6–9), um sich am Ende bestätigen zu lassen, dass es genügt, wenn die Realität dem Ideal bloß nahe komme (473a 5–b 3). Man kann dieser ganzen Verwirrung vielleicht ein wenig Sinn abgewinnen, wenn man auf das blickt, was Sokrates sogleich als »dritte Welle« präsentieren wird, nämlich die Idee der Philosophenherrschaft, für die die *Politeia* berühmt geworden ist. Dass die Philosophen Könige oder die Könige Philosophen werden, sei Bedingung[11] dafür, dass die beschriebene Verfassung Wirklichkeit werden könne (473c 11–e 4). Philosophen aber sind, der Wortbedeutung und dem gegenwärtigen Stand der Dinge zufolge, Weisheits*liebende*. Was man liebt, danach sucht man aber, weil man es noch nicht hat. Philosophen sind also nicht solche, die schon alle Weisheit fertig parat haben, sondern sie sind solche, die nach Weisheit streben.[12] Es könnte also ein zweistufiges Ideal im Spiel sein: zum einen der ideale Weise, zum anderen der ideale Philosoph. Unter den gegebenen Bedingungen können wir nur versuchen, ideale Philosophen zu sein; dieses Ziel mag realisierbar sein. Für den idealen Philosophen ist das Ideal aber der Weise, dessen Realisierbarkeit offen bleiben muss. Je nachdem, von welchem Ideal man spricht, ist die Frage nach der Realisierbar-

11 Ob es eine notwendige oder hinreichende Bedingung ist, bleibt unklar. In 473c 2–4 klingt es, als ob es eine hinreichende, in c 11–d 6 als ob es eine notwendige Bedingung sei.

12 Zur dieser Auffassung von Liebe und Philosophie vgl. Symposion 203c–204b. Mario Vegetti hat darauf hingewiesen, dass man zwischen den Philosophen, von denen in Buch V und VI die Rede ist, und den »Dialektikern«, die in Buch VII vorgestellt werden, differenzieren muss: Letztere haben einen perfekten Bildungsgang durchlaufen und könnten über das Wissen verfügen, nach dem die Philosophen noch suchen (Vegetti, »Il regno filosofico«, in: Vegetti (2000), Bd. 4, S. 355–364).

keit von unterschiedlicher Bedeutung; darum die auf den ersten Blick widersprüchlichen Aussagen zum Thema Ideal und Verwirklichung.

Was ist ein Philosoph? (474b–480a)

Wonach Philosophen streben (474b–476b)

Mit diesen Bemerkungen über den Philosophen habe ich dem Gesprächsverlauf jedoch vorgegriffen, denn in 474b 5 f. formuliert Sokrates die nächste Aufgabe: nämlich zu bestimmen, was ein Philosoph überhaupt ist. Dieser Aufgabe ist das weitere Gespräch bis zum Ende von Buch VII gewidmet.

Sokrates beginnt seine Erläuterung mit einer Erinnerung – und er ist überrascht, dass Glaukon tatsächlich daran erinnert werden muss: dass jemand, der etwas liebt, »das Ganze und nicht einen Teil davon« liebe (474c 8–10). Die Philosophie wird hier also von vornherein im Bereich des erotischen Strebens angesiedelt: Sie ist kein Zustand, in dem man Weisheit *besitzt*, sondern ein Zustand, in dem man nach Weisheit *verlangt*. Was ist ferner damit gemeint, dass sich der wahrhaft Liebende auf das Ganze richtet, und nicht selektiv das eine erwählt, das andere liegenlässt? Spricht nicht die Erfahrung eher für das Gegenteil: dass Liebe eben nicht im landläufigen Sinne »gerecht« ist, sondern in der Wahl ihrer Objekte durchaus exklusiv sein kann? Ein besseres Beispiel als die von Sokrates herangezogenen Knaben sind vielleicht Kunstwerke: Angenommen, jemand interessiert sich für das Schöne an der Kunst, konzentriert sich aber exklusiv auf eine einzige Gattung, Stilrichtung oder einen einzigen Künstler: Wird man dem eine echte Liebe zum *Schönen* zuschreiben? Wird man nicht viel eher den Verdacht hegen, dass es ihm gar nicht um die Schönheit, sondern um etwas anderes geht, oder dass wenigstens seine Liebe zur Schönheit so von Vorurteilen geprägt und Scheuklappen geleitet ist, dass sie ihr vermeintliches Objekt verpasst? Knaben oder überhaupt Menschen als Objekte der Liebe sind hier deshalb weniger gut als Beispiel geeignet, weil es zu den Eigenarten zwischenmenschlicher Liebe gehört, dass sie sich in der Regel auf *einen* Menschen unter wenigstens vorübergehender Exklusivität und zudem auf diesen Menschen als Objekt, und nicht bloß auf etwas *an* ihm konzentriert. Sokrates will aber darauf hinaus, dass sich das erotische Streben, das er im Sinn hat, nicht auf Dinge selbst, sondern auf eine *Eigenschaft* an den Dingen richtet – wie etwa die Schönheit an den einzelnen Kunstwerken. Eine einzelne Eigenschaft kann man nun an vielen Dingen finden. Sollte sich jemand an einzelne dieser Dinge klammern, wird man vermuten, dass es ihm eben um die Dinge und nicht um die Eigenschaft geht (so etwa, wenn ein stolzer Gemäldebesitzer Schönheit nur in den Bildern findet, die ihm gehören: Wird man dann nicht vermuten, dass es eher eine Liebe zu Dingen ist, die sich in seinem Besitz befinden, als eine Liebe zur Eigenschaft der Schönheit als solcher?). Bemüht man sich dagegen um die Eigenschaft, wird man sich nie mit einem einzelnen Ding zufriedengeben, das diese Eigenschaft aufweist. Denn man wird dieselbe Eigenschaft auch an anderen Dingen erblicken, auf die sich das erotische Streben dann ebenso richten wird. Das Resultat ist ein ruheloses Umherstreifen in der Welt der Dinge: Hat man die Eigenschaft am einen Ding gefunden, stellt sich noch im selben Moment das Gefühl ein, dass einem die Eigenschaft auch schon wieder entgleitet, ist sie doch über viele Dinge hinweg verstreut und als solche gar nicht fassbar. Dies gilt nun auch für jemanden, der die Weisheit liebt: Er wird sie in allen möglichen Wissensgebieten vermuten und nach ihr suchen. Geht es ihm um die Weisheit selbst – geht es ihm also um das Wissen, das in jedem dieser Gebiete enthalten ist –, wird er sich nicht mit einem Gebiet begnügen können. Seine Neugier wird ihn dazu treiben, sich immer wieder mit einem neuen Thema zu beschäftigen (475b 8–c 9).

Glaukon findet einen treffenden Ausdruck für jemanden, der solcherart ruhelos umhergetrieben wird: Er ist ein Schau- (oder auch: Hör-)Lustiger (475d 2 f.). Nun sind solche Leute, wie Glaukons Ausdrücke schon nahelegen, auf den Bereich der Wahrnehmung fixiert. Sie versuchen zwar, eine Eigenschaft zu fassen, aber sie versuchen es, indem sie sich auf Dinge beschränken, die wahrnehmbar sind, also auf konkrete Dinge in Raum und Zeit. Solche Dinge *haben* zwar Eigenschaften – jedes wahrnehmbare schöne Ding hat sozusagen ein kleines Stück der Schönheit –, sie *sind* jedoch nicht die Eigenschaften, denn Eigenschaften sind abstrakt und darum nicht wahrnehmbar. Deshalb ist der Versuch, die Eigenschaft in ihrer Gänze bei den konkreten Dingen zu fassen, von vornherein zum Scheitern verurteilt. Wie aber kann man anders vorgehen? Sokrates antwortet zunächst mit der rätselhaften Bemerkung, die Philosophen seien diejenigen, die »schaulustig nach der Wahrheit« seien (475e 4). Rätselhaft daran ist, wie man »die Wahrheit« wahrnehmen können soll. Die Erläuterung, die er auf Glaukons Nachfrage gibt, hilft auf den ersten Blick auch nicht weiter: »Da das Schöne das Gegenteil vom Hässlichen ist, so sind dies doch zwei« (476a 1). Was hat das mit der Suche nach der »Schönheit als Ganzer« und der »Schaulust nach der Wahrheit« zu tun?

Die Antwort kann nur eine spekulative Interpretation sein, denn die im Gespräch folgenden Bemerkungen bleiben von einer ausreichenden Erklärung weit entfernt. Geht man davon aus, dass der Philosoph »schaulustig nach der Wahrheit« ist, stellt sich unter anderem die Frage, was denn »die Wahrheit« überhaupt für ein Gegenstand sein kann. Damit man sie »anschauen« kann, müsste sie zumindest *ein* Gegenstand sein, ähnlich wie eine Statue, die man betrachten kann. »Die Wahrheit« ist aber gewiss kein konkreter Gegenstand, dessen Einheit darin bestehen könnte, für eine bestimmte Zeitspanne einen bestimmten Raum einzunehmen. Ihre Einheit muss von ganz anderer Art sein. Unterstellt man ferner, dass die »Wahrheit« hier nicht selbst als Gegenstand postuliert wird, sondern dass es um so etwas wie die »wahre«, d. h. die »eigentliche« oder eben »ganze« Schönheit geht,[13] wird ein Sinn in Sokrates' Erläuterung erkennbar: Die Aussage, dass Schönheit und Hässlichkeit einander entgegengesetzt und eben darum zwei sind, hat offensichtlich mit den *Identitätsbedingungen* von Schönheit und Hässlichkeit zu tun.

Wie kann eine Eigenschaft *eine* sein? Sie kann es nicht, indem sie an einer begrenzten Menge von Dingen vorkommt, denn eine Eigenschaft kann an beliebig vielen und an immer wieder neuen Dingen vorkommen.[14] Anders gesagt: Sie kann nicht durch ihre Extension eine Einheit sein – d. h. durch die Menge der Dinge, die diese Eigenschaft haben –, denn die Eigenschaft bestimmt ihre Extension und nicht umgekehrt. Was bleibt dann aber übrig? Es bleibt nur das Verhältnis zu anderen Eigenschaften.

13 »Wahrheit« steht hier vermutlich für »das, was wahr ist«, was sich also durch wahre Sätze darstellen lässt (vgl dazu Szaif 1998, S. 93). Manchmal verwendet Platon »wahr« auch als Attribut, um auszudrücken, dass eine Eigenschaft in perfekter Form vorkommt (z. B. ist in 427a 4 vom »wahrhaften Gesetzgeber« und in 428e 1 sowie 464c 2 f. von den »wahrhaften Wächtern« die Rede).

14 Man stelle sich vor, jemand wolle sagen, was die Eigenschaft, ein Mensch zu sein, zu *einer* Eigenschaft macht, indem er festlegt, es sei die Eigenschaft, die alle in diesem Moment lebenden Menschen gemeinsam haben. Doch bereits wenige Sekunden später wäre die Eigenschaft eine andere, weil irgendwo auf der Welt Menschen gestorben und andere geboren worden sind.

Einem Ding eine Eigenschaft zuzuschreiben, heißt, es zu beschreiben. Nun beschreibt man ein Ding nur, indem man es abgrenzt, also indem man es von anderen Dingen abgrenzt, die nicht so sind wie dieses Ding. Ein Ding grenzt man wiederum nur dadurch von anderen Dingen ab, indem man diesem Ding eine Eigenschaft zuschreibt, die andere Dinge nicht haben. Diese anderen Dinge haben dafür andere Eigenschaften. Mit Blick auf die Eigenschaften heißt das nun: Eine Eigenschaft muss so beschaffen sein, dass sie von anderen Eigenschaften unterschieden ist – sonst könnte man mit Eigenschaften nicht Dinge von anderen Dingen abgrenzen. Dieses Ding hier ist grün: Auf diese Weise grenze ich es von allen anderen Dingen im Raum ab, die nicht grün sind. Was bedeutet es aber, dass diese Dinge nicht grün sind? Es bedeutet, dass sie eine Eigenschaft haben, die wiederum vom Grün-Sein unterschieden ist – beispielsweise, rot zu sein. Zwischen Grün und Rot muss es also selbst einen Unterschied geben. Will man nun fragen, was eine bestimmte Eigenschaft zu einer Eigenschaft macht, kann man auf genau solche Unterschiede verweisen: Rot ist dadurch *eine* Eigenschaft, dass es von Grün, Blau und allen anderen Farben verschieden ist.[15]

Ähnlich kann man versuchen, die Schönheit zu bestimmen: Die Schönheit ist dadurch eine Eigenschaft, dass sie sich in bestimmter Weise von anderen Eigenschaften unterscheidet. Nehmen wir an, Schönheit bestünde in einer durch einfache Zahlenverhältnisse bestimmten Ordnung wahrnehmbarer Gestalten (man denke an geometrische Figuren und Körper). Dann würde die Schönheit dadurch zu einer bestimmten Eigenschaft, dass ihr im gleichen Feld – dem der wahrnehmbaren

15 In dieser Formulierung setze ich voraus, dass Rot eine Farbe ist; dadurch wird der Bereich abgegrenzt, innerhalb dessen Rot von anderen Eigenschaften abgegrenzt ist.

Gestalten – eine andere Eigenschaft gegenübersteht, die nicht diese Ordnung oder vielleicht gar keine Ordnung aufweist, sondern chaotisch ist.[16]

An welche Bestimmung der Schönheit Platon hier auch immer gedacht haben mag: Entscheidend sind die grundlegenden Schritte, die hinter dem stehen, was Sokrates in 476a 5–8 sagt: Denn er spricht dort erstmals von den »Ideen« (*eidos*[17]) und davon, dass diese Ideen »mit den Handlungen, den Körpern und untereinander in Gemeinschaft stehen«. Die Ideen sind *Eigenschaften, für sich betrachtet*; und das heißt: in ihren Beziehungen untereinander betrachtet. Solche Beziehungen werden auch in Antworten auf die Frage »Was ist die Eigenschaft X?« explizit gemacht (den Typus der Frage haben wir ja bereits am Beispiel der Gerechtigkeit ausgiebig kennengelernt) – allerdings kommen in solchen Antworten nicht nur Gegensatzbe-

16 Es handelt sich hier um eine nur um des Beispiels willen unterstellte Bestimmung der Schönheit: Diese Bestimmung spielt auf den Zusammenhang von einfachen Zahlenverhältnissen, Harmonie und Schönheit an, der auf die Pythagoreer zurückgehen dürfte und sich vor allem im Kontext der Musiktheorie nachweisen lässt (vgl. z. B. Aristoteles, *Problemata Physica* 19, 920a 27). Eine wichtige Quelle zu Platons Auffassung des Schönen ist der Dialog *Hippias Maior*, in dem das Schöne vom Nützlichen und vom sinnlich Angenehmen abgegrenzt wird. Im *Symposion* steht das Schöne in engem Zusammenhang zum erotischen Streben, so dass Platon möglicherweise dem Schönen vor allem eine erkenntnistheoretische bzw. epistemologische Funktion zugewiesen hat (vgl. *Symposion* 206d f.). Die Charakterisierung des Schönen in *Symposion* 211a–b beschränkt sich ganz auf die formalen Merkmale, die das Schöne mit den anderen Ideen teilt.

17 Der Ausdruck *eidos* wurde kurz zuvor schon verwendet, um jenes »Ganze« zu bezeichnen, nach dem der Liebende strebt (475b 5). – Oft (z. B. von Schleiermacher, Vretka und Krapinger) wird er mit »Begriff« übersetzt.

ziehungen wie die zwischen Schönheit und Hässlichkeit zum Einsatz. Es kann sich genauso gut um Beziehungen der Unterordnung oder der Koordination handeln.[18]

Eigenschaften kommen selbstverständlich auch an konkreten Dingen vor. Das ist damit gemeint, dass sie mit »Handlungen und Körpern« in Gemeinschaft stehen.[19] Entscheidend ist, beide Weisen, Eigenschaften zu betrachten, auseinanderzuhalten – und wenn man danach sucht, was eine Eigenschaft wirklich ist, sich auf die Betrachtung der Eigenschaften »für sich« zu verlegen.

Das Wissen der Philosophen (476b–480a)

Auch Sokrates ist sich darüber im Klaren, dass die wenigen Bemerkungen in 475e 3–476b 2 noch nicht ausreichen, um eine so grundsätzliche Überlegung klarzumachen. Er fügt daher noch zwei weitere Erläuterungen an: eine sehr kurze, die auf dem Vergleich zwischen Traum und Wachen beruht (476c 1–d 3), sowie eine längere, in der der Unterschied zwischen Wissen und Meinung im Mittelpunkt steht (476d 4–480a 13).

18 Angenommen, Tapferkeit sei verständige Beharrlichkeit in Gefahr: Dann wird die Tapferkeit der Beharrlichkeit untergeordnet und die Merkmale des Verständigen und der Gefahrensituation koordiniert.

19 Was damit gemeint ist, dass sie auch untereinander Gemeinschaft haben, lässt sich hier nicht klären, u. a. weil nicht klar ist, wie strikt terminologisch die Rede vom »Gemeinschaft haben« aufzufassen ist. Wenn damit gemeint ist, dass Eigenschaften einmal in definitorischen Aussagen auftreten – kurz gesagt: in Antworten auf »Was ist Eigenschaft X?«-Fragen – und ein andermal in Aussagen auftreten, in denen sie anderen Dingen zugeschrieben werden, dann könnte es darum gehen, dass manche Eigenschaften (beispielsweise, eine Einheit zu sein), sowohl konkreten Dingen wie auch Eigenschaften selbst zukommen.

Bei beiden geht es darum, den Philosophen vom »Schaulustigen« zu unterscheiden und auf diese Weise verständlich zu machen, was ein Philosoph ist. Der Schaulustige ist wie einer, der träumt. In Sokrates' Beschreibung lautet dies folgendermaßen: »Jemand hält das einer Sache Ähnliche nicht für ein Ähnliches, sondern meint, es sei dasjenige selbst, dem es gleicht«. Der Philosoph ist dagegen einer, der im Wachzustand ist: Er hält »das Schöne selbst für etwas Wirkliches« und vermag »dieses selbst als auch alles, was an ihm teilhat, zu schauen [...], ohne dass er all dieses Teilhabende für es selbst, noch es selbst für all das Teilhabende hält« (Übers. Rufener).

Die beiden »Sachen«, um die es hier geht, sind einerseits die konkreten schönen Dinge und andererseits die Eigenschaft oder Idee des Schönen selbst. Die schönen Dinge sollen der Eigenschaft der Schönheit »ähnlich« sein. Diese Behauptung ist nicht leicht zu verstehen, da die schönen Dinge konkret sind, die Eigenschaft des Schönen aber abstrakt ist. Wie können beide dann ähnlich sein?

Folgendermaßen: Die Eigenschaft des Schönen können wir definieren. Um den obigen Vorschlag aufzugreifen: Schönheit ist eine zahlenmäßige Ordnung in wahrnehmbaren Gestalten. Das Definiens (also jener Begriff, durch den in einer Definition etwas erklärt wird) dieser Definition lässt sich nun auch schönen Dingen zuschreiben: Eine schöne Statue hat eine Gestalt, die eine zahlenmäßig bestimmte Ordnung aufweist.[20] Allerdings wird die Statue dieses Definiens nicht perfekt aufwei-

20 Genau genommen unterscheiden sich die definitorische Aussage »Die Schönheit ist X« und die Aussage »Der schöne Gegenstand ist X« auch der prädikativen Form nach. Für die letztere Aussageform – es ist die gewöhnliche Prädikation – verwendet Platon verschiedene Ausdrücke, neben dem zuvor verwendeten »Gemeinschaft haben mit« in der folgenden Aussage auch »hat teil an« (»Der schöne Gegenstand hat teil an der Schönheit«).

sen: Manches wird nur näherungsweise einfachen Zahlenproportionen entsprechen, anderes überhaupt nicht. Darum ist die Statue dem Schönen nur »ähnlich«.[21]

Der Philosoph wird nun als jemand beschrieben, der beide »Sachen« zu unterscheiden und zu erkennen vermag. Wie verhält sich demgegenüber der Träumende? Man könnte meinen, der Träumende sei einer, der sich in seiner Traumwelt bewegt und gar nicht ahnt, dass es neben der Traumwelt noch eine reale Welt gibt (entsprechend: der sich mit den konkreten Dingen beschäftigt und nichts von den Eigenschaften an sich weiß). Doch ist die Beschreibung, die Sokrates gibt, etwas komplizierter. Der Träumende begeht den Fehler, etwas mit etwas anderem zu verwechseln: Er hält seinen Traum für die Realität. Das heißt: Der Träumende verfügt sehr wohl über die Begriffe von Traum und Realität, wendet sie jedoch falsch an, weil er die Traumwelt bereits für die Realität hält. Übertragen heißt dies: Der Schaulustige hat wohl eine Vorstellung von der Unterscheidung von Realität und Schein, er hält jedoch die Dinge, die er wahrnehmen kann, bereits für die Realität und erkennt nicht, dass es noch eine »andere Realität« gibt. Nochmals übertragen: Er erkennt wohl, dass es da Eigenschaften gibt, die an den Dingen vorkommen, er weiß jedoch nicht, dass man sich diesen Eigenschaften selbst zuwenden und sie

21 Die Erläuterung soll eine Schwierigkeit nicht verdecken: Schönheit wurde als eine Eigenschaft definiert, die nur wahrnehmbaren Dingen zukommen kann. Die Schönheit als Eigenschaft ist aber abstrakt und darum nicht wahrnehmbar. Insofern kann das Definiens der Eigenschaft und den schönen Dingen nicht in gleicher Weise zukommen. Sprachlich drückt sich das darin aus, dass Schönheit (identisch mit) eine(r) zahlenmäßig geordneten wahrnehmbaren Gestalt ist, während die Statue eine solche Gestalt *hat*. Letzteres drückt Platon dadurch aus, dass die Statue mit der Eigenschaft des Schönen »Gemeinschaft hat«.

getrennt von den Dingen, an denen sie vorkommen, erforschen kann.

Dass der Schaulustige wohl über das geeignete begriffliche Werkzeug verfügt, es aber nicht richtig anwendet, weil er einen bestimmten Gegenstandsbereich ignoriert, steht auch im Hintergrund der folgenden Erörterung zu Wissen und Meinung, die direkt an den Traumvergleich anschließt: Denn dem Träumenden werden die Meinungen, dem Philosophen das Wissen zugeordnet (476d 4 f.).

Für das Verständnis dieser auf den ersten Blick sehr komplizierten Argumentation ist es wichtig, sich vorab über das Explikationsziel klar zu sein, das Sokrates hier verfolgt. Man könnte meinen, es geht darum, den Unterschied zwischen Wissen und Meinung zu erklären – und zu zeigen, dass Philosophen sich durch Wissen auszeichnen (oder jedenfalls durch die Suche nach Wissen), während die Schaulustigen sich mit Meinungen begnügen. Das ist jedoch nicht ganz richtig. Vielmehr *setzt Sokrates voraus, dass der Schaulustige über die Begriffe von Wissen und Meinung verfügt* und auch zumindest eine Ahnung davon hat, dass beide Begriffe etwas Verschiedenes bezeichnen. Sokrates benutzt diese Unterscheidung nämlich dafür, um dem Schaulustigen klarzumachen, *dass Wissen und Meinung sich durch ihre Gegenstände unterscheiden* und dass darum Wissen eine Art von Gegenstand hat (nämlich die Eigenschaften selbst bzw. die Ideen), die dem Schaulustigen zunächst gänzlich unbekannt ist. So soll dem Schaulustigen Folgendes klar gemacht werden: Wenn er Wissen tatsächlich von Meinung unterscheiden möchte, dann muss er einen Gegenstandsbereich akzeptieren, der sich von den Gegenständen seiner Meinungen unterscheidet.

Ist diese Zielsetzung des Arguments einmal klar, dann ist zumindest seine grobe Struktur nicht mehr so schwer zu erfassen. Sokrates beginnt damit, dass er Glaukon bittet, die Rolle des Schaulustigen zu übernehmen. In dieser Bitte dürfte eine gewisse Ironie mitschwingen, denn Glaukon selbst ist noch weit davon entfernt, tatsächlich zu verstehen, was den Philosophen vom Schaulustigen unterscheidet, obgleich er die beiden Begriffe verwendet und auch glaubt, sie bezeichnen Verschiedenes.

Als nächstes baut Sokrates ein Schema auf, in dem verschiedenen epistemischen Zuständen jeweils Gegenstandsarten zugeordnet werden, nämlich dem Wissen das Seiende und dem Nichtwissen das Nichtseiende. Daraufhin formuliert er eine Hypothese: Angenommen, es gibt etwas, das zwischen Seiendem und Nichtseiendem liegt – dafür steht die merkwürdige Formel »etwas, das ist und nicht ist« (477a 6) –, dann müsste dieser mittleren Gegenstandsart doch auch ein eigener epistemischer Zustand entsprechen. Und hierfür kommt nur die Meinung in Frage. Damit ist der weitere Gang der Argumentation vorgezeichnet: Dass es so etwas wie Meinung gibt, wird vom Adressaten der Argumentation zugestanden, und ebenso, dass sie verschieden von Wissen ist. Damit muss ihr eine eigene Gegenstandsart entsprechen, und somit müssen auch die Gegenstände des Wissens der Art nach von den Gegenständen der Meinung verschieden sein.

Die dem Argument zugrunde liegende Konstruktion beruht natürlich auf einer Reihe von Voraussetzungen, von denen Sokrates im Folgenden einige anspricht. Zunächst ergeben sich aber ein paar unmittelbare Verständnisschwierigkeiten, die aus der Mehrdeutigkeit der Rede vom »Seienden« und »Nichtseienden« resultieren:

Was soll es bedeuten, dass der Gegenstand des Wissens etwas »Seiendes« ist – was dann noch zum »vollkommen Seienden« gesteigert wird? Es gibt drei Möglichkeiten: Es könnte sich erstens um etwas Existierendes handeln (»existentiales Sein«), zweitens um etwas, das wahr ist (»veritatives Sein«), oder drittens um etwas, das so und so beschaffen ist (das also F ist, wobei »F« hier einen Ausdruck vertritt, der für irgendeine Eigenschaft steht; da das »Sein« hier in Form der Prädikation auftritt (»ist F«), spricht man vom »prädikativen Sein«).[22]

Um zu überprüfen, welche der drei Möglichkeiten am besten passt, müssen wir allerdings nicht nur die Bestimmung des Gegenstands des Wissens in den Blick nehmen, sondern auch die Bestimmung der Gegenstände des Nichtwissens (das »Nichtseiende«) sowie die hypothetische Formulierung des mittleren Gegenstandsbereichs (»was ist und nicht ist«) – denn diese Hypothese sollte ja wenigstens verständlich sein. Gehen wir die drei Möglichkeiten der Reihe nach durch:

(i) Existentiales Sein: Der Gegenstand des Wissens würde etwas sein, das existiert. Der Gegenstand des Nichtwissens würde also etwas sein, das nicht existiert. So weit ist die Lesart akzeptabel – dass man von etwas, das es nicht gibt, auch nichts wissen kann, leuchtet ebenso ein, wie dass man nur von etwas wissen kann, das existiert. Für die Rede von etwas, das »existiert und nicht existiert«, gibt es dagegen keine sinnvolle Lesart.

(ii) Veritatives Sein: Der Gegenstand des Wissens würde etwas sein, das wahr ist; das entspricht der klassischen, schon von Platon erwogenen Definition des Wissens.[23] Der Gegenstand des Nichtwissens würde etwas sein, das falsch ist. Auch das ist plausibel. Der Gegenstand der Meinung würde etwas sein, das wahr und falsch ist. Obwohl diese Formulierung auf den ersten Blick paradox wirkt, ist sie nicht unverständlich. Denn es könnte gemeint sein, dass etwas für den einen Menschen wahr und für den an-

22 Zur Unterscheidung siehe Fine (2000).

23 Vgl. *Menon* 97e 2–98a und *Theätet* 187b 5 f. sowie 201c 8–d 1.

deren Menschen falsch oder dass etwas zu einer Zeit wahr, jedoch zu einer anderen Zeit falsch ist. Nun könnte man meinen, dass man die Qualifikationen »für den einen – für den anderen« oder »zu einer Zeit – zu einer anderen Zeit« nicht unter den Tisch fallen lassen darf. Logisch gesehen ist das richtig. Unter der Voraussetzung jedoch, dass man daran interessiert ist, wie ein Gegenstand wirklich beschaffen ist, sich die Auskünfte aber darauf beschränken, dass er zu einer Zeit oder für den einen so, zu einer anderen Zeit oder für einen anderen nicht so ist, hat man nur die Wahl, entweder auf die Beschreibung des Gegenstands, wie er wirklich ist, zu verzichten, oder die paradoxe Beschreibung hinzunehmen.

(iii) Prädikatives Sein: Der Gegenstand des Wissens würde dann eine bestimmte Eigenschaft haben. Und das ist akzeptabel, denn nur etwas, das durch Eigenschaften bestimmt ist, kann auch Gegenstand von Wissen sein. Der Gegenstand des Nichtwissens würde eine bestimmte Eigenschaft nicht haben. Warum sollte das ein Problem sein, das Wissen unmöglich macht? Kann es denn nicht auch zum Wissen gehören, dass ein Gegenstand nicht F ist – dass beispielsweise die Erde nicht die Eigenschaft hat, eine Scheibe zu sein? Das ist sicherlich so, doch könnte man weiter argumentieren, dass die Aussage »Die Erde ist keine Scheibe« nur darum Bestandteil unseres Wissens ist, weil sie in einer anderen, positiven Aussage gegründet ist, nämlich in der Aussage, dass die Erde (mehr oder weniger) eine Kugel ist und dass nichts zugleich eine Kugel und eine Scheibe sein kann. Bestünde die einzige Information, die wir hätten, darin, dass die Erde eine bestimmte Eigenschaft *nicht* hat, dann bliebe die Erde nahezu unbestimmt (dass sie keine Scheibe ist, lässt offen, ob sie eine Kugel, ein Band, eine formlose wabernde Masse oder vielleicht gar kein Körper in Raum und Zeit ist). Kurzum: Man könnte sagen, dass Wissen immer eine positive Bestimmung voraussetzt, und dass das bloße Absprechen einer Bestimmung (also die Aussage, dass etwas nicht F ist) darum kein Wissen sein kann.

Bleibt die Beschreibung des mittleren Falls: Gibt es Dinge, die eine Eigenschaft F haben und zugleich nicht haben können? Man kann hier an die Überlegungen zum veritativen Sein anschließen: Es könnte durchaus sein, dass bestimmte Gegenstände aus der einen Perspektive so und aus der anderen nicht so erscheinen.

Somit ist festzuhalten: Bei dem »Seienden«, von dem hier die Rede ist, könnte es sich plausiblerweise um ein veritatives oder ein prädikatives Sein handeln. Beide sind eng miteinander verknüpft, da eine falsche Meinung von etwas, das ist, sagt, dass es nicht ist, bzw. von etwas, das nicht ist, sagt, dass es ist.[24]

Als nächsten Schritt in seiner Argumentation versucht Sokrates, den Unterschied zwischen Wissen und Meinung zu präzisieren. Er lässt sich vom Adressaten des Arguments (für den Glaukon spricht) bestätigen, dass es die »Meinung« gibt (477b 4). Was ist das aber für eine Art von Ding? Die Antwort schiebt Sokrates der nächsten Frage unter: Sie ist, ebenso wie das Wissen, ein Vermögen bzw. eine Fähigkeit (*dynamis*, b 6). Sokrates nimmt die nächste These, die er braucht (dass nämlich jedes dieser Vermögen einen eigenen Gegenstand hat)

24 Auch die merkwürdige Steigerung des Seienden zu einem »vollkommen Seienden« (477a 3) lässt sich mit diesen Lesarten vereinbaren, sofern man das »vollkommen Seiende« als eines auffasst, dass unter keinen Umständen – aus keiner Perspektive, zu keiner Zeit usw. – falsch bzw. nicht F sein kann.

schon vorweg, holt dann aber nochmals zu einer längeren Erläuterung aus:

Wie nämlich unterscheiden sich zwei Vermögen? Ein Vermögen, so Sokrates' eigener Vorschlag, sei dadurch bestimmt, auf was es sich richtet und was es bewirkt – durch seinen Gegenstand *und* seinen Effekt also (477d 1 f.). Wie können sich Wissen und Meinung dementsprechend unterscheiden? Glaukon bringt ein Unterscheidungsmerkmal ins Spiel, das offensichtlich die Wirkung betrifft: Wissen als Vermögen erzeugt etwas, das unfehlbar ist (wir nennen dieses Produkt ebenfalls »Wissen«), Meinung erzeugt dagegen etwas, das fehlbar ist (477e 7 f.). Für Sokrates reicht dies, um zu schließen, dass Wissen und Meinung tatsächlich verschiedene Vermögen sind und dass sie deshalb auch verschiedene Gegenstände haben müssen (478a 1–6). Dieser zweite Schluss ist allerdings nicht korrekt: Zwar müssen Meinung und Wissen dann verschiedene Vermögen sein, wenn sie verschiedene Effekte haben: Von der Differenz in diesem einem Merkmal darf man jedoch nicht auf die Differenz im anderen Merkmal schließen, denn sie könnten als verschiedene Vermögen schließlich auch am gleichen Gegenstand verschiedene Effekte zeitigen.

Für Sokrates ist jedoch die Konklusion, dass Wissen und Meinung verschiedene Gegenstände haben, genau das, was er für seine eigentliche Argumentation braucht. Denn hieraus folgt, dass die Meinung einen anderen Gegenstand als das Seiende haben muss (478b 3 f.). Das Nichtseiende kann es nicht sein. Dies leuchtet ein, denkt man an die veritative und die prädikative Lesart: Meinungen sind ja nicht immer falsch; und in Meinungen werden Dinge durchaus positiv bestimmt. Umständlich und ohne eigentliches Argument wird auch noch die Möglichkeit ausgeschlossen, dass der Gegenstand des Meinens jenseits von Wissen und Nichtwissen zu finden sei (478c 9–14), so dass nur übrig bleibt, dass er zwischen beiden liegt. Die räumliche Terminologie dient hier natürlich nur als Metapher, um auf jene Bestimmung hinzuführen, die schon in der eingangs formulierten Hypothese verwendet wurde: dass es einen Gegenstand geben könnte, der ist und nicht ist (478d 5–10).

Damit ist aber das wichtigste Ziel von Sokrates' Argument erreicht. Hatte Sokrates zuvor nur *postuliert*, dass es einen solchen Gegenstand geben könnte, glaubt er, dies nun *bewiesen* zu haben: Daraus, dass die Meinung einen eigenen Gegenstand braucht, und daraus, dass es die Meinung als Vermögen gibt, folgt, dass es solche Gegenstände tatsächlich gibt.

Bleibt zu fragen, um welche Gegenstände es sich dabei handeln könnte (478e 1–6). Zur Erläuterung, wie etwas eine Eigenschaft F haben und zugleich nicht haben kann, hatte ich darauf verwiesen, dass ein Ding aus der einen Perspektive oder zur einen Zeit F, aus einer anderen Perspektive oder zu einer anderen Zeit nicht F sein könnte (Sokrates erinnert an solche widersprüchlichen Bestimmungen in 479a 5–7)[25]. Bei welcher Art von Gegenständen kann so etwas vorkommen? Die Antwort ist leicht: Es müssen Gegenstände sein, aus deren Beschaffenheit hervorgeht, dass sie aus verschiedenen Perspektiven erfasst werden können oder zu verschiedenen Zeiten existieren. Ersteres gilt für wahrnehmbare Gegenstände: Denn Wahrnehmung findet immer von einem Standpunkt aus statt,

25 Es mag irritieren, dass unter den widersprüchlichen Eigenschaften auch relationale Eigenschaften wie »das Doppelte« oder »das Große« auftauchen (479b 2–7). Der entscheidende Punkt liegt hier darin, dass diese Eigenschaften von einem bestimmten Maßstab abhängig sind und dieser Maßstab wieder eine Perspektive bildet. Was aus der Perspektive des einen Maßstabs doppelt so groß ist, ist aus der Perspektive des anderen Maßstabs halb so groß. Wichtig ist allerdings, dass sich diese Maßstäbe nicht zu einem einheitlichen Maßsystem vereinheitlichen lassen.

d. h. es gibt keinen Standpunkt, von dem aus man eine Sache in ihrer Gänze wahrnehmen könnte. Letzteres gilt für Gegenstände, die sich verändern, insbesondere für solche, die entstehen und vergehen. Ihnen ist die Zeitbestimmung wesentlich. Die Gegenstände der Meinung sind also genau die konkreten, wahrnehmbaren Gegenstände, von denen schon im Zusammenhang mit dem Schaulustigen die Rede war. Nun ist das für den Adressaten des Arguments keine überraschende Feststellung und sollte es auch nicht sein: Er soll sich in diesem Ergebnis wiederfinden. Wozu er aber durch das Argument gebracht werden soll, ist Folgendes: Er soll akzeptieren, dass das Wissen einen anderen Gegenstand hat als die konkreten, wahrnehmbaren Gegenstände, und ferner – da er ja akzeptiert, dass Wissen möglich ist –, dass es solche anderen Gegenstände auch geben muss. Diese anderen Gegenstände aber sind die Ideen.

Die kurze Passage von 476d–480a wird oft zu den wichtigsten Passagen der *Politeia* und in Platons Werk überhaupt gezählt, da man meint, hier eine der wenigen genaueren Darlegungen einer platonischen »Ideenlehre« vor sich zu haben. Aus Platzgründen kann ich hier weder die Kontroversen um den Status dieser »Ideenlehre« noch die verschiedenen Interpretationen der Passage im Detail vorstellen, doch sei wenigstens auf zwei wichtige Streitpunkte hingewiesen:

(i) Eine Kontroverse dreht sich um die Frage, wie sich die Gegenstände von Wissen und Meinung zueinander verhalten. Anhänger einer sogenannten »Zwei-Welten-Interpretation«[26] der Ideenlehre vertreten die Meinung, dass Ideen und konkrete Dinge zwar in ähnlicher Weise Gegenstände, dass diese Gegenstände aber von völlig verschiedener Art sind und daher ganz eigene epistemische Zugänge erfordern.[27] Es besteht nach

26 Vgl. dazu Graeser (1991).

27 Dass Platon die Ideen konkreten Dingen angeglichen habe, ist ein

dieser Lesart kein Übergang zwischen Wissen und Meinung, sondern eher ein radikaler Wechsel der epistemischen Einstellung: Weder gibt es Meinungen von Ideen noch Wissen von konkreten Gegenständen.

Nach der hier entwickelten Lesart lässt sich diese strikte Trennung der Gegenstände von Wissen und Meinung nicht aufrechterhalten. Denn vorausgesetzt, dass Ideen Eigenschaften sind, haben Wissen und Meinung die Eigenschaften als gemeinsamen Gegenstand, unterscheiden sich aber im Zugang zu diesem Gegenstand. *Meine* ich, Polyklets Statue des Doryphoros sei schön, so habe ich einen Zugang zur Eigenschaft der Schönheit, der sich sprachlich in einer gewöhnlichen Prädikation ausdrückt, in der die Eigenschaft durch den *Prädikatausdruck* vertreten wird. Glaube ich jedoch zu *wissen*, dass Schönheit eine zahlenmäßige Ordnung sei, habe ich einen anderen Zugang zur Schönheit, der in einer Definition besteht, deren *Subjektausdruck* für die Schönheit steht. Für die gewöhnlichen Prädikationen verwendet Platon Formulierungen wie »Gemeinschaft mit den Schönen« oder »Teilhabe am Schönen« (476a 7, c 8): Die Statue hat teil an oder Gemeinschaft mit dem Schönen. Solche Formulierungen können zu dem Eindruck verleiten, dass Eigenschaften hier vergegenständlicht werden, doch werden diese Formulierungen viel zu beiläufig eingeführt, als dass sie dafür geeignet wären, eine so weitreichende ontologische These zu tragen. Näher liegt es daher, sie als Metaphern aufzufassen, mit denen Platon die gewöhnlichen Prädikationen von definitorischen Aussagen abgrenzen möchte. Ein Übergang von Meinungen zu Wissen erfordert zwar einen Wechsel zu einer anderen Art von Aussagen, aber er ist insofern möglich, als sich die Verhältnisse zwischen Eigen-

Vorwurf, der auf Aristoteles zurückgeht. Vgl. *Metaphysik* Buch I, Kap. 9.

schaften, die eine Definition ausdrückt, auch an den konkreten Dingen wiederfinden lassen (wenn auch in eingeschränkter oder unvollkommener Form, denn konkrete Dinge sind eben nie nur schön).

Die Auffassung, dass Ideen ähnlich wie konkrete Dinge Gegenstände seien, lässt sich nach dieser Lesart nur insofern aufrechterhalten, als Ideen – ebenso wie konkrete Dinge – Einheiten sind. Die Art der Einheit ist jedoch eine ganz andere als bei konkreten Dingen. Konkrete Gegenstände sind raumzeitliche Einheiten. Die Einheit einer Eigenschaft kommt darin zum Ausdruck, dass sie im Verhältnis zu anderen Eigenschaften bestimmbar und von diesen abgrenzbar ist. Gegen die Zwei-Welten-Lesart spricht auch noch ein anderer Punkt: Sokrates betont in der *Politeia*, dass seine Ansichten über Gerechtigkeit oder das Gute bloße Meinungen seien (z. B. 506c). Es muss also möglich sein, über den Gegenstand des Wissens auch Meinungen zu haben.[28]

28 Man könnte zweifeln, ob die oben vorgestellte Lesart diese Möglichkeit zulässt: Denn Sokrates erklärt die Unterschiede in der Sicherheit von Meinungen und Wissen aus der Beschaffenheit von Ideen bzw. konkreten Dingen. Wie kann es dann trotzdem Meinungen – die schwanken können und perspektivengebunden sind – über Ideen geben, die doch unveränderlich und nicht perspektivengebunden sind? Die Antwort ist nicht schwer zu finden: Auch die Bestimmung eines Begriffs geschieht ja zunächst von einer Perspektive aus. Das erste Buch der *Politeia* führt dies vor. Zwar kann man sich allmählich aus dieser Perspektive herausarbeiten – nicht zuletzt, indem man sie mit anderen Perspektiven abgleicht, so wie im ersten Buch die bürgerliche und die sophistische Perspektive ins Spiel gebracht wurden. Solange man sich jedoch nicht sicher sein kann, alle Perspektiven überwunden zu haben, bleibt jede Definition immer eine Meinung. Bei Ideen ist es jedoch grundsätzlich möglich, die Perspektivengebundenheit zu überwinden, denn sie

(ii) Ein anderer strittiger Punkt in der Interpretation ist der oben notierte Fehlschluss in dem zentralen Argument, das zeigen soll, dass Meinungen sich durch ihren Gegenstand vom Wissen unterscheiden. Ist dieser Fehler Platon bloß aus Versehen unterlaufen, oder wurde er von Platon absichtlich eingesetzt, sozusagen »inszeniert«, um den Leser auf irgendetwas aufmerksam zu machen? Sokrates' Argumentation bleibt in dieser Passage auffällig unvollständig. Der entscheidende Hinweis zur Ergänzung stammt von Glaukon (477e 7 f.), und wiederum nicht in Form einer Behauptung, sondern in Form einer Frage (»Wie könnte denn ein Mensch, der Verstand hat, das Unfehlbare je dem Nichtunfehlbaren gleichsetzen?«), die zwar eine negative Antwort (»Niemand könnte das«) nahelegt, der grammatischen Form nach aber auch eine positive Antwort zulässt. Laut Theodor Ebert werde in der ganzen Passage von Sokrates nirgends behauptet, dass Wissen und Meinung zwei verschiedene Vermögen seien.[29] Sollte diese Unterscheidung tatsächlich nicht gemeint sein, würde damit jedoch die Funktion der gesamten Argumentation unklar. Nach der hier vorgestellten Lesart geht es ja darum, mittels der bereits akzeptierten Unterscheidung von Wissen und Meinung deutlich zu machen, dass es neben den konkreten Dingen noch einen anderen Gegenstand der Untersuchung gibt. Und dies trägt wie-

ist nicht ontologisch begründet. Bei konkreten Dingen ist dies anders: Hier ist es aufgrund der Beschaffenheit des Gegenstands unmöglich, einen perspektivenfreien Zugang zum Gegenstand zu gewinnen.

29 Zwei Antworten Glaukons, nämlich dass Wissen das stärkste aller Vermögen sei (477e 1) und dass Wissen und Meinung sich durch Fehlbarkeit und Unfehlbarkeit unterscheiden (477e 7 f.), deutet Ebert als Hinweise darauf, dass Wissen und Meinung zwei verschiedene Zustände ein und desselben Vermögens seien; vgl. Ebert (1974), S. 124.

derum zur Charakterisierung des Philosophen bei, die ohne Zweifel Ziel der gesamten letzten Seiten von Buch V ist.

Der Wortlaut des Arguments lässt nichts anderes als die Diagnose eines Fehlschlusses zu. Der Sache nach ist sie vielleicht vermeidbar, wenn man die unterschiedliche Wirkung von Wissen und Meinung (Unfehlbarkeit vs. Fehlbarkeit) aus den Unterschieden der Gegenstände herleitet – so wie in der Erörterung von Punkt (i) bereits angedeutet wurde. Eine solche Lesart hat Gail Fine entwickelt. Fine greift die veritative Lesart von »sein« auf.[30] Die Gegenstände von Wissen und Meinung sind damit Mengen von Aussageinhalten bzw. Propositionen.[31] Die unterschiedlichen Eigenarten der beiden Vermögen (Fehlbarkeit vs. Unfehlbarkeit) lassen sich aus solchen Gegenständen folgendermaßen ableiten: Aus der Definition von Wissen, auf die Fine sich hier stützt,[32] folgt, dass Wissen immer wahr ist. Meinungen können dagegen *per definitionem* wahr oder falsch sein.[33] Auch der Übergang von Meinungen zu Wissen lässt sich leicht erklären: Wenn eine Meinung wahr ist und wenn eine Begründung hinzutritt, dann wird sie zu Wissen.

Diese Lesart vermag den Fehlschluss auszuräumen, dies jedoch um den Preis der Einebnung des formalen Unterschieds zwischen Meinungen über konkrete Dinge und Definitionen über Ideen – ein Unterschied, der in der hier entwickelten Lesart eine zentrale Rolle spielt und der gut zu der zuvor beschriebenen Differenz in der Einstellung zwischen Schaulustigem

30 Siehe S. 155.

31 Damit ist gemeint, was sich als Fortsetzung zu einem Satz »ich weiß, dass …« bzw. »ich meine, dass …« eignet.

32 Es ist die klassische, auch von Platon erwogene Definition von Wissen als »wahrer gerechtfertigter Meinung« (siehe S. 155, Anm. 23).

33 Fine (1990), S. 88.

und Philosophen passt. Eine in allen Hinsichten befriedigende Lesart der Passage steht also noch aus.

Die Philosophen und der Staat, oder: Wer ist ein Philosoph? (484a–504a)

Buch VI beginnt mit Sokrates' Feststellung, durch ein »langes Gespräch« sei nun endlich klar geworden, was ein Philosoph ist (484a 1–3). Tatsächlich ist die Passage von 474b–480a recht kurz, und die Länge mag eher eine »gefühlte« Länge sein, bedingt durch die Fremdheit des Gegenstands und die Schwierigkeit der Argumentation.

Doch die Aufmerksamkeit, die die Passage auf sich zieht, ist verdient, denn im Aufbau der *Politeia* nimmt sie eine Schlüsselrolle ein und steht sicher nicht zufällig genau in der Mitte des Werks: Denn nun erst lässt sich auf soliderer Basis über den Aufbau des Staates und der Seele wie auch über die Gerechtigkeit sprechen. Auch wenn Sokrates das erreichte Ergebnis wiederum einschränkt, ist doch nun ein spezifisches Merkmal der Herrscher ins Spiel gekommen, das ihren Anspruch auf und die Art ihrer Herrschaft erhellt: Als Philosophen beschäftigen sie sich mit unveränderlichen Dingen (484b 5) und haben daher im Idealfall Wissen, d. h. Überzeugungen, die zeitlich stabil und situations- sowie perspektivenunabhängig sind.

Sokrates verwendet an dieser Stelle nochmals die Figur des Wächters, um den Herrscher zu charakterisieren, und man kann nun schön sehen, was Herrscher von den früher charakterisierten Wächtern unterscheidet: Solche, die allein durch Erziehung hartnäckig an dem festhalten, was ihnen als Kindern eingepflanzt wurde, bewahren zwar, tun dies jedoch ohne Grund. Das hat zwei negative Konsequenzen: Erstens ist derjenige, der nicht weiß, warum er etwas bewahrt, auf den Buchstaben des Gesetzes festgelegt, das er nicht flexibel handhaben darf. Denn der »Geist« des Gesetzes, der Anpassungen erlaubte, ist ihm unbekannt. Zweitens hängt das Bewahren allein an der Stabilität des Charakters, und da es nichts gibt, an dem ein ins Schwanken und Zweifeln gekommener Charakter sich ausrichten könnte, ist diese Stützung nicht gegen alle Krisen gefeit.

Der philosophische Herrscher dagegen kennt die Prinzipien (die Definitionen von Gerechtigkeit und all der anderen Eigenschaften, die ein guter Staat aufweisen muss), aus denen sich die Gesetze speisen: Sein Wissen der Definitionen ist bei ihm der Grund der Stabilität. Er kann daher Gesetze immer wieder auf diese Prinzipien zurückführen und gegebenenfalls neu ausrichten; und er kann, falls er ins Zweifeln gerät, den Weg der Erkenntnis neu beschreiten: Da dieser Weg zu Gegenständen führt, die unveränderlich sind, wird der zweifelnde Herrscher immer wieder zu denselben Resultaten geführt werden (484c 4–d 9).

Will man sich nun der Frage zuwenden, wer denn Philosoph ist und wer folglich herrschen soll, ist ein Punkt im Auge zu behalten, den ich zuvor schon kurz erwähnt habe: nämlich die Diskrepanz zwischen den tatsächlichen Philosophen, die in einem Staat groß geworden sind und leben, der von einer idealen Verfassung weit entfernt ist, und dem Ideal des Philosophen, der nicht mehr nach Wissen *sucht*, sondern über Wissen *verfügt* (und insofern streng genommen kein *Philo*soph mehr ist).

Das Gespräch schwankt hier. Die Antwort auf die Frage, was ein Philosoph sei, die Sokrates in Buch V gibt, endet mit einer emphatischen Betonung der *Liebe* zur Weisheit.[34] Sie

34 Das in 480a 11 gebrauchte Wort ist *aspazesthai*; seine Grundbedeutung lautet »etwas freundlich begrüßen, willkommen heißen«.

impliziert, dass man noch auf dem Weg zur Weisheit ist. Am Ende des Gespräch mit Glaukon über die Charaktereigenschaften eines Philosophen in Buch VI (485a–487a) spricht Sokrates aber von Männern, die »vollendet in Erziehung und gereift an Alter« sind, und fragt, ob man ihnen die Stadt anvertrauen soll (487a 7f.). Diese Frage bleibt ohne Antwort, denn Adeimantos schaltet sich ein und fordert eine Art von »reality check«: Was ist eigentlich mit den Philosophen, die einem tatsächlich begegnen? Entweder sind sie verdorben oder solche Sonderlinge, dass man mit ihnen nichts anfangen kann (487b–d) – so jedenfalls die landläufige Meinung, der Sokrates nicht widerspricht.

Sokrates erörtert die beiden von Adeimantos aufgeworfenen Punkte nacheinander, beginnend mit dem zweiten. Dazu benutzt er ein »Bild« (*eikôn*, 487e 5), das in Gestalt der Metapher vom »Staatsschiff« Karriere gemacht hat (487e 4–489d 10).[35] Ein Schiff hat einen Eigner, doch der Eigner taugt nicht zum Schiffsführer. Wen bestimmt er zum Schiffsführer? Denjenigen, der über die Seefahrt Bescheid weiß, möchte man meinen, doch Platon skizziert eine Situation, in der sich so jemand nicht durchsetzen kann, da seine Kunst zu umständlich ist bzw. zu viel mit vermeintlich irrelevanten Dingen wie der Beobachtung von Wetter und Gestirnen befasst ist. Um die Führung des Schiffs entspringt vielmehr ein Wettkampf unter den Matrosen, in dem ganz andere Fähigkeiten entscheiden, etwa die Fähigkeit, die Gegner auszustechen und den Schiffseigner zu manipulieren.

Einiges in diesem Bild erinnert an die Verfassung eines demokratischen Staats, so wie Platon ihn sah: Dem Schiffseigner entspricht das Volk, den Matrosen eine Gruppe von Leuten,

35 Der Vergleich stammt nicht von Platon; bereits Aristophanes verwendet ihn (*Wespen*, Vers 29).

die sich um Meinungsführerschaft und Macht bemühen – ein Kampf, in dem Sachkompetenz eher hinderlich ist, da der Souverän, das Volk, gar nicht zwischen Wissen und Meinung zu unterscheiden vermag. Für Adeimantos genügt dieses Bild, um klarzumachen, warum der wahre Philosoph in solchen Kreisen als unnütz erscheint und keine Chance hat, sich im Kampf um die Herrschaft durchzusetzen. Die Schuld liegt also nicht bei den Philosophen, sondern bei der Gesellschaft.

Allerdings ist das Bild nicht ganz so passend, wie es scheint. Der Schiffsführer bestimmt normalerweise nicht das Ziel der Fahrt, sondern nur, *wie* gefahren wird. Herrscher dagegen legen die Ziele, die der Staat anstrebt, und nicht nur die Art und Weise der Ausführung fest (es wird sich bald zeigen, dass auch den Philosophenherrschern keine derart untergeordnete Rolle zugedacht ist). Ferner ist zu fragen, ob Sachkompetenz und politisches Durchsetzungs- und Überzeugungsvermögen tatsächlich einander ausschließen. Von einem Kapitän erwartet man schließlich neben seemännischen Kompetenzen auch Fähigkeiten in der Menschenführung. Sollte man also nicht auch von einem Philosophen erwarten dürfen, dass er in die Mechanismen von Überredung und Verführung genügend Einblick hat, um seine Gegner auch auf diesem Gebiet schlagen zu können? Oder sollte es im Wesen des Wissens liegen, nicht bloß schwer zu erwerben, sondern in seiner bloßen Eigenart auch schwer zu vermitteln zu sein?

Adeimantos' erste Frage, warum die meisten derjenigen, die gegenwärtig als Philosophen auftreten, schlechte Menschen sind, beantwortet Sokrates wieder mit einem Rekurs auf die Erziehung (489d 11–497a 8). Der Schlüssel zur Lösung liegt darin, dass die Anlagen eines philosophischen Menschen nicht mit den Eigenschaften identisch sind, die jenen Philosophen ausmachen, der herrschen soll, sondern noch einer bestimmten Entwicklung bedürfen. Wenn man unter diesen Anlagen etwa intellektuelle Begabungen wie schnelle Auffassungsgabe, ein gutes Gedächtnis und Hartnäckigkeit versteht, kann man daraus einen Begriff von »Philosoph« gewinnen, der geeignet ist, die Menge derjenigen zu erfassen, die durch ihre geistigen Fähigkeiten gegenüber anderen Menschen hervorstechen. In diesem Sinne sprechen Adeimantos und Sokrates über diejenigen, die gegenwärtig als Philosophen gelten.

Doch die bloße Ausübung solcher Fähigkeiten reicht nicht hin, um zu einem Philosophen in Sokrates' Sinn zu werden. Dazu muss eine strikte Orientierung auf Wahrheit hinzukommen, die sich durch nichts ablenken lässt (490a 1, a 8–b 8). Genau diese Orientierung ist aber nicht selbstverständlich, und das in Buch IV eingeführte Seelenteilungsmodell hilft zu verstehen, warum dies so ist. Denn alle Seelenteile sind mit eigenen Bedürfnissen und Zielen ausgestattet, die die Orientierung auf Wahrheit, die Ziel des Verstandes ist, übertrumpfen können. So ist Sokrates' Aussage zu verstehen, dass eine Eigenschaft wie die Tapferkeit auch eine Seele, die philosophisch veranlagt ist, von der Philosophie abziehen kann (491b 8 ff.): Gesetzt den Fall, dass die Gesellschaft, in der eine solche Seele aufwächst, Ruhm hochschätzt und dessen Erringung verspricht, wird sich diese Seele mit all ihren Fähigkeiten dem Gewinn und der Steigerung von Ruhm zuwenden. Eine solche Seele ist aber ungerecht, denn in ihr tun weder der *thymos* noch der Verstand das, was sie tun sollen: Der Erste herrscht, der Zweite dient. Eine solche Seele wird darum schlecht sein, und je höher die intellektuellen Fähigkeiten, desto perfekter wird sie in dieser Schlechtigkeit.

Gute Anlagen allein sind also nicht hinreichend, damit sich eine philosophische Natur zum Philosophen entwickelt: Es muss vielmehr die richtige Umgebung hinzukommen. Das gilt ganz besonders für die Erziehung. Sokrates' Schilderung der gegenwärtigen Umstände, die eindeutig auf demokratische

Verhältnisse anspielen, lässt wenig Hoffnung. Es entsteht ein Teufelskreis: Solange die Verfassung nicht geeignet ist, werden sich keine Philosophen entwickeln. Und solange sich keine Philosophen entwickeln, wird es keine besseren Verfassungen geben.

Wie kann man diesen Teufelskreis durchbrechen? Sokrates gibt unterschiedliche Signale. Zunächst klingt er sehr pessimistisch: Es könne überhaupt nur äußerer Einfluss helfen, wie jene »göttliche Stimme«, die Sokrates abgeraten hatte, in die Politik zu gehen[36] (und so dafür gesorgt hat, dass das politische Geschäft ihn nicht von der Philosophie abbringen konnte). Doch sei das der »Erwähnung nicht wert« (496c 3f.), und überhaupt habe ein Einzelner gegen eine Gesellschaft, die ihn ablehnt, ohnehin keine Chance (496d). Dann aber ändert er den Tenor und meint, es sei doch nicht unmöglich, dass ein Einzelner – einer von denen, die für unbrauchbar gehalten werden – in eine Situation komme, in der er sich um eine Stadt kümmern muss, und sich auch beim Volk durchzusetzen vermag (499b und e; vgl. auch 502b 3f.). Auch stellt er wieder Überlegungen zu einer Erziehungsreform an (498a–c). Man mag hinter diesem Sinneswandel einen Wechsel der Personen vermuten, an denen sich der Autor Platon orientiert, einerseits Sokrates, der gescheitert ist, andererseits Platon selbst, der zeitweise glauben durfte, in Syrakus eben eine solche Gelegenheit gefunden zu haben, in der er als Philosoph auf die Politik Einfluss nehmen konnte: Zusammen mit seinem Freund Dion versuchte er nämlich, dort Einfluss auf den Tyrannensohn Dionysos II. zu nehmen und vielleicht sogar einen Staat nach dem Ideal der Philosophenherrschaft einzurichten. Doch war Dionysios II. zu einer Staatsreform entweder nicht in der Lage oder wollte diese gar nicht durchsetzen. Dion selbst griff

36 Vgl. *Apologie* 31d.

im Geplänkel um die Macht zu konspirativen Mitteln und wurde verbannt.[37]

Ebenso kann man sich jedoch auch an die Gesprächssituation erinnern. Denn was tut Sokrates hier? Allem Pessimismus zum Trotz bemüht Sokrates sich darum, zwei junge Leute davon zu überzeugen, dass der Gerechte glücklich ist und dass man Philosoph sein sollte, um wahrhaft gerecht zu werden. Es ist also letztlich der Einstieg in eine philosophische Erziehung, der dem Leser hier vorgeführt wird, und zu dem der Leser eingeladen wird.

37 Zu Platons sizilianischen Abenteuern (die letztlich gleichfalls scheiterten) siehe sein *Siebter Brief*.

Buch VI–VII: Das Gute und die drei Gleichnisse

Der höchste Lehrgegenstand: Das Gute (504a–509c)

Nochmals leitet das Thema der Erziehung zum nächsten großen inhaltlichen Schritt über, und wiederum ist es nicht nebensächlich oder zufällig, dass dieser Schritt aus der Perspektive der Erziehung heraus angegangen wird. Es geht nun um die »höchsten Lehrstücke« (*megista mathêmata*), an denen diejenigen geprüft werden sollen, die sich als philosophische Herrscher qualifizieren sollen. Was denn nun diese »höchsten Lehrstücke« seien, möchte Adeimantos wissen (504a 2 f.). So nachvollziehbar seine Neugier ist: Aus ihr spricht auch eine Naivität, die für das folgende Gespräch von Bedeutung ist. Was für eine Art von Antwort erwartet Adeimantos hier? Er kann nicht ernsthaft verlangen, dass Sokrates ihm darlegt, was nur einigen wenigen, besonders begabten Naturen zugänglich werden soll, nachdem sie einen harten Prüfungs- und Auswahlprozess durchlaufen haben. Möchte er also eine Art von Kurzfassung haben? Vermutlich. Kann man jedoch etwas in Kurzfassung verstehen, dessen ausführliche Version den eigenen Verständnishorizont weit übersteigt? Sokrates reagiert denn auch mit der Erinnerung, dass er schon früher (nämlich in 435d, zum Abschluss der Bestimmung der Tugenden in der Stadt) den Gang der gemeinsamen Untersuchung als ungenügend kritisiert hatte – es mangele ihm an »Genauigkeit« (504b 5) – und dass es einen »längeren Weg« gebe, den man beschreiten müsse, um »diese Dinge« klar zu erkennen. Adeimantos und sein Bruder waren damals aber zufrieden, und sie sind es auch jetzt (504b 8). Diese Zufriedenheit stammt aus der gleichen Quelle wie die eingangs beschriebene Naivität: Dass die beiden Brüder das, was sie vorfinden, für angemessen halten, liegt daran, dass sie sich einen anderen Weg gar nicht vorstellen können. Ihnen fehlt ein Maßstab, an dem sich erkennen ließe, in welcher Weise das Vorhandene unzulänglich ist. Adeimantos fragt nach den »höchsten Lehrstücken« und erwartet eine Antwort von der Art, wie er sie im Falle der Tugenden von Sokrates erhalten hat, nämlich eine Definition der Form »Das höchste Lehrstück ist F, G und H«. Die Möglichkeit, dass das höchste Lehrstück auf diese Weise nicht definierbar sein könnte, kommt ihm gar nicht in den Sinn. Sokrates ahnt diese Möglichkeit dagegen zumindest (tatsächlich behauptet er nirgends, den »längeren Weg« bis zum Ende gegangen zu sein), und so ist das folgende Gespräch von einem grundlegenden Missverständnis durchzogen: Adeimantos insistiert, denn er möchte wissen, was die höchsten Lehrstücke sind (504d 4 f., e 3–5, 506b 2–4). Sokrates verweigert die Antwort, und zwar nicht, weil es sich um ein Geheimwissen handelte, das er zwar preisgeben könnte, aber nicht preisgeben will: Mehrfach betont er seine eigene Unwissenheit (506c 2 f., 506e 1). Seine Weigerung liegt eher darin begründet, dass die Antwort von einer Art sein müsste, die Adeimantos und Glaukon, und vielleicht er selbst, nicht verstehen könnten.

Die Situation lässt sich recht gut unter Zuhilfenahme der sokratischen Formel vom »Wissen des Nichtwissens« beschreiben: Adeimantos meint zwar zu *wissen, dass er nicht weiß, welches* die höchsten Lehrstücke sind. Tatsächlich *weiß er nicht, dass er nicht weiß, von welcher Art* die höchsten Lehrstücke sind. Sokrates dagegen *weiß, dass er nicht weiß, von welcher Art* die höchsten Lehrstücke sind. Dieses Wissen genügt, um die Art von Antwort, die bislang gegeben wurde, als möglicherweise ungenügend einzustufen. Dass Adeimantos hier einem Nichtwissen des Nichtwissens unterliegt, zeigt sich auch in der Unbefangenheit, mit der er Sokrates bittet, doch seine Meinung darzulegen (506b 9, c 2 f.): Eigentlich sollte ihm klar sein, dass derjenige, der Meinungen äußert, Gefahr läuft, den Gegenstand zu verfehlen. Um diese Möglichkeit jedoch auch hier in Erwägung zu ziehen, müsste er eine Vorstellung davon haben, wie man den Gegenstand noch anders verfehlen könnte, als indem man konkrete Dinge und Ideen verwechselt (auf diese Art von Verwechslung war er am Ende von Buch V aufmerksam gemacht worden).

Dass Platon so deutlich inszeniert, wie Sokrates und Adeimantos aneinander vorbeireden, dürfte als eine Warnung an den Leser gemeint sein. Ganz ohne Auskunft sollen aber weder Adeimantos noch der Leser bleiben. In der Tat ist es schwierig, als Interpret die Warnung nicht in den Wind zu schlagen. Was soll man denn anderes tun als zu versuchen, dem Text irgendwie eine Antwort auf die Frage zu entnehmen, was die »höchsten Lehrstücke« seien? Man kann lediglich versuchen, sich vor Adeimantos' Naivität zu hüten und das, was Sokrates sagt, nicht mit einer ausreichenden Antwort zu verwechseln – und im Hinterkopf behalten, dass die Antwort womöglich nicht die Form einer Definition hat, so wie sie im Falle der Gerechtigkeit gesucht und gegeben wurde.

Einführung des Guten (504a–506e)

Der höchste Lehrgegenstand sei die Idee des Guten[1], sagt Sokrates endlich (505a 2 f.), und fügt hinzu, dass Adeimantos dies

1 Ich werde im Folgenden sowohl von der »Idee des Guten« und »dem Guten« sprechen; beide Formulierungen bezeichnen dasselbe. Erinnert sei auch daran, dass nach meiner Lesart Ideen Eigenschaften sind; daher werde ich auch gelegentlich von der »Eigenschaft des Guten« sprechen, bzw. generell »Idee« und »Eigenschaft« synonym

schon oft gehört habe. Was immer mit diesem Zusatz gemeint sein mag[2]: Es nur zu hören, nützt offenbar nichts, sei es deshalb, weil man es als bloßen Lehrsatz leicht wieder vergisst, sei es deshalb, weil man gar nicht versteht, was damit gemeint ist. Die ausführlichste Erläuterung der Idee des Guten wird das Sonnengleichnis sein. Im Gespräch mit Adeimantos gibt Sokrates aber zuvor noch einige Hinweise:

Der erste besagt, dass das Gute etwas ist, das zu anderen Dingen *hinzugenommen* wird (505a 3). Gerechtes etwa werde erst dann nützlich, wenn das Gute hinzukomme. Dieser Hinweis dient zugleich dazu, bestimmte Antworten auf die Frage, was das Gute sei, auszuschließen – Antworten, die dem Muster klassischer Definitionen folgen: So kann das Gute nicht die Lust sein, weil wir im Alltag gute und schlechte Lust voneinander unterscheiden können (506c 6–9). Das Gute kann also zur Lust hinzukommen oder auch nicht und darum nicht mit der Lust identisch sein. Ebenso kann das Gute auch nicht das Denken sein (505b 6)[3], weil es ein Denken des Guten wie des Schlechten gibt (c 2 f.).

Sokrates' zweiter Hinweis besteht in der Aussage, dass »jede Seele nach dem Guten strebt und um seinetwillen alles tut.

verwenden. Zum Verhältnis von Ideen und Eigenschaften siehe S. 149 f.

2 Manche Interpreten wie Hans Krämer (2005, S. 179–204) sehen darin einen Hinweis auf Platons mündliche Lehrtätigkeit in der Akademie. Sollte das tatsächlich so gemeint sein, würde Platon damit zugleich eingestehen, dass diese Lehrtätigkeit fruchtlos geblieben oder dass Adeimantos als Schüler ein hoffnungsloser Fall ist (was jedoch zur ansonsten von Sympathie getragenen Charakterisierung des eigenen Bruders nicht passen mag).

3 Das Wort, das Sokrates hier für »Denken« (Krapinger: »Einsicht«) benutzt, lautet *phronêsis*, mit dem in der Regel ein auf die Praxis hin orientiertes Denken gemeint ist.

Denn sie ahnt, dass da etwas Großes ist, fühlt sich aber unsicher« (505e 1–4). Vorausgesetzt, dass die hauptsächliche Tätigkeit der Seele das Erkennen ist, könnte man diesen Hinweis so lesen, dass alle Suche nach Wissen letztlich auf das Erkennen des Guten zielt. Doch haben wir bereits gelernt, dass die Seele mindestens drei Teile umfasst. Sollten alle Teile der Seele im Spiel sein, dann geht es eher um das Handeln im Allgemeinen: Was immer wir tun, tun wir, weil wir etwas Gutes erreichen möchten. Diese Qualifizierung des Ziels bleibt jedoch in der Regel diffus, und das sorgt dafür, dass wir in unserem Streben schwanken. Wir wollen manchmal dies, manchmal jenes, weil wir nicht wissen, was das Gute wirklich ist.

Drittens meint Sokrates, begnüge sich beim Guten niemand mit dem Schein, sondern jeder suche nach dem wirklich Guten (506d 7–9). Auch diese These weist über den Bereich des Denkens auf den des Handelns hinaus. Im Falle der Gerechtigkeit kann ich mich damit begnügen, gerecht erscheinen zu wollen, wie Glaukon in Buch II ausgiebig dargelegt hatte. Ein solcher Schein kann praktischen Nutzen haben. Etwas zum Ziel des eigenen Handelns zu machen, von dem man selbst glaubt, es sei bloß scheinbar gut, ist jedoch sinnlos. Handeln findet nicht in der Sphäre bloßen Scheins statt. Darum können wir auch das, was wir handelnd anstreben, nicht für bloßen Schein halten.

Das Sonnengleichnis (507a–509c)

Als eigentliche Antwort auf Adeimantos' Frage – der sich Glaukon nun ausdrücklich anschließt (506d 1) wodurch er wieder die Rolle des Gesprächspartners übernimmt – bietet Sokrates das nun folgende Sonnengleichnis an. Es leitet einen Reigen von insgesamt drei Gleichnissen ein. Auf das Verhältnis dieser Gleichnisse untereinander komme ich später zurück. Offensichtlich ist, dass die Frage, was das Gute sei, vorrangig im Sonnengleichnis thematisiert wird. Sokrates stellt mehrfache Einschränkungen voran: Weder gebe es eine Antwort auf die Frage, was das Gute sei, noch eine Darstellung von Sokrates' Meinung über das Gute, bloß einen »Sprössling« (*ekgonos*, 506e 2) biete er an. Das Wort bezeichnet in der Regel ein (biologisches) Abstammungsverhältnis. Und auf ein solches nimmt Sokrates 508b 12 f. auch Bezug: Das Gute *zeugt* sein Ebenbild, sagt er dort. Es wird noch zu überlegen sein, wie wörtlich man diese Formulierung nehmen darf.

Sokrates eröffnet das Gleichnis, indem er an die Unterscheidung zwischen Ideen und konkreten Dingen erinnert (507b). Damit sind die zwei Ebenen, mit denen das Gleichnis operiert, eingeführt: Es wird ein konkreter, wahrnehmbarer Gegenstand (die Sonne) als Bild für eine Idee (die Idee des Guten) verwendet.

Was wird nun über die Sonne gesagt? Sie wird in einer doppelt indirekten Weise eingeführt. Wir brauchen Licht, um sehen zu können – für Sokrates brauchen wir es in zweifacher Weise, da ohne Licht die Augen nichts sehen können und ohne Licht die Dinge nicht sichtbar sind. Die Sonne ist Quelle dieses Lichts. Doppelt indirekt ist ihre Rolle, weil wir erstens nicht die Sonne selbst sehen, sondern das Licht, das sie aussendet; auch dieses Licht sehen wir zweitens nicht selbst, sondern nehmen es nur wahr, insofern es das Sehen möglich macht.[4] Sokrates setzt in 508b 13–c 2 schon zur Übertragung an, schiebt aber noch eine Ergänzung auf der Bildebene nach, nämlich, dass unsere Augen im nächtlichen Dämmerschein »beinahe blind« zu sein scheinen (508c 6 f.). Der Zusatz scheint banal, aber er ist wichtig:

4 »Als Urheber« des Gesichtssinns sehen wir die Sonne, heißt es in 508b 9.

Erstens ist es nicht so, dass unsere Augen ohne die Sonne gar kein Sehvermögen hätten. Es ginge also zu weit, wenn man die Sonne zur alleinigen Ursache des Sehvermögens macht. Sie ist vielmehr notwendig für das gute Funktionieren unseres Sehvermögens. Und zweitens setzt der nächtliche Dämmerschein eine weitere, wenn auch schwache Lichtquelle voraus.[5]

Die erste Anweisung zur Übertragung des Bildes gibt Sokrates in 508c 1f.: So wie sich die Sonne im sichtbaren Bereich zum Gesichtssinn und den sichtbaren Dingen verhält, so das Gute im Bereich des Denkbaren zum Verstand und den denkbaren Dingen. In 508d–e führt er weiter aus: Dem Licht entspricht die Wahrheit, und die Idee des Guten verleiht den erkannten Dingen Wahrheit, dem Erkennenden die Fähigkeit zu erkennen. Was sich so »im Lichte« der Idee des Guten vollzieht, ist Wissen. Dort, wo die Idee des Guten jedoch fehlt – oder nur schwach scheint, so wie die Sonne durch den Mond –, kommen schwankende Meinungen zustande.

Was erfahren wir daraus über das Gute? Zunächst ist festzuhalten, dass wir es gleichfalls über seine *Funktion* kennenlernen. Das Gute ist so wenig für sich genommen Gegenstand der Erkenntnis wie die Sonne Gegenstand des Sehens ist. Bevor wir uns an den Versuch machen, diese Funktion zu erhellen, sei zunächst der letzte Schritt des Vergleichs hinzugenommen. Sokrates fügt dem Gleichnis nämlich noch einen weiteren Aspekt hinzu: Die Wirkungen der Sonne beschränken sich nicht auf den Bereich des Sehens, sie betreffen auch die Existenz der sehenden und sichtbaren Dinge. Denn die Sonne ist eine Ursa-

5 Es liegt nahe, hier an den Mond zu denken; dann wäre der nächtliche Dämmerschein ein indirektes Sonnenlicht (seit Thales war bekannt, dass der Mond kein Eigenlicht hat). Das Wort *phengos* lässt sowohl an den Mond wie an künstliche Lichtquellen denken; Sokrates verwendet den Plural, so dass außer dem Mond weitere Lichtquellen gemeint sein müssen.

che für »Werden, Wachstum und Nahrung« (509b 2 f.). Das soll nun ebenfalls auf die Ebene der denkbaren Dinge übertragen werden, allerdings ohne den Aspekt des Werdens: Die denkbaren Dinge sind nämlich unveränderlich. »Sein« (*einai*) und »Wesen« (*ousia*) sind es, die den Ideen dank des Guten zukommen (b 6 f.). Sokrates fügt hinzu, dass das Gute daher nicht Wesen sei, sondern das Wesen an »Würde« und »Macht« (*dynamis*) übertreffe (b 8 f.). Diese Schlussbemerkung war folgenreich, da sie im Sinne einer ontologischen Hierarchie aufgefasst wurde: Das Gute stehe noch oberhalb der Ideen an der Spitze einer ontologischen Hierarchie, die vom Guten bis zu den konkreten Dingen reiche.[6]

Für eine solche Hierarchie ist wichtig, wie das Verhältnis der beiden Gleichnisebenen aufzufassen ist. Für ein Gleichnis gilt grundsätzlich: Die einzige relevante Beziehung zwischen den beiden Ebenen ist eine der Illustration. Wollte man eine Hierarchie zwischen den Ebenen annehmen, müsste man noch eine weitere Beziehung zwischen ihnen unterstellen. Als Indiz in diese Richtung könnte man Sokrates' Formulierung auffassen, dass die Sonne ein »Sprössling« des Guten sei (506e 2, 508b 12 f.), falls man sie wörtlich nimmt. Doch mehr als diese Andeutung gibt es nicht. Die Funktionen von Sonne und Gutem bleiben strikt auf ihren jeweiligen Bereich beschränkt. Es lässt sich kein Hinweis darauf entdecken, dass die Funktion des Guten sich auch auf den Bereich der wahrnehmbaren, konkreten Dinge erstrecken könnte.[7] Die Schluss-

6 Siehe z. B. Halfwassen (1992), S. 220–264.

7 Es sei denn, man nimmt an (wie Krämer 2005, S. 191), dass die Sonne über eine ideale Kreisbahn definiert ist, diese Kreisbahn wiederum eine besondere Einheitlichkeit aufweist und das Gute wieder mit dem Einen identisch ist. Die Annahmen, die für eine solche Argumentation erforderlich sind, gehen allerdings aus dem Text nicht hervor.

formulierung in 509b 8f. gibt ebenfalls keinen Hinweis auf eine ontologische Hierarchie, denn das Übertreffen des Guten wird qualifiziert: Es ist ein Übertreffen an Würde und »Macht« – wobei das griechische Wort für »Macht« *dynamis* lautet, das in der *Politeia* ansonsten mit »Vermögen« wiedergegeben wird. Und ein solches Übertreffen ist leicht einzusehen: Wenn das Gute eine Funktion hat, die sich auf alle Ideen erstreckt, wird es jede einzelne Idee in »funktionaler Kraft« übertreffen.

Kommen wir also zurück zur Frage, welche Funktion dem Guten zukommt. Es ist hilfreich, noch einmal die Hinweise zusammenzustellen, die sich bislang ergeben haben:

FG (i) Das Gute hat im Bereich des Denkbaren eine *epistemische* Funktion: Es sorgt dafür, dass wir die Ideen erkennen können und dass die Ideen erkennbar sind.

(ii) Das Gute hat im Bereich des Denkbaren eine *ontologische* Funktion: Es verleiht den Ideen »Sein« und »Wesen« (dabei ist jedoch noch keineswegs klar, was damit gemeint ist).

(iii) Das Gute hat eine Funktion im Bereich des *Handelns*: Denn Dinge, nach denen wir handelnd streben, sind gut.

(iv) Das Gute ist etwas, das zu anderen Dingen »hinzukommt«.

(v) Auch ohne Einbeziehung des Guten gibt es sowohl einen epistemischen Zugang zu den Ideen als auch ein Streben. Ein solches Streben bzw. ein solcher Zugang sind aber defizient (es sind bloße Meinungen). Für eine klare Erkenntnis ist das Gute notwendig.

Unter den vielen Interpretationsvorschlägen in der Literatur möchte ich zunächst einige aus der jüngeren Forschungsliteratur zusammenfassen, um dann im nächsten Abschnitt (S. 188–200) einen Vorschlag ausführlicher vorzustellen, der sich an die systematische Weiterentwicklung der Theorie der *Politeia* durch Christine Korsgaard anlehnt und viele Aspekte der im Folgenden präsentierten Lesarten zu integrieren vermag.

Die Deutungen in der Forschungsliteratur kann man in zwei große Gruppen einteilen. Denn man kann die Funktionen der Idee des Guten einerseits »global«, andererseits »partikular« auffassen. Im ersten Fall (a) geht man davon aus, dass die Ideen eine Struktur bilden und dass die Idee des Guten zu dieser Struktur insgesamt hinzukommt. Im zweiten Fall (b) geht man davon aus, dass die Idee des Guten jeweils einzeln zu den Ideen hinzutritt.

(a) Dass die Ideen eine netzartige Struktur ausbilden, wurde schon kurz angesprochen.[8] Man kann sich dies leicht vergegenwärtigen, wenn man eine Definition betrachtet: In einer Definition wird die zu definierende Eigenschaft bzw. Idee durch eine strukturierte Zusammenstellung anderer Eigenschaften bzw. Ideen beschrieben (so wird beispielsweise in der Definition »Tapferkeit ist kluge Beharrlichkeit« die Tapferkeit mit der Kombination von Klugheit und Beharrlichkeit gleichgesetzt). Insofern Wissen darin besteht, die Definitionen der Ideen zu kennen, bildet das Korpus unseres Wissens die Struktur der Ideen ab. Eine »globale« Funktion des Guten ergibt sich nun auf folgende Weisen:

(a.1.1) Erstens kann man dem Guten die Funktion zuweisen, dieses Wissenskorpus insgesamt auf unser Handeln zu beziehen. Dazu muss man den Gegenständen des Wissens hinzufügen, ob sie gut oder schlecht sind, da gut oder schlecht zu sein die grundlegende handlungsrelevante Eigenschaft ist

8 Siehe S. 149 f., 162.

(wir streben handelnd an, was wir für gut halten). Es ist eine Sache, die Definition der Gerechtigkeit zu kennen. Eine andere Sache ist es zu wissen, dass Gerechtigkeit gut ist. Erst wenn Letzteres der Fall ist, wird die Gerechtigkeit für unser Handeln relevant.

Geht man nun davon aus, dass die heute übliche Trennung zwischen Faktenwissen und Werten falsch ist, hat man erst dann vollständiges Wissen von einer Sache, wenn man ihre Bewertung kennt – wenn man also weiß, ob sie gut oder schlecht ist.[9] Zu einer solchen Auffassung von der Rolle des Guten passt der Schritt, den man bereits in Buch I im Gespräch zwischen Sokrates und Kephalos kennenlernen konnte: Dort hatte Sokrates als scheinbare Selbstverständlichkeit die These ins Spiel gebracht, dass alles, was gerecht ist, auch gut ist. Den Gestus der Selbstverständlichkeit kann man auf die Annahme zurückführen, dass überhaupt alles, was wir wissen können, auch einen Wert hat. Es ist deshalb nicht nur legitim, sondern im Sinne der Vollständigkeit notwendig zu berücksichtigen, ob es gut oder schlecht ist. Aus dem Katalog FG der Merkmale des Guten erfüllt diese Deutung die Punkte (iii) und (iv) unmittelbar. Ob (i) und (ii), und in der Folge auch (v), Rechnung getragen wird, hängt davon ab, ob man die Einbeziehung der Werte in ein Wissen von Strukturen der Welt akzeptiert oder nicht. Lediglich zu postulieren, dass alles in der Welt auch gut oder schlecht ist, ist wenig überzeugend – selbst dann, wenn man berücksichtigt, dass die uns vertraute Trennung von Fakten und Werten in der Antike nicht geteilt wurde.[10] Denn dies wäre eine unbegründete ontologische These.

Einleuchtender wird die Verbindung von Fakten und Werten, wenn man das Wissen in den Kontext unseres Handelns

9 Siehe dazu Annas (1981), S. 246.
10 Vgl. Burnyeat (1987), S. 213.

stellt. Unser Handeln wird von Werten angeleitet: Ein Wissen, das nicht auch die Kenntnis von Werten einschließt, ist für unser Handeln irrelevant oder kann aufgrund seiner Unvollständigkeit sogar negative Folgen nach sich ziehen. Liefert das Sonnengleichnis Anhaltspunkte dafür, dass Wissen hier im Kontext des menschlichen Handelns betrachtet wird? Die Formel, dass das Gute den Ideen »Sein und Wesen« verleiht, spricht nicht dafür. Eher erscheint der Bezug zum Handeln wie ein Zusatz, der für uns wichtig sein mag, für die Untersuchung der Ideen an sich aber irrelevant ist. Hier wäre ein weiteres Argument nötig, das zeigt, warum der Handlungsbezug für das *Wesen* der Ideen relevant sein sollte.

(a.1.2) Der »globale« Bezug des Guten auf das Handeln kann auch noch auf andere Weise hergestellt werden. Ein Wissen kann nämlich auch in der Weise unvollständig sein, dass man nicht weiß, wie man es *anwenden* soll. Auch diese Unvollständigkeit besteht zwar in Bezug auf uns, ist jedoch grundlegender und darum gravierender als die erste: Wer nicht weiß, wie man ein bestimmtes Wissen anwendet, der kann sich erst gar nicht sinnvoll die Frage stellen, ob es nützlich und in diesem Sinne gut ist.

Was heißt es nun, Wissen anzuwenden? Es heißt, das allgemeine Wissen, das sich in Definitionen ausdrückt, *auf Einzelfälle* anzuwenden. In diesem Sinne hat Wolfgang Wieland vorgeschlagen, dass die Funktion der Idee des Guten in einer »Regulierung der Urteilskraft« bestehe (Urteilskraft ist diejenige Fähigkeit, die uns erlaubt, ein allgemeines Wissen im Einzelfall anzuwenden).[11] Die »mangelnde Genauigkeit«, die Sokrates der Vorgehensweise in Buch IV vorwirft, sei eben die fehlende Anwendbarkeit auf Einzelfälle, und Sokrates verweigere deshalb eine definitorische Bestimmung des Gu-

11 Wieland (1982), S. 164.

ten, weil es sich beim Wissen des Guten um eine Art von praktischem Wissen (»know how«) handele, das gar nicht in die Form einer Aussage gebracht werden kann. Auch hier sind die Punkte FG (iii) und (iv) erfüllt. Ebenso wird ein Angebot für die Unterscheidung zwischen defizientem und vollständigem Wissen in Punkt FG (v) gemacht (vollständig ist Wissen dann, wenn es das Know-how der Anwendung einschließt).

Allerdings ist nicht klar, ob dieses Angebot dazu passt, wie der Punkt FG (v) im Gespräch erläutert wird: Wenn das Gute fehle, dann haben wir bloße Meinungen, sagt Sokrates. Sollten also Definitionen ohne Anwendungswissen bloße Meinungen sein? Mit der Art und Weise, wie Wissen und Meinung in Buch V unterschieden werden, ist dies kaum zu vereinbaren. Wieland argumentiert allerdings, dass ein Wissen, in dessen Anwendung wir unsicher sind, eben dadurch selbst unsicher wird und deshalb nicht zuletzt zwischen gut und schlecht schwanken kann.[12] So lässt sich zumindest die Eigenart von Meinungen, »zwischen Sein und Nichtsein« zu stehen, auf das unvollständige, bloß definitorische Wissen übertragen. Mit Blick auf die Punkte FG (i) und (ii) ist dagegen erneut zu fragen, wieso die Kenntnis einer Struktur eigentlich schon deshalb unvollständig sein soll, weil wir nicht wissen, wie wir diese Struktur anwenden sollen. Beispiele für solcherart »reines«, nicht-anwendungsbezogenes Wissen finden sich genug, nicht zuletzt in der Mathematik, die genau in diesem Sinne im Liniengleichnis ins Spiel kommen wird.

(a.2) Eine »globale« Funktion der Idee des Guten kann auch darin bestehen, dass das Gute *Ordnung* unter den Ideen stiftet. Es gibt im Text der *Politeia* einige Hinweise auf eine enge Verbindung von Gutem und Ordnung und insbesondere von Gu-

12 Wieland (1982), S. 177.

tem und Einheit. So wird z. B. immer wieder betont, dass der gute Staat bzw. der gute Mensch *einer* sind.[13]

Auch in diesem Falle ist klar, inwiefern das Gute etwas Hinzukommendes ist (FG (iv)). Ferner lässt sich nun leicht erklären, inwiefern das Gute Wissen und »Sein« und »Wesen« stiftet: Es gehört zum Wesen einer Idee, eine zu sein; eine Idee wird dadurch zu einer Einheit, dass sie einen durch Definition und Abgrenzung bestimmten Ort im Netz der Ideen hat; was somit Grund für die Ordnung des Netzes ist, ist mittelbar auch Grund für die Einheit der einzelnen Idee und somit konstitutiv für ihr Wesen. Auf diese Weise lässt sich FG (ii) erfüllen, und FG (i) folgt daraus unmittelbar, denn die Form des Wissens von den Ideen sind Definitionen, Definitionen können aber nur dann wahr sein, wenn sie einen Ausschnitt aus dem Netz der Ideen korrekt abbilden. Wenn das Gute für die Ordnung des Netzes notwendig ist, dann ist es somit auch für ihre Definier- und folglich ihre Wissbarkeit notwendig.

Ein Problem dieser Lesart liegt darin, dass einstweilen nicht zu erkennen ist, wieso ausgerechnet das Gute für die Ordnung der Ideen notwendig sein sollte. Manche Autoren identifizieren kurzerhand die Idee des Guten und die Idee des Einen miteinander.[14] Will man diese Identifikation nicht ohne weiteres akzeptieren, ist man auf die praktische Dimension des Guten verwiesen und steht vor der Aufgabe, aus dieser praktischen Dimension eine Verbindung von Gutem und Ordnung bzw. Einheit abzuleiten. Die Deutung, die ich im folgen-

13 Z. B. 462b 1 f. Vgl. dazu Halfwassen (1992), S. 236–245.

14 Vgl. Krämer (2005), S. 198; im Hintergrund steht hier die Annahme, dass es eine »ungeschriebene Lehre« Platons gebe, zu deren Lehrsätzen der von der Identität von Gutem und Einem gehöre.

den Abschnitt vorstellen werde, wird dazu einen Vorschlag liefern.

(b) Eine partikulare Rolle des Guten ergibt sich dann, wenn jede einzelne Idee als *Ideal* aufgefasst wird.[15] Dieser Vorschlag knüpft an das Konzept der *aretê* an, das für das platonische Verständnis des Guten insgesamt von großer Bedeutung ist: Dinge haben eine *aretê*, d. h. sie haben eine Aufgabe, die sie gut oder schlecht erfüllen können. Sprachlich findet man dieses Verständnis des Guten im sogenannten *attributiven Gebrauch* von »gut« wieder: »gut« verwenden wir nämlich nicht nur absolut, um zu sagen, dass etwas gut schlechthin ist, sondern auch, um zu sagen, dass etwas *ein gutes F* ist: Sprechen wir von guten Kaffeemaschinen, Kollegen oder Staaten, fügen wir »gut« als Attribut zu einer weiteren Eigenschaft der Sache – Kaffeemaschine, Kollege oder Staat zu sein – hinzu. Dass Eigenschaften bzw. Ideen als Ideale aufzufassen sind und dass eben darin die Funktion des Guten besteht, bedeutet, dass dieser attribute Gebrauch von »gut« der eigentliche Gebrauch und ein absoluter Gebrauch ein bloß verkürzter attributiver Gebrauch ist.

Diese Deutung macht unmittelbar einsichtig, inwiefern das Gute etwas »Hinzukommendes« ist (FG (iv)). Auch die Formel, dass das Gute den Ideen »Sein« und »Wesen« verleiht (FG (ii)), lässt sich so verständlich machen. Unter der Voraussetzung, dass es sich bei einer Idee um eine Eigenschaft handelt, die die *aretê* einer Sache ausmacht, kann man ohne Einbeziehung des Guten diese Idee nicht als *aretê* erfassen. Der Charakter der *aretê* ist der eines Ideals. Dadurch ist ihr die Beziehung auf das Gute wesentlich. Dies gilt für alle Eigenschaften, die die Funktion einer Sache beschreiben, aber auch die

15 Vgl. Santas (2001), S. 182. Eine wichtige Quelle für diese Interpretationslinie ist Hare (1965).

Gerechtigkeit ist hier ein plausibler Kandidat: Schließlich wird sie von Sokrates mit einer *aretê* der Seele im Sinne von Gesundheit gleichgesetzt (444b–d).

Aber auch dann, wenn eine Idee nicht für die *aretê* einer bestimmten Sache steht, lässt sich der Zusammenhang herstellen: Eine Eigenschaft kann einer Sache in verschiedenen Abstufungen zukommen, die ihrer Perfektion nach geordnet sind. Gleichheit etwa ist eine Eigenschaft (genauer: eine Relation zwischen zwei Dingen), die Abstufungen zulässt: Zwei Dinge können gänzlich oder nur näherungsweise gleich sein. Entsprechendes lässt sich von mathematischen Eigenschaften, wie ein Kreis zu sein, sagen. Eine solche Abstufung ist nicht neutral. Sie ist eine Abstufung entsprechend der Entfernung vom Ideal, mithin eine Abstufung nach besser oder schlechter. Wenn es also der Eigenschaft wesentlich ist, Abstufungen aufzuweisen, und wenn diese Abstufungen nicht bloß neutrale Varianten, sondern auf ein Ideal hin ausgerichtet sind, dann ist der Bezug auf das Gute wiederum der Eigenschaft wesentlich.

Wenn der Bezug auf das Gute aber wesentlich ist, erkennen wir eine Eigenschaft nur dann richtig, wenn wir sie in ihrer Beziehung auf das Gute erkennen. Wichtiger noch: Die Beziehung auf das Gute leitet die Erkenntnis derart an, dass sie uns von unvollkommenen Fällen zu den vollkommenen hinleitet, bzw. dass wir, wenn wir in der Welt der konkreten Dinge nur auf unvollkommene Realisierungen stoßen, veranlasst werden, eine ideale Bestimmung zu finden, die sich dann in einer Definition ausdrücken lässt.

Damit ist Punkt FG (i) erklärt. Ohne eine solche Ausrichtung am Ideal ist eine Eigenschaft zwar nicht gänzlich unerkennbar, aber die Erkenntnis ist unzulänglich, und zwar nicht nur deshalb, weil sie das Ideal verpasst, sondern auch deshalb, weil wir ohne Orientierung am Ideal als bloße Varianten auffassen, was tatsächlich unterschiedliche gute Annäherungen an das Ideal sind. Das, was wir jedoch als bloße Varianten auffassen, lässt uns zwischen den Varianten schwanken, da wir nicht wissen, welche die richtige(re) ist. Auf diese Weise lässt sich erläutern, warum wir ohne Beziehung auf das Gute bloß schwankende Meinungen erreichen können. Nicht ersichtlich ist dagegen, wie man die praktische Dimension des Guten (FG (iii)) einbeziehen kann. Lediglich dann, wenn es um eine Eigenschaft geht, die unmittelbar unser Handeln anleitet, liefert das Ideal auch für das Handeln eine Orientierung und ist praktisch relevant.

Eine formale Theorie des Guten

Alle diese Vorschläge, die Funktion des Guten zu erklären, machen das Gute zu einer *formalen Eigenschaft*. Sie versuchen nicht, inhaltlich zu beschreiben, was das Gute ist, sondern sie versuchen zu bestimmen, was das Gute mit Blick auf andere Eigenschaften (die sozusagen den Inhalt liefern) leistet. Die Vorschläge stehen damit nicht nur im Einklang mit der Bedingung, dass das Gute etwas Hinzutretendes ist (FG (iv)), sondern entsprechen auch Sokrates' Weigerung, eine Definition des Guten im klassischen Sinn zu geben.

Eine solche formale Betrachtung des Guten bleibt allerdings in einigen Punkten unbefriedigend. Wenn es darum geht, dass das Gute für die praktische Dimension unseres Wissens steht, kann man offensichtlich weiterhin fragen, *was* denn nun gut ist. Es war das, was Adeimantos wissen wollte: Er wollte wissen, auf welches Ziel er denn nun sein Handeln ausrichten soll. Zu erfahren, dass wir erst dann über vollständiges oder anwendbares Wissen verfügen, wenn wir das Wissen auf das Gute beziehen, beantwortet Adeimantos'

Frage nicht. Gesetzt den Fall, dass man das Gute als Ordnung bestimmt, bleibt die Frage weiterhin offen, warum eine so hergestellte Ordnung gut ist. Denn dass ein Staat perfekt geordnet ist, schließt nicht aus, dass wir diesen Staat für schlecht halten. Die Erfahrungen mit totalitären Staaten liefern dafür mehr als genug Beispiele. Wenn die Funktion des Guten darin bestehen soll, dass jede Eigenschaft auf ein Ideal ausgerichtet ist, lassen sich der jeweilige Inhalt und das Gute zwar nicht mehr voneinander trennen. Da das Ideal jedoch jeweils nur das *intrinsische Ideal* einer Eigenschaft ist (oder der Sache, die diese Eigenschaft realisiert), bleibt die Frage offen, *wozu* eine solcherart ideale Eigenschaft bzw. Sache gut ist. Und eine solche Nachfrage ist auch zulässig: Wer von etwas behauptet, es sei gut, meint damit in der Regel mehr als dass bloß ein intrinsisches Ideal erreicht wird. Ein gutes Werkzeug etwa ist eines, mit dem man Dinge auf gute (z. B. effiziente) Weise tun kann. Aber möchte man nicht sofort weiter fragen, ob das, was man auf effiziente Weise herstellt, gut (z. B. nützlich) ist? Um ein Beispiel aus Buch I aufzugreifen: Eine gute Rebschere schneidet die Weinreben gut. Das ist ihre Funktion, und diese Funktion ist gut dafür, dass man Wein herstellen kann. Wein wiederum ist (intrinsisch) gut oder schlecht. Doch wir können weiter fragen: Wozu ist guter Wein gut? Eine mögliche Antwort lautet: Er ist gut dafür, dass Menschen angenehme sinnliche Empfindungen haben. In der Rede von angenehmen sinnlichen Empfindungen wird erneut ein intrinsisches Gut ins Spiel gebracht. Doch wozu sind angenehme sinnliche Empfindungen gut? Vielleicht gibt es Leser, die meinen, dass sich eine solche Frage erübrigt: »Angenehme sinnliche Empfindungen sind gut, Punkt«. Sokrates jedoch ist nicht dieser Ansicht; sonst hätte er nicht darauf hingewiesen, dass es gute und schlechte Lust gibt. Dass manche Lust gut ist, andere nicht, muss nämlich daran liegen, dass die gute Lust wiederum zu etwas anderem gut ist.[16] Das Beispiel mag genügen, um zu zeigen, dass es zur Bedeutung von »gut« dazugehört, Verweisungszusammenhänge zu bilden, deren Ende nicht abzusehen ist.

Dass dieser drohende unendliche Regress der Verweisung aufgelöst werden muss, ist ein Ansatz, auf der die Deutung basiert, die ich nun vorstellen möchte. Hinzu kommen zwei weitere Thesen, nämlich

1. dass die inhaltliche Bestimmung des Guten auf die natürlichen Bestrebungen der Teile der Seele zurückgeht, dass es also diese Bestrebungen sind, die Dinge zu guten Dingen machen, und
2. dass *das* Gute ein Zustand ist, in dem diese jeweiligen Güter so aufeinander abgestimmt sind, dass sie eine Einheit bilden.

Zur Erläuterung der ersten dieser beiden Thesen ist es hilfreich, einen Blick zurückzuwerfen auf eine kurze irritierende Passage in Buch IV (438a 1–6). Es ging dort um die Begründung

16 Dass solche Ketten von »gut wofür?«-Fragen in eine Aporie führen können, wird im *Euthydemos* demonstriert (291e ff.): Die verschiedenen Künste in einem Staat haben klar angebbare Ziele, die letzten Endes jeweils gut für den Staat sind. Welches Ziel hat aber die Staatskunst? Sie soll die Menschen weise und gut machen, so lautet der Vorschlag, den Platon Sokrates dort erwägen lässt (292c 5). Das genügt aber nicht als Antwort, denn man muss weiterfragen: *Wozu* soll sie die Menschen gut machen? Damit sie irgendeine Aufgabe erfüllen. Doch welche Aufgabe soll das sein? Es scheint keine übrig geblieben zu sein, da alle partikularen Aufgaben Ziele der Einzelkünste sind, die wiederum der Staatskunst zuarbeiten. So entsteht eine Aporie. Die Kette der »Wozu ist das gut?«-Fragen verlangt nach einer Fortsetzung, aber es fehlen die Inhalte, um sie weiterzuführen.

der Behauptung, dass die Seele verschiedene Teile hat. In diesem Zusammenhang führte Sokrates folgende These ein: Jede Begierde hat einen einfachen Gegenstand, den sie anstrebt; wenn komplexe Gegenstände angestrebt werden, ist dies auf ein Zusammenwirken von mehreren Begierden zurückzuführen. Der Wunsch nach einem warmen Getränk ist demnach zusammengesetzt aus dem Bedürfnis nach Wärme und dem Bedürfnis nach einem Getränk.

An dieser Stelle wirft Sokrates die Überlegung ein – und schiebt sie, als sei sie eine Störquelle, im gleichen Atemzug beiseite –, dass doch alles, was begehrt werde, *als etwas Gutes begehrt werde*: Wer trinken möchte, für den ist das Getränk etwas Gutes. Worin das Störpotential liegt, ist unschwer zu erkennen: Denn man fragt sich, ob der Wunsch nach einem guten Getränk nicht gleichfalls zusammengesetzt ist, ob es also neben dem Durst noch ein besonderes Bedürfnis nach etwas Gutem gibt. Letzteres scheint jedoch nicht sonderlich sinnvoll zu sein: Was für ein Gegenstand sollte das sein, ein von allen anderen Inhalten abgelöstes »Gutes«? Dass wir nach etwas Gutem streben, muss daher im Gefüge unserer Begierden und Wünsche einen anderen Ort haben.

Am einfachsten wäre es, man könnte das Gute schlicht und einfach damit identifizieren, dass etwas Gegenstand unseres Strebens ist: Denn wonach wir streben, müssen wir für gut halten, da wir andernfalls nicht danach streben würden. Doch wenn sich das Gute darauf beschränken würde, wäre in der Passage aus Buch IV unverständlich, warum das Gute überhaupt Irritationen bereiten sollte, noch wäre damit zu vereinbaren, dass das Gute in Buch VI zum höchsten und schwierigsten Gegenstand gemacht wird.

Nun kann man daran festhalten, dass gut immer das ist, nach dem wir streben, und doch noch einen entscheidenden Schritt weitergehen. Das liegt daran, dass die Qualifikation einer Sache als »gut« erstens ein Ideal in diese Sache hineinträgt, und zweitens auf Dinge verweist, die außerhalb dieser Sache liegen. Wenn wir das Bedürfnis nach einem Getränk haben, dann ist dieses Getränk dem ersten Anschein nach gut. Das ergibt sich schon daraus, dass wir danach streben.

Dass das Getränk gut ist, bedeutet jedoch mehr. Denn erstens gibt es intrinsisch gute und schlechte Getränke. Und zweitens stellt sich die Frage, wozu das Getränk gut ist. Der Begierde ist der erste dieser Zusätze vielleicht noch zugänglich, denn vielleicht können wir spüren, dass manche Getränke den Durst besser löschen als andere. Der zweite Zusatz ist der Begierde dagegen nicht zugänglich: Die Begierde setzt das, nach dem sie strebt, für schlechthin gut. Wenn man Durst hat, dann will man trinken, Punkt. Aus der Perspektive des Durstes fragt man nicht, wozu das Trinken gut sein soll. Die Frage stellt sich aber, und zwar nicht nur deshalb, weil der Verweisungscharakter zur Bedeutung von »gut« dazugehört, sondern weil im Menschen verschiedene Bedürfnisse zusammentreffen, darunter Bedürfnisse nach kurzfristigen und längerfristigen Zielen. Wir verfolgen längerfristige Ziele über kurzfristige Zwischenschritte. Aus diesem Grunde ist uns die Überlegung, dass etwas zu etwas anderem gut sein kann, bestens vertraut. Aber es ist eine *Überlegung*, die wir dazu anstellen müssen, und die Überlegung ist nicht Sache der Begierde, sondern des Verstandes. Je mehr der Verstand die Struktur des Guten versteht und dabei insbesondere den Verweisungscharakter erkennt, desto mehr wird er einsehen, dass etwas für gut zu halten eine reichlich komplexe Aufgabe ist. Denn dem Verstand begegnen sehr viele Dinge, die jeweils für gut gehalten werden: die verschiedenen körperlichen Bedürfnisse, aber auch z.B. Wünsche nach Anerkennung und Sicherheit, die man dem *thymos* zuordnen kann, und nicht zuletzt eigene Bedürfnisse des Verstandes selbst.[17] All diese Dinge erscheinen aus ihrer jeweiligen Perspektive heraus schlechthin gut.

Der Verstand, der sie gemeinsam in den Blick zu nehmen vermag, steht nun vor der Aufgabe, sie in Beziehung zueinander zu setzen. Denn sie sind alle in *einem* Menschen anwesend. Dieser eine Mensch handelt entsprechend dem, was er für gut hält; er kann aber nur eine Sache gleichzeitig tun, und er muss in einer Welt mit begrenzten Ressourcen handeln, die es unmöglich macht, dass jegliches Bedürfnis befriedigt wird. Der Verstand muss daher die verschiedenen guten Dinge irgendwie ordnen. Eine einfache Ordnung besteht in der Staffelung von Zielen entsprechend ihrer Wichtigkeit: Der Durst mag groß sein, doch der Wunsch, die Fastenregel einzuhalten, ist wichtiger.

Wollte man Ziele derart hierarchisch ordnen, bräuchte man ein höchstes Ziel. Das Gute, das im Sonnengleichnis vorgeführt wird, könnte ein solches sein. Doch wenn es ein höchstes Ziel tatsächlich geben würde, dann wäre Adeimantos' Fragerei ganz angemessen gewesen: Besteht das höchste Ziel im Leben Lust, Wissen, der Eingang ins Paradies oder sonst etwas?

Eine hierarchische Ordnung stellt aber nicht die einzig denkbare Ordnung dar: Es könnte auch um eine Ordnung gehen, in der alle angestrebten Dinge so in ein Gleichgewicht miteinander gebracht sind, dass sie so weit wie möglich befriedigt werden. Dann lässt sich die Frage, wozu die Befriedigung eines speziellen Bedürfnisses gut ist, beantworten, indem man zeigt, wie alle speziellen Güter miteinander zusammenhängen und in ihrer Anordnung je füreinander gut sind. Trinken ist unter anderem gut für die Erhaltung des Körpers; die Erhal-

17 Im bisherigen Gespräch war schon öfters von einer dezidierten Begierde nach Wahrheit, Wissen oder Weisheit die Rede; vgl. z. B. 485b–e.

tung des Körpers ist unter anderem gut für die Tätigkeit des Verstandes; die Tätigkeit des Verstandes ist unter anderem gut dafür, dass wir stets ausreichend Getränke zur Verfügung haben. Keines dieser Ziele ist ein absolutes Ziel, sondern sie stehen in gewisser Weise[18] gleichberechtigt nebeneinander. Diese Gleichberechtigung widerspricht nicht der Forderung, dass es die Funktion des Verstandes sei zu führen, im Gegenteil: Die Überlegung, die angestellt werden muss, um ein solches Gleichgewicht zu erreichen, ist allein dem Verstand möglich. Nur der Verstand kann verschiedene gute Dinge in Beziehung zueinander setzen. Die Begierden und der *thymos* können das nicht. Und nur der Verstand kann die Struktur des Guten erkennen und somit eine Ordnung anstreben, die dieser Struktur Rechnung trägt. Dazu muss er aber aus seiner Einsicht in das Gute heraus *handeln* können, und das Handeln des Menschen insgesamt bestimmen können.

Es ist offensichtlich, dass diese Auffassung des Guten die praktische Relevanz des Guten (FG (iii)) in den Mittelpunkt stellt. Sie tut dies aber auf eine andere Weise als durch eine Orientierung auf die Anwendung von Wissen oder durch die Einbettung des Wissens in Werte. Hier geht es um das Handeln eines einzelnen Menschen, und der entscheidende Punkt liegt in der *Einheit* dieses Menschen. Denn die Ordnung der verschiedenen Bestrebungen ist letztlich darum erforderlich, weil dieser Mensch *als einer* handeln soll.[19] Es ist so-

18 In Buch IX wird dafür argumentiert, dass die Bedürfnisse des Verstandes über denen des unteren Seelenteils stehen; aus diesem Grunde erfolgt hier die Einschränkung. Allerdings heißt es in einer die dortige Argumentation abschließenden Bemerkung (586e 4–587a 2) ausdrücklich, dass unter der Leitung des Verstandes jeder Seelenteil seine eigene Lust in der bestmöglichen Weise erleben kann.

19 Was passiert, wenn diese Einheit fehlt, wird Sokrates anhand des

mit die Forderung nach Einheit der handelnden Person, die den höchsten Punkt einer solchen formalen Theorie des Guten ausmacht. Formal ist sie aus dem Grund, weil sie davon ausgeht, dass sich die Inhalte aus den Bedürfnissen der Seelenteile heraus ergeben. Das Gute fügt lediglich die Einheit hinzu.

Auf diese Weise wird ersichtlich, was das Gute mit Ordnung und Einheit zu tun hat. Denn dass das Gute Einheit stiftet, ergibt sich zum einen aus der Verweisungsstruktur des Guten, zum anderen daraus, dass es um die Handlungen eines Menschen geht, der faktisch immer schon eine körperliche Einheit ist und der eine handelnde Einheit werden soll, derart, dass die Handlungen sich nicht gegenseitig stören oder gar aufheben. Dass der Mensch einen Körper hat, zwingt verschiedene Handlungen zusammen und erzeugt die Möglichkeit, dass diese Handlungen sich gegenseitig beeinträchtigen. Dass sie sich gegenseitig stören, kann durchaus vorkommen. Ein Mensch, bei dem dies der Fall ist, wird auf lange Sicht gesehen nicht im Sinne seiner *aretê* gut handeln. Wer ein guter Mensch sein will, muss eine Einheit werden.

Verständlich wird nun auch, warum die Einsicht in das Gute eine Sonderstellung hat, warum sie am Ende eines langen Bildungsprozesses steht, und warum sie nicht angemessen in die Form einer Definition zu bringen ist. Man kann nämlich eine Menge an partiellem Wissen erwerben, ohne dabei Einsicht in das Gute zu haben. Partielles Wissen zu erwerben bedeutet, Überblick zu gewinnen und Ordnungen kennenzulernen. Die umfassendste dieser Ordnungen verschafft aber das Gute, weil es unser gesamtes Handeln umfasst.

»demokratischen Menschen« beschreiben; vgl. dazu unten, S. 239 ff. – Zu diesen und den folgenden Überlegungen siehe Korsgaard (2009), Kap. 7.

Umgekehrt bleibt eine Beschreibung der formalen Merkmale des Guten zwangsläufig leer. Sie muss mit Inhalt gefüllt werden, und für diesen Inhalt ist Wissen der Teilbereiche, in denen wir handeln, erforderlich – und zwar letztlich Wissen von *allen* Teilbereichen. Wer sich der Frage stellt, wozu Trinken gut ist, benötigt Wissen über das Funktionieren des Körpers. Er benötigt darüber hinaus jedoch Wissen, wozu das gute Funktionieren des Körpers gut ist, was ihn am Ende zu Fragen über das Wesen des Menschen führen mag. Zu behaupten, dass das Gute in einer Ordnung aller Bestrebungen besteht, die diese Bestrebungen erfüllbar macht, wird somit erst in dem Maße interessant, in dem man es inhaltlich füllen kann. Da sich die Menschen in ihrer grundsätzlichen Bedürfnisstruktur zwar gleichen, in den spezifischen Ausprägungen ihrer Bedürfnisse aber voneinander unterscheiden, gibt es allerdings auch auf einer inhaltlich angereicherten Ebene keine allgemeine Antwort auf die Frage, was das Gute ist. Jeder muss diese Frage für sich selbst beantworten, indem er seine eigenen Bedürfnisse ordnet und so eine einheitliche Person wird. Das Gute wird somit zu einer je persönlichen Aufgabe.

Schließlich schafft die formale Konzeption des Guten auch Spielraum für eine Differenz zwischen Gutem und Schlechten. Da die Konzeption davon ausgeht, dass wir alles, was wir anstreben, für gut halten, könnte man zweifeln, ob man überhaupt etwas als schlecht bewerten kann. Das ist aber durchaus möglich, nämlich aus der Sicht der übergeordneten, auf Einheit ausgerichteten Konzeption des Guten: Was nicht in diese Ordnung passt, ist schlecht, und zwar auch dann, wenn es aus der Perspektive eines Bedürfnisses als gut erscheinen mag. Wir können also durchaus darüber im Irrtum sein, was gut ist, und eben aus diesem Irrtum heraus schlecht handeln. Mit der formalen Konzeption des Guten unvereinbar ist dagegen eine Auffassung, entsprechend der bestimmte Bedürfnisse grundsätzlich schlecht sind: Auch die körperlichen Bedürfnisse können, insofern sie sich in eine Ordnung des Guten einfügen lassen, gut sein.

Es bleibt die Frage zu klären, inwieweit eine solche formale Konzeption des Guten zu dem passt, was im Sonnengleichnis über das Gute gesagt wird. Denn auf den ersten Blick haben wir uns weit vom Sonnengleichnis entfernt: Die Funktionen, die dort dem Guten zugeschrieben wurden, hatten nichts mit einer handelnden Person zu tun, sondern mit den Ideen. Lässt sich im Rahmen der hier vorgestellten formalen Konzeption des Guten irgendwie erklären, wieso das Gute die Ideen erkennbar macht und ihnen »Sein« und »Wesen« verleiht (vgl. FG (i) und (ii))?

Orientiert man sich an Ideen, die ohnehin zur Sphäre des menschlichen Handelns gehören, ist eine solche Erklärung nicht schwer zu finden. Nehmen wir als Beispiel Kephalos aus Buch I: Ein Mensch möchte gerecht handeln. Er verwendet in der Formulierung seiner handlungsleitenden Wünsche das Prädikat »ist gerecht«. Um gerecht zu handeln, gibt Kephalos Menschen und Göttern, was er glaubt, ihnen jeweils zu schulden, denn das entspricht seiner Auffassung von Gerechtigkeit. Handelt Kephalos aber aus Wissen? Das tut er nicht, denn es lassen sich leicht Situationen vorstellen, in denen diese Meinung über Gerechtigkeit zu widersprüchlichen Meinungen darüber führt, was im Einzelnen gerecht ist.[20] Wo aber Widersprüche entstehen können, ist man im Bereich der Meinung, nicht im Bereich des Wissens.

Um die Gefahr von Widersprüchen zu beseitigen, benötigt

20 Da die griechischen Götter keineswegs immer einer Meinung waren, soll es vorgekommen sein, dass man durch dieselbe Handlung, mit der man dem einen Gott seine Schuldigkeit erwies, gegenüber dem anderen Gott schuldig wurde.

man einen Punkt, an dem sich alle handlungsrelevanten Prädikate zusammenführen lassen: Hinreichend dafür ist das Gute. Alle Prädikate, unter denen Handlungen beschrieben werden (wie z. B. »ist gerecht«) sind auf das Gute bezogen. Das heißt aber: Sie sind aufeinander bezogen, denn das Gute stellt eine Ordnung aller spezifischen Güter dar. Wenn man sie aufeinander bezieht, betrachtet man sie an sich – als Ideen –, man wird auf Widersprüche in den Meinungen über diese Ideen stoßen und aufgefordert, diese Widersprüche auszuräumen, um eine einheitliche Ordnung der Ideen herzustellen. Die ordnungs- und einheitsstiftende Leistung des Guten gilt also nicht nur für die Bestrebungen eines einzelnen Menschen, sie gilt auch für die Ideen, denen die Handlungen dieses Menschen zugeordnet sind (bzw. einfacher gesagt: für die Eigenschaften, die die Handlungen dieses Menschen aufweisen).

Auf diese Weise lässt sich leicht erklären, wie sich die Funktion des Guten auf Ideen selbst erstreckt. Es handelt sich um eine Funktion, die man als konstitutiv für das Wesen dieser Ideen auffassen kann: Denn Ideen ist es wesentlich, in einem Netz mit anderen Ideen verbunden zu sein. Es ist aber das Gute, das gleichsam die Kraft ist, die dieses Netz knüpft.[21] Und insofern Verbindungen zwischen Ideen die Voraussetzung dafür sind, dass wir sie in Definitionen erkennen können, ist das Gute auch Voraussetzung der Erkennbarkeit von Ideen. Das schließt nicht aus, dass wir auch ohne klaren Bezug auf das Gute einen Zugang zu den Ideen haben; wir haben ihn in der all-

21 Letztlich rührt diese Kraft aus der Handlungsrelevanz des Guten. Um zu definieren, müssen wir immer Ideen aufeinander beziehen. Geht es bloß um Wissen, besteht kein Zwang dazu, alle lokalen Netze von Ideen zu einem großen Netz zusammenzufügen. Geht es dagegen um Handeln, ist eine solche Zusammenführung unvermeidlich.

täglichen Einstellung, in der wir Eigenschaften konkreten Dingen oder Handlungen zuschreiben (vgl. FG (v)).

Lässt sich diese Argumentation auf Ideen übertragen, die nicht für handlungsbezogene Eigenschaften stehen? Aus dem Kontext der von Platon selbst verwendeten Beispiele sind hier vor allem mathematische Eigenschaften und Maßeigenschaften wie die Gleichheit einschlägig. Oben hatte ich den Vorschlag erwähnt, dass solche Eigenschaften mit dem Guten verbunden sind, da sie ein Ideal und somit eine intrinsische Unterscheidung zwischen Besserem und Schlechterem (z. B. besserer und schlechterer Gleichheit) aufweisen. Die Rede von einem Ideal scheint hier ganz selbstverständlich: Wir können anhand der Definition der Gleichheit leicht unterscheiden, was perfekte und was imperfekte Gleichheit ist.

Und trotzdem liegt in dieser Redeweise eine Voraussetzung verborgen, die mit der Bedeutung von »gut« einhergeht: Wir unterstellen, dass perfekte Gleichheit *besser* ist als imperfekte. Jedoch warum sollte das so sein? Sofern wir bei Eigenschaften solche Abstufungen *bewerten*, tragen wir eine Bedeutung von »gut« hinein, die über ein intrinsisches Ideal hinausgeht. Diese Bewertung verlangt nach einer Grundlage. Und damit befinden wir uns wieder im Bereich des Handelns, denn die letzte Grundlage der Bewertung sind unsere Handlungsziele.

Es ist offensichtlich, dass dieser Übertragungsversuch doch wieder darin mündet, dem Handeln den Vorrang zu geben, und daher nur plausibel ist, wenn man bereit ist, die Theorie des Guten, die Sokrates hier vorstellt, letztlich als eine praktische Theorie aufzufassen. Der Kontext, den das Gespräch in der *Politeia* insgesamt schafft, ist mit einer solchen Sicht vereinbar. Schließlich geht es um die Frage, warum wir gerecht *leben* sollen. Allerdings legen die Bilder, die Sokrates in den folgenden beiden Gleichnissen verwendet, etwas anderes nahe, nämlich eine Bewegung weg von den konkreten Dingen hin zu einer Erkenntnis der Ideen, die ihren Wert allein in sich trägt und keiner Rückbindung an Handlungen mehr bedarf. Auch im Sonnengleichnis selbst fehlt, wie schon gesagt, jeder Hinweis auf eine Rückbindung an die Sphäre der Handlungen: Nur ein Hinweis im Vorgespräch stützt diese Bindung. Will man aber auf den Handlungsbezug verzichten, bleibt mit Blick auf den zuletzt genannten Punkt (FG(ii)) nur übrig, die Welt selbst als wertvoll anzusehen, was, wie schon erwähnt, in der Antike plausibler geklungen haben mag als heute. Selbst wenn man dies akzeptiert, steht man jedoch immer noch vor der Aufgabe, den Zusammenhang zwischen Gutem und Einheit zu erklären. Die hier vorgestellte, an Korsgaard orientierte Interpretation liefert einen solchen Grund: Es ist letztlich unsere Aufgabe als Menschen, in unserem Handeln eine Einheit zu werden. Und dieser Grund passt wiederum gut zur Definition der Gerechtigkeit, die wir bereits kennengelernt haben.

Das Linien- und das Höhlengleichnis (509d–541b)

Ich habe dem Sonnengleichnis überproportional viel Aufmerksamkeit gewidmet, weil es von den drei Gleichnissen dasjenige ist, das noch am meisten Auskunft über das Gute gibt. Die beiden folgenden Gleichnisse legen den Akzent auf erkenntnistheoretische bzw. epistemologische Fragen: Sie versuchen auf je unterschiedliche Weise zu erläutern, wie und mit welchen Methoden der Erkenntnisprozess vonstattengehen könnte, der zur Erkenntnis des Guten führen soll. Wie sich zeigen wird, münden sie mit dieser Akzentuierung wieder in Fragen der Erziehung und schließen so einen Bogen, der mit den Überlegungen im ersten Teil von Buch VI eröffnet wurde.

Das Liniengleichnis (509d–511e)

Das Liniengleichnis verwendet, anders als das Sonnen- und das Höhlengleichnis, kein Bild aus der Welt der konkreten Dinge, um den Bereich der Ideen zu erläutern, sondern ein geometrisches Bild, das in Form einer Konstruktionsanweisung präsentiert wird. Glaukon soll eine Linie ziehen und sie in zwei Schritten teilen, so dass insgesamt vier Teile entstehen:

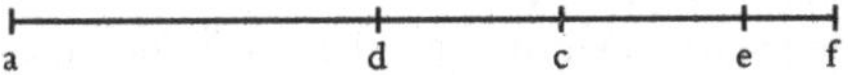

Dem Bereich ac wird das Einsehbare (*noêton*), dem Bereich cf das Sichtbare (*horaton*) zugeordnet. Die Vorschrift dabei lautet, dass das Verhältnis $ac : cf = ad : dc = ce : ef$ sein muss. Aus dieser Anweisung ergibt sich, dass die Abschnitte dc und ce gleich lang sind.[22] Diese Konsequenz ist inhaltlich bedeutsam, wie sich noch zeigen wird. In Anknüpfung an die zwei Ebenen des Sonnengleichnisses werden den Abschnitten ac und cf jeweils die Seinsbereiche bzw. ontologischen Bereiche des Einsehbaren (*noêton*) und des Sichtbaren (*horaton*) zugeordnet (509d 4). Diese Zuordnung wird weiter differenziert: Dem untersten Abschnitt ef werden die Bilder konkreter Dinge, dem Abschnitt ce die konkreten Dinge selbst zugeordnet

22 Es lässt sich mit Hilfe des folgenden Satzes zeigen, der in Euklids Elementen (V, 17 und 18) bewiesen wird:
Wenn $u : v = x : y$, dann auch $u : (u + v) = x : (x + y)$.
Da gilt: $ad : dc = ce : ef$, gilt somit auch:
$ad : (ad + dc) = ce : (ce + ef)$
Daraus folgt: $ce = (ad \cdot (ce + ef)) : (ad + dc)$
Ferner gilt: $ad : dc = (ad + dc) : (ce + cf)$ (das folgt aus der Konstruktionsanweisung).
Daraus folgt: $dc = (ad \cdot (ce + cf)) : (ad + dc)$.
Es ergibt sich, dass ce und dc gleich sind.

(509d 10–510a 7). Für den Abschnitt dc werden später mathematische Gegenstände als Beispiele genannt (510c–e) und dem Abschnitt ad die Ideen zugewiesen (511b).

Man könnte meinen, dass damit die beiden Ebenen des Sonnengleichnisses in eine durchgängige Ordnung gebracht werden (während sie im Sonnengleichnis in einem Gleichnisverhältnis zueinander standen). Die Linie stünde dann als Bild für eine ontologische Hierarchie, die von den Ideen bis zu den Bildern konkreter Dinge reicht.

Doch eine solche Deutung passt in vielerlei Hinsicht nicht zu dem, was Sokrates sagt. So stören schon die Bilder (ef): Warum sollte man sie in eine ontologische Hierarchie aufnehmen? Man könnte zwar darauf hinweisen, dass Platon gelegentlich die Abbildrelation zur Beschreibung ontologischer Verhältnisse benutzt. Die Aussagekraft solcher Stellen ist jedoch zweifelhaft.[23]

23 Die Stelle 510a 8–10 – sie besagt: So wie das Gemeinte und das Gewusste sich nach Wahrheit und Unwahrheit unterscheiden, so auch das Nachgebildete und dasjenige, dem es nachgebildet ist – könnte man in dieser Weise auffassen. Doch wird hier das Abbildungsverhältnis durch das Verhältnis zwischen Wissen und Meinung erläutert, nicht umgekehrt. Es wird nur gesagt, dass das Nachgebildete in ähnlicher Weise aspektbehaftet und schwankend ist wie die Meinung (denn auch eine Abbildung findet immer aus einer bestimmten Perspektive statt). Im *Parmenides* wird einmal die Idee als *paradigma* bezeichnet (132d 2). *paradigma* ist in der *Politeia* in der Regel etwas, das abgebildet wird (z. B. 472d, 500e). Beides zusammengenommen ergibt, dass die konkreten Dinge in einem Abbildungsverhältnis zu den Ideen stehen. Allerdings ist es interpretatorisch zumindest fahrlässig, Aussagen aus dem sehr speziellen Kontext des *Parmenides* herauszunehmen und mit Aussagen in anderen Dialogen zusammenzufügen, um eine platonische Theorie daraus zu konstruieren.

Einfacher und naheliegender ist es, die Bilder in ihrer *epistemischen Funktion* zu betrachten: Wir *benutzen* manche Dinge *als Bilder*, um in ihnen Dinge zu betrachten, die wir direkt nicht betrachten können. Ferner werden die Linienabschnitte ad und dc zunächst keineswegs durch die Zuordnung von Gegenständen, sondern durch die Beschreibung von Verfahrensweisen erläutert – in deutlichem Unterschied zur Beschreibung der Abschnitte ce und ef. Im Abschnitt dc gehe die Seele so vor, dass sie erstens bestimmte Voraussetzungen (*hypothesis*) macht und von diesen ausgehend sucht, und zweitens die Gegenstände des Abschnitts ce als Bilder benutzt (510b 4–6). Im Abschnitt ad gehe die Suche ebenfalls von Voraussetzungen aus, bewege sich aber auf einen »voraussetzungslosen Anfang« hin und benutze keine Bilder (510b 6–8).

Diese Bemerkungen sind so knapp und kryptisch, dass Glaukon nicht der Einzige sein dürfte, der sie nicht versteht. Sokrates liefert daher zumindest für den Abschnitt dc eine Erläuterung nach (510c 2–511b 1): Die beschriebene Verfahrensweise wenden wir in der Mathematik an. Dort werden bestimmte Dinge vorausgesetzt (z. B. was die Eins oder was ein Punkt ist) und von diesen Voraussetzungen ausgehend anderes definiert und Beweise geführt. Zugleich werden in der Geometrie konkrete Dinge – gezeichnete Dreiecke, Modelle geometrischer Körper – benutzt, um geometrische Verhältnisse aufzuzeigen. Was dabei bewiesen wird, betrifft jedoch nicht die konkreten Dinge, sondern »reine« geometrische Figuren, die als solche in der Welt der wahrnehmbaren konkreten Dinge nicht vorkommen. Wenn anhand eines gezeichneten (konkreten, wahrnehmbaren) Dreiecks bewiesen wird, dass die Summe seiner Winkel 180° beträgt, dann gilt dieses Ergebnis nicht nur für das konkrete Dreieck, sondern für das Dreieck im Allgemeinen; ja, das konkrete Dreieck mag so schlampig gezeichnet sein, dass die Summe seiner Winkel überhaupt nicht

180° beträgt (Platon würde hier anmerken, dass ein konkretes Dreieck ohnehin niemals jene geometrischen Eigenschaften perfekt verkörpert, die ein Dreieck definieren).

Die Frage stellt sich nun, ob man das *Beispiel* der Mathematik so auslegen darf, dass es im Abschnitt dc tatsächlich *nur* um mathematische Gegenstände geht, also um abstrakte Dinge, die auf der Basis bestimmter Voraussetzungen definiert werden können, und ob man das Liniengleichnis daher so verstehen darf, dass der Weg zum Wissen notwendigerweise über die Mathematik führt.

Sokrates hatte das Beispiel der Mathematik gewählt, weil Glaukon damit vertraut ist (510c 2), und es ist Glaukon, der den Schluss zieht, dass es im Bereich dc um mathematische Dinge geht (511a 10–b 1). Aristoteles schließlich hat Platon die Behauptung zugeschrieben, dass mathematische Gegenstände eine eigene ontologische Klasse bilden.[24] Das Liniengleichnis erzwingt eine solche Interpretation jedoch keineswegs.[25]

Was käme außer der Mathematik noch in Frage? Man kann nur spekulieren, da der Text keine weiteren Hinweise gibt.

24 *Metaphysik* Buch I, 987b 14–18.

25 Burnyeat hat auf eine spätere Bemerkung aufmerksam gemacht, in der Sokrates sich ohne Zweifel auf das Liniengleichnis rückbezieht (533e 3–a 9). Dort sagt Sokrates, dass man das Verhältnis der Gegenstände, auf die sich die Linienabschnitte beziehen, sowie ihre jeweilige Binnenunterteilung beiseitelassen solle, um sich nicht in weit abführende Untersuchungen zu begeben. Man kann diese Stelle so lesen, dass hier von dem Verhältnis der Gegenstände aller vier Linienabschnitte die Rede ist. Dann würde Sokrates es in der Tat als Problem markieren, ob dem Abschnitt dc ein eigener Gegenstandsbereich entspricht oder nicht; vgl. Burnyeat (1987), S. 217 f. Wenn diese Lesart zutrifft, dann gilt rückblickend für das Liniengleichnis aber, dass eine ontologische Hierarchie sicherlich nicht sein Thema ist.

Doch gilt beispielsweise für das sokratische Verfahren, das exemplarisch im kurzen Gespräch zwischen Sokrates und Kephalos vorgeführt wird, dass immer bestimmte Annahmen als Voraussetzungen gemacht werden müssen, und man diese Voraussetzungen nach und nach einholen muss. Wann immer in den platonischen Dialogen der Versuch unternommen wird, eine Tugend zu definieren, wird als Voraussetzung eingeführt, dass die betreffende Tugend gut ist. Warum das so sein sollte und was das Gute ist, wird selbst aber gar nicht thematisiert. Die Definitionsvorschläge wiederum werden gleichfalls immer mit Blick auf konkrete Beispiele gewonnen. Dies gilt auch für die Definition der Gerechtigkeit in der *Politeia*, die anhand eines Modellstaats entwickelt wird. Zwar ist dieser Modellstaat nicht existent, aber er wird als möglicherweise existierend und somit als möglicherweise konkret aufgefasst.

Aus den Erläuterungen, die Sokrates zum Abschnitt ad gibt (511b 2–c 2) wird immerhin so viel klar, dass die Untersuchung allein im Medium der Sprache verläuft und keine Bilder mehr benutzt werden. Unklar bleibt dagegen sowohl, was mit dem Anfang von allem (511b 6) gemeint ist, als auch, wie man sich den »Aufstieg« zum und den »Abstieg« von diesem Anfang vorzustellen hat. Erneut lässt Platon Glaukon seine Verständnisschwierigkeiten artikulieren. Doch diesmal setzt Sokrates nicht zu einem neuen Erklärungsversuch an; stattdessen fasst Glaukon zusammen, was er verstanden hat – und das sind vor allem die methodischen Erläuterungen zum Abschnitt dc.

Erstaunlich ist allerdings, dass Glaukon in seiner Zusammenfassung eine ganze Reihe von Begriffen verwendet, die Sokrates nicht vorgegeben hatte. Er kommt sogar der Rede von der »Dialektik« sehr nahe – mit diesem Wort wird Sokrates später (536d 5) die philosophische Wissenschaft bezeichnen. Doch ist wichtig, dass Glaukon hierbei durchgängig Ausdrücke benutzt, die in der *Politeia* schon vielfach vorkamen.[26] Auch die Dialektik wird nicht mit dem späteren Fachterminus (nämlich als *dialektikê ›technê‹*) benannt, sondern als »Wissenschaft des Sich-Unterhaltens« (*tou dialegesthai epistêmê*, 511c 5). Glaukon verbindet hier also das, was er kennt – ein Gespräch, so wie er und sein Bruder es seit geraumer Zeit mit Sokrates führen – mit Sokrates' Auskunft, dem höchsten Linienabschnitt entspreche eine Verfahrensweise, die gänzlich mit den Mitteln der Sprache arbeitet. Der Leser wird so auf die Praxis des Gesprächs als Beispiel für das verwiesen, was Sokrates meint. Es scheint also, als wolle Platon hier Glaukon »mit eigenen Worten« darstellen lassen, wie er die einzelnen Linienabschnitte verstanden hat. Sokrates bestätigt Glaukons Beschreibung zwar, ergänzt bzw. variiert sie jedoch auch und führt dabei Ausdrücke ein, die jeweils zum ersten Mal in der *Politeia* vorkommen. Es mag hilfreich sein, die von beiden verwendeten Ausdrücke mitsamt gängigen Übersetzungsvarianten zusammenzustellen:

ad: Glaukon: *nous*; Sokrates: *noêsis*; R: »Einsicht«, S: »Vernunft«, V+K: »Erkenntnis«.[27]

dc: Glaukon: *dianoia*, von Sokrates bestätigt; R: »Vernunft«, S: »Verstand«, V+K: »Nachdenken«.

ce: Glaukon: *doxa*; Sokrates: *pistis*; für *doxa*: R: »Meinung«,

26 Eine Aufstellung ohne Anspruch auf Vollständigkeit: *dialegesthai*: 328a 9, 328d 9, 336b 1, 360a 2, 454a 5 und kurz zuvor *tou dialegesthai dynamis*: 511b 3; *nous*: 331b 6, 344d 6, 358b 3, 362d 1, 366b 7, 376a 9, 396b 2, 399b 7, 406d 5, 407b 2, 416c 5, 427c 1, 431c 5, 432b 9, 450b 8, 477e 9, 490a 1, 490b 5, 494d 6, 506c 8, 508c 1, 508d 5; *dianoia*: 359c 1, 371e 1, 393a 7, 395d 3, 396e 1, 400e 3, 403d 8, 410c 8, 412e 9, 455c 1, 458a 1, 469d 5, 470e 3, 476b 7, 476d 4, 486a 8, 486d 10, 500c 1.

27 »R« steht für die Übersetzung von Rufener, »S« für Schleiermacher, »V« für Vretska und »K« für Krapinger.

S: »Vorstellung«, V: »Meinen«, K: »Meinung«; für *pistis*: R: »Glauben« / »Für-Wahr-Halten«, S: »Glauben«, V+K: »Meinen«.

ef: Glaukon gibt keine Bezeichnung, Sokrates: *eikasia*; R: »Vermuten«, S: »Wahrscheinlichkeit«, V+K: »Vermuten«.

Ich habe die deutschen Übersetzungsvarianten (denen sich noch weitere hinzufügen lassen) auch deshalb eingefügt, um deutlich zu machen, dass es sinnlos ist, hier nach der einen einzigen treffenden und allein erhellenden Übersetzung zu suchen. Platon führt uns eher die Genese einer philosophischen Terminologie vor, die vertraute Ausdrücke aufgreift und ihnen einen speziellen, wechselseitig voneinander abgegrenzten Gebrauch zuweist.[28]

Man sollte sich also in der Auslegung des Liniengleichnisses mit dem begnügen, was sich sicher festhalten lässt: Es geht nicht um ein Bild für eine ontologische Hierarchie, sondern um ein Bild für verschiedene epistemische Verfahrensweisen. Darin spielt die Verwendung von Bildern selbst sowie die Möglichkeit, Gegenstände sowohl als solche aufzufassen, als auch als Bilder für etwas anderes, eine wichtige Rolle. Die konkreten Dinge treten in dieser Doppelrolle auf. Daher ist es inhaltlich bedeutsam, dass die Abschnitte dc und ce gleich lang sind.

Eine andere wichtige Rolle wird dem Umgang mit Voraussetzungen zugewiesen: Man kann sie hinnehmen und von ihnen aus definieren und ableiten. Man kann sie aber auch als bloßen Ausgangspunkt verwenden, der zu überwinden ist. Diese Überwindung gleicht der Einstellung zu den konkreten Dingen, wenn man sie als Bilder für etwas Abstraktes verwendet. Weitere Details über die jeweiligen Verfahrensweisen

28 Später übrigens (z. B. 524d) wird Platon die strenge Unterscheidung zwischen *dianoia* und *noēsis* wieder aufheben.

herauszuarbeiten, wäre zwar interessant, doch schweigt sich das Liniengleichnis hierzu aus.

Das Höhlengleichnis und seine Auslegung (514a–518b)

Von den drei Gleichnissen hat das Höhlengleichnis die größte Berühmtheit erlangt. Das mag an der Suggestivität seines Bildes liegen, es mag aber auch damit zu tun haben, dass das Höhlengleichnis einen Aspekt in den Mittelpunkt rückt, der den Lesern persönlich am nächsten liegt: Denn nun geht es um die Erläuterung des Bildungsgangs selbst und der Erfahrungen, die man während dieses Gangs macht. So leitet Sokrates das Gleichnis auch ein: Es gehe um »unsere Natur hinsichtlich Bildung und Unbildung« (514a 2). Das Bild sei in aller Kürze zusammengefasst: Menschen sitzen in einer Höhle und sind so gefesselt, dass ihr Blick starr auf die gegenüberliegende Wand gerichtet ist. Hinter ihnen befindet sich eine Mauer, hinter der Mauer wiederum ein Feuer. Wenn jemand auf der Mauer einen Gegenstand vorbeiträgt, dann wird auf die Höhlenwand ein Schatten geworfen – diese Schatten allein bekommen die Höhlenbewohner zu sehen, und sie versuchen, sich über diese Schatten zu verständigen. Eines Tages wird einer von ihnen von seinen Fesseln befreit. Er bekommt die Mauer, die Gegenstände, das Feuer zu sehen. Schließlich wird er aus der Höhle herausgeführt. Vom hellen Licht geblendet, versucht er zunächst, Schatten und Spiegelbilder der natürlichen Dinge (beispielsweise im Wasser) zu betrachten, dann diese Dinge selbst. Zum Schluss wendet sich sein Blick zur Sonne als der Quelle des Lichts außerhalb der Höhle. Bei diesem »Bildungsgang« spielen Gewalt, Schmerz und Irritation eine große Rolle: Schon die Umwendung des Blicks innerhalb der Höhle geschieht nicht freiwillig, der Blick ins Feuer bereitet Schmerzen, der Weg aus der Höhle ins Freie ist unwegsam und steil, das

Tageslicht außerhalb der Höhle verursacht erneut ein Gefühl der Blendung und bedarf langsamer Gewöhnung. Die Bildungserfahrung, die hier beschrieben wird, ist also keine, die durch unmittelbare Lustempfindungen belohnt wird. Erst ganz am Ende, nachdem man von der Welt außerhalb der Höhle ausgiebig Kenntnis genommen hat, wird man die Veränderung positiv beurteilen (516c 4–6).

Das Bild der Höhle und der Außenwelt knüpft in mehreren Hinsichten an die beiden vorangegangenen Gleichnisse an. Dem Liniengleichnis entsprechend gibt es vier Phasen:

(1) gefesselt in der Höhle und auf Bilder angewiesen;
(2) nach der Lösung der Fesseln, aber noch in der Höhle, beschäftigt mit den Dingen, die die Bilder werfen;
(3) außerhalb der Höhle, und erneut Bilder betrachtend;
(4) schließlich außerhalb der Höhle und mit den Dingen selbst befasst, in Abstufung von den Dingen auf der Erde bis hin zu den Himmelskörpern.

Hier wird auch die Sonne selbst zum Gegenstand der Betrachtung (516b 5 f.). Allerdings endet der Bildungsgang nicht mit der Betrachtung der Sonne, sondern mit der »zusammenfassenden Überlegung« (Rufener) über die Funktion der Sonne (516b 8–c 2). Wie im Liniengleichnis spielt die Erkenntnis durch Bilder eine große Rolle: Sie ist unvollkommen, kann aber hilfreich sein. Anders als im Liniengleichnis gibt es keine Überlappung zweier Gegenstandsbereiche, wie man meinen könnte: Zwar werden sowohl in Phase (2) als auch anfangs in Phase (4) konkrete Dinge betrachtet, allerdings sind die Dinge in der Höhle Abbilder (Statuen) der Dinge außerhalb der Höhle.[29]

29 Wenn man die Dinge außerhalb der Höhle mit den Ideen gleichsetzt, würde der Umstand, dass die Dinge in der Höhle Abbilder

Die Bezüge zum Sonnengleichnis sind gleichfalls zahlreich. Die Sonne dürfte auch hier für die Idee des Guten stehen – und wie im Sonnengleichnis ist das Ziel die Einsicht in die Funktion der Sonne bzw. des Guten. Ferner gibt es wie im Sonnengleichnis zwei jeweils für sich bestehende Bereiche, nämlich die Welt in der Höhle und die Welt außerhalb der Höhle. Die Welt in der Höhle ist deshalb eigenständig, weil sie eine eigene Lichtquelle hat (Platon hätte das Bild sicherlich auch so anlegen können, dass die Sonne die einzige Lichtquelle für alles ist). Dem entspricht die Bemerkung im Sonnengleichnis, dass eine gewisse Erkenntnis auch ohne das Gute möglich ist, eine Erkenntnis allerdings, die auf der Stufe der Meinung gefangen bleiben wird. Diese Dopplung ist übrigens ein weiterer Anlass zur Vorsicht, die Gleichnisse als Darstellungen einer durchgängigen ontologischen Hierarchie zu lesen. Zwar wird im Sonnengleichnis ein durchgängiger Aufstieg beschrieben, durch den die Welten innerhalb und außerhalb der Höhle miteinander verbunden sind. Die Erkenntnisprozesse auf beiden Ebenen sind jedoch voneinander unabhängig und entsprechen einander nur in der Methode: Jeweils geht es von den Bildern zu den abgebildeten Sachen und schließlich zur Lichtquelle.

Anders als bei den anderen beiden Gleichnissen gibt Sokrates hier eine Deutung (517a 8–c 4). Sie besteht im Wesentlichen in den schon genannten Bezügen zu den anderen Gleichnissen: Der Bereich außerhalb der Höhle wird mit dem Bereich des Einsehbaren (der Abschnitt ac der Linie) gleichgesetzt. Die

der Dinge außerhalb sind, einen Hinweis auf ein Abbildverhältnis zwischen Ideen und konkreten Dingen liefern. Allerdings ist der Hinweis nicht deutlich genug für eine so weitreichende Behauptung; neben den Statuen werden nämlich auch allerhand »Geräte« (*skeuê*) vorbeigetragen, bei denen unklar ist, wie sie sich zu den Dingen außerhalb der Höhle verhalten (zu diesem Thema siehe auch S. 202, Anm. 23).

Sonne wird implizit der Idee des Guten zugeordnet.[30] Sobald es um das Gute geht, betont Sokrates die Unsicherheit dessen, was er sagt: Es sei bloß eine »Ahnung« (*elpis*, 517b 6) bzw. das, was ihm erscheine (b 7). Zum Schluss seiner Auslegung erwähnt er die Relevanz der Idee des Guten für das Handeln.

Letzteres ist umso bemerkenswerter, als hier nun eine jener Passagen folgt, die die Erkenntnis des Guten von der Sphäre des Handelns weit wegzurücken scheinen. Wer gelernt habe, sich in der Welt außerhalb der Höhle zurechtzufinden, werde kaum in die Höhle zurückwollen (517c 6–d 2; vgl. dazu im Gleichnis 516c–e) – dort aber gilt es zu handeln. Eigentlich geht es Sokrates aber wieder um einen erkenntnistheoretischen Punkt: Jemand, der in die Höhle zurückkehrt, ist zunächst von einer ähnlichen Blindheit geschlagen wie jemand, der aus der Höhle ins Licht tritt (517d 4–518b 5). Das erklärt die Weltfremdheit des Philosophen, die etwa auch im Gleichnis des Staatsschiffs angesprochen wurde.[31]

Wenig später kommt Sokrates nochmals auf das Thema der Rückkehr in die Höhle zurück (529b–521b). Dabei bringt er eine merkwürdige Mischung von Aussagen und Argumenten vor, die sich teils auf die idealen Philosophen im idealen Staat, teils auf die gegenwärtigen Philosophen zu richten scheinen. Wer es unter den gegenwärtigen Bedingungen schafft, dem Weg der Philosophie treu zu bleiben und die Gefilde außerhalb der Höhle erreicht, wird eine Neigung zur Weltflucht entwickeln und auch ein gewisses Recht dazu haben, da er die Philosophie nicht mit Hilfe der Gesellschaft, sondern gegen sie be-

30 Implizit deshalb, weil die Idee des Guten das letzte Erkennbare sei und nur mit Mühe gesehen werde, genauso wie die Sonne. Wenn Sokrates daraufhin die Idee des Guten auch als Quelle des Lichts im Bereich des Sichtbaren bezeichnet, dann bewegt er sich damit noch im Rahmen dieser Parallelisierung.

31 Siehe S. 167.

treibt (520b 1–5). Die Philosophen des idealen Staats dagegen verdanken ihre Ausbildung dem Staat, so dass es gerecht ist, dem Staat auch etwas zurückzugeben. Eigentlich aber handelt es sich hierbei gar nicht um das relevante Verständnis von Gerechtigkeit: Wenn die Philosophen verstanden haben, was Gerechtigkeit ist – dass nämlich jeder das Seine tut –, dann werden sie aus diesem Wissen heraus ihre Aufgabe im Staat erfüllen. Zwang und Überredung dürfen bei diesen idealen Philosophen keine Rolle spielen. So ist es streng genommen auch irreführend, darauf hinzuweisen, dass die Philosophen am wenigsten Interesse an materiellen Gütern und Macht haben, darum am wenigsten korrupt und machtgierig und folglich am besten zum Herrschen geeignet sind (520d–521b).

Die Ausbildung des Philosophen (518b–541b)

Das Hauptthema des Gesprächs, das sich an die Auslegung des Höhlengleichnisses anschließt, bildet jedoch die Erziehung. Sokrates weist zunächst (518b 7–519b 6) auf zwei weitere Aspekte des Höhlengleichnisses hin:

Zum einen geht es darum, dass im Prinzip jeder (518c 5) in der Lage ist, sich auf den Weg aus der Höhle heraus zu begeben. Das steht in gewissem Kontrast zu früheren Bemerkungen darüber, dass nur sehr wenige zum Philosophen taugen, passt jedoch gut dazu, dass im Modellstaat jedes Kind Zugang zum langen Weg der Bildung erhält, der am Ende zur Philosophie führt.

Der andere Aspekt knüpft an die erwähnten Momente von Gewalt und Zwang an; Sokrates versieht sie hier aber mit dem freundlicheren Wort der »Umlenkung« (*periagogê*, 518d 4). Erziehung ist nicht in dem Sinne ein geradliniger Weg, dass der zu Erziehende schon immer künftige Ziele als Fortschritte anvisieren kann. Vieles, was ihm zugemutet wird, wird ihm nutzlos erscheinen. Das ist jedoch unvermeidlich, weil er eben auch erst einmal lernen muss, die Dinge in ihrer Relevanz richtig einzuschätzen.

Hauptsächlich geht es aber um die Ausbildung des Philosophen. Das Gespräch knüpft damit an die Beschreibung des Erziehungsprogramms in den Büchern II bis III an. Damals war weder klar, was ein Philosoph ist, noch waren die Begriffe »Wissen« und »Ideen« eingeführt worden. Das hat sich mittlerweile geändert, und deshalb kann die Erörterung der Erziehung nun fortgesetzt werden. Sokrates macht diesen Anschluss auch explizit (521d) und kann leicht aufzeigen, worin das Defizit von Gymnastik und Musenkunst liegt: Keine von ihnen kann die Umlenkung bewerkstelligen, die zur Philosophie hinführt, nämlich die Umlenkung vom Werdenden zum Seienden (521d 4 f.) – eine Umlenkung, die derjenigen nicht unähnlich sein dürfte, die Sokrates in Buch V beschrieben hat, um den Unterschied zwischen Schaulustigen und Philosophen zu erläutern.

Was ist aber geeignet, eine solche Umlenkung zu bewirken? Die Mathematik, schlägt Sokrates vor (522c 5). Sie ist nützlich für allerlei Handwerke und Wissenschaften (522c 1 f.). Doch darum geht es hier nicht: Für den Weg zur Philosophie ist sie nämlich deshalb geeignet, weil sie zur Vernunfteinsicht (*noêsis*) hinführen kann (523a 1).

Warum das so ist, versucht Sokrates folgendermaßen zu zeigen: Es gibt Gegenstände der Wahrnehmung, die »das Denken nicht zur genaueren Nachprüfung herausfordern« (523b 1). Sokrates' Beispiel ist die Wahrnehmung eines Fingers (523b–d). »Finger sein« ist eine Eigenschaft, die kein Gegenteil hat. Deshalb nehmen wir Finger wahr, ohne auf Probleme zu stoßen und kommen auch nicht in die Situation, uns zu fragen, was ein Finger überhaupt sei. Anders ist es, wenn wir unsere Aufmerksamkeit auf Eigenschaften richten, zu denen es gegenteilige Bestimmungen gibt. Auch solche Eigenschaften werden wahrgenommen. Wir sehen beispielsweise, dass unser mittlerer Finger groß ist (nämlich im Vergleich zu den anderen Fingern). Wir sehen jedoch auch, dass er klein ist (etwa im Vergleich zum Arm). Ähnlich können wir ertasten, dass der Finger weich ist, doch wenn wir anders oder an anderer Stelle tasten, ist er hart. Die Wahrnehmung liefert uns also in solchen Fällen widersprüchliche Befunde. Solche Widersprüche sollen nun »rechnerische Überlegung« (*logismos*) und »Einsicht« bzw. »Verstand« (*noêsis*) auf den Plan rufen (524b 3 f., der Ausdruck *noêsis* wird hier nicht mehr terminologisch exakt verwendet). Was tun diese? Sie zählen »das [von den Sinnen] Gemeldete«: Ist es eins oder sind es zwei? Falls es zwei sind, werden sie versuchen zu bestimmen, was beispielsweise das Große und das Kleine ist (524c 11), mithin nach der Definition der entsprechenden Ideen suchen.

Dieser Gedankengang ist, gelinde gesagt, überraschend. Ein moderner Leser (eigentlich genügt ein Leser, der an Aristoteles geschult ist) würde wohl eher sagen, dass uns die Wahrnehmung eines Fingers zu allerlei Fragen herausfordert – z. B. dazu, was den Finger zu *einem* Ding macht, wie er funktioniert, und dergleichen mehr. Ein solches Interesse ist auf die Dinge gerichtet. Platon dagegen scheint es hier gerade nicht um die Dinge zu gehen, sondern um Eigenschaften, und zwar um Eigenschaften wie Größe oder Weichheit, die jedoch gewiss nicht das Wesen von Dingen ausmachen.

Das wirft als nächstes die Frage auf, warum die Wahrnehmung widersprüchlicher Eigenschaften so große Verwirrung auslösen sollte. Ein Grund für eine solche Verwirrung ist klar – ein und demselben Ding können nicht widersprüchliche Eigenschaften zukommen, wie Platon Sokrates in Buch IV selbst sagen ließ. Dieser Grund wurde aber doch gerade ausgeschlossen – betrifft er doch das Ding und nicht die Eigenschaft (in

Buch IV bildeten widersprüchliche Eigenschaften eines Dings die Grundlage der Annahme, dass das Ding Teile hat). Warum aber sollte die Wahrnehmung durch widersprüchliche Eigenschaften ansonsten in Verwirrung geraten? Gehört es nicht zu den fundamentalen Leistungen der Wahrnehmung selbst, Eigenschaften wie Größe und Kleinheit oder Härte und Weichheit voneinander unterscheiden zu können?

Vielleicht lässt sich die Verwirrung, auf die Sokrates zielt, durch folgendes Szenario erfassen. Stellen wir uns eine Person vor, die im antiken Athen lebt. Sie wächst mit bestimmten Mustern für die Größe von Gebäuden auf: Der Parthenon etwa wird für sie das Muster eines großen Gebäudes sein, an dem sich alle anderen Gebäude messen lassen müssen. Tatsächlich wird sie bei der Beurteilung der Größe von Gebäuden überhaupt nicht bewusst messen: Sie wird Gebäude unmittelbar als groß oder klein *sehen*, so wie wir ohne nachzudenken Menschen als groß oder klein einschätzen.

Schicken wir diese Person nun auf eine Zeitreise ins New York des 21. Jh. Im ersten Moment werden ihr die Häuser dort gigantisch vorkommen. Doch nachdem sie sich eingelebt hat, wird etwa das Empire State Building das neue Muster eines großen Gebäudes abgeben, und das Urteil über die Größe von Gebäuden wird sich auf der Basis des neuen Musters ebenso unmittelbar einstellen.

Schließlich lassen wir die Person zwischen dem antiken Athen und dem modernen New York pendeln: Was wird mit ihren Größenmaßstäben geschehen? Die Maßstäbe werden ihr so durcheinandergeraten, dass sie womöglich dasselbe Gebäude zugleich als groß und klein sieht – die Wahrnehmung der Größeneigenschaften selbst wird widersprüchlich.

Eine solche Verwirrung scheint mir zu sein, was Sokrates im Sinn hatte (vgl. 524c 3 f.). Denn dieser Person wird auf der Ebene der Wahrnehmung nicht mehr zu helfen sein: Alles, was sie retten kann, ist eine Reflexion auf die Eigenschaften, die etwa zur Einsicht führt, dass Größe keine absolute, sondern immer eine maßstabsrelative Eigenschaft ist. Und in der Tat mag der erste Schritt einer solchen Reflexion darin bestehen, die Eigenschaften zu zählen. Ein solcher Schritt passt gut zu Sokrates' These, dass die Mathematik die »Umlenkung« vom Werdenden zum Seienden bewirke. Allerdings ist er doch insofern nicht ganz plausibel, als das Zählen immer Identifikationskriterien voraussetzt, nach denen man die Dinge, die man zählt, voneinander unterscheiden kann. So müsste man also zuerst wissen, was Eigenschaften sind und wie man sie voneinander unterscheiden, bevor man sie zählen kann.

Platon gibt dem Gespräch noch eine weitere Wendung. Glaukons Verständnisprobleme (524d 7) liefern Sokrates die Gelegenheit zu einer Erläuterung, die nochmals einen neuen Punkt einführt. Denn nun ist es auf einmal die Einheit selbst, die als Eigenschaft in einem Gegensatzverhältnis steht (524e 1), nämlich zur Vielheit. Glaukon ergänzt, dass die Wahrnehmung Dinge als eines und als vieles wahrnimmt (525a 5 f.). Wie sie das aber tun soll, bleibt unklar. Immerhin gewinnt auf diese Weise die Zahl einen neuen Status, denn die Zahl Eins wird nun mit der Einheit der Dinge verknüpft. Auf diese Weise würde also letztlich doch noch der Bogen bis zu den Gegenständen geschlagen: Die Verwirrung hätte dann damit zu tun, dass ein und derselbe Gegenstand widersprüchliche Eigenschaften hat. Die Auflösung der Widersprüche würde voraussetzen, dass man klar zwischen einem Ding und (beispielsweise) mehreren Teilen unterscheiden kann. Dazu ist die Wahrnehmung jedoch nicht in der Lage. So hätte denn die Mathematik – neben ihrer praktischen Bedeutung auch im Militärwesen, auf die Sokrates hier ausdrücklich hinweist – auch eine wichtige Funktion in der Suche nach Wissen überhaupt (525b).

Wie auch immer diese Argumentation zu verstehen ist: Die

Arithmetik ist jedenfalls als Lehrfach für die angehenden Philosophen gesetzt. Wie schaut es mit den anderen Fächern jenes Kanons aus, der später als »Quadrivium«, als die vier mathematischen Disziplinen, Karriere machen sollte?[32]

Da wäre zunächst die Geometrie (526c 9). Hilft auch sie auf dem Weg zu philosophischer Erkenntnis? Ja, und zwar dann, wenn sie uns nötigt, das Sein anzuschauen (526e 7 f.). Dies tut sie in der Tat, denn wie die Arithmetik (vgl. 525d 5–8) lädt auch sie zur Abstraktion ein, da es nicht auf die Konstruktion konkreter Figuren ankommt, sondern die Geometrie allein um der Erkenntnis willen betrieben werden kann (527b 1). Auch die Geometrie ist also in das Bildungsprogramm aufzunehmen (527c).

Der nächste Kandidat auf der Liste ist die Astronomie (527d 1). Glaukon erinnert an ihren praktischen Nutzen, doch dies reicht Sokrates hier so wenig wie in den anderen Fällen aus (vgl. 527d 5 ff.). Ihm ist auch der Schritt von der Geometrie zur Astronomie zu schnell, denn er schiebt die Stereometrie dazwischen als Wissenschaft von den ruhenden Körpern (528a f.). Glaukon lobt nun die Astronomie, weil sie den Blick nach oben lenkt und meint, er würde sie damit so loben wie Sokrates, wird aber von diesem korrigiert: Dann wäre nämlich auch das Betrachten von Deckengemälden geeignet für die Bildung (528e–529b). Zur gesuchten Bildung trägt die Astronomie tatsächlich nur in Bezug auf (in Zahlen ausdrückbare) Verhältnisse zwischen Bewegungen und (geometrischen) Figuren

32 Der Ursprung der Idee eines »Quadriviums« mathematischer Disziplinen (Arithmetik, Geometrie, Musik und Astronomie) dürfte in der Tat in dieser Passage liegen. Bei dem lateinischen Autor Varro (*Disciplinae*, 1. Jh. v. Chr.) wird erstmals die Zusammenstellung der später sogenannten »sieben freien Künste« erwähnt, zu denen neben dem »Quadrivium« das »Trivium« der sprachlichen Disziplinen (Grammatik, Dialektik, Rhetorik) zählt.

bei (529c–d). Völlige Unveränderlichkeit gibt es jedoch in der körperlichen Welt, also auch unter den Sternen, nicht (530b). Die letzte betrachtete Disziplin ist die Harmonielehre (531a 1): Auch bei ihr kommt es auf Zahlenverhältnisse und deren Eigenschaften an, nicht aber auf das Messen gehörter Zusammenklänge und Töne (also wird auch hier eine richtige von einer falschen, an der Praxis orientierten Auffassung vom Fach abgegrenzt, 531a–c).

Abgesehen von den hochgelobten militärischen Anwendungen hat dieser Durchgang durch die Wissenschaften einen so offensichtlich praxisfeindlichen Zug, dass man unwillkürlich an das Klischee eines von jeder Lebenswelt entrückten Philosophen im Elfenbeinturm denken muss, dem jeder noch so geringe Praxisbezug schon als Verunreinigung seines Denkens erscheint. Gegen diesen Eindruck sei hier zum einen daran erinnert, dass Platon hier tatsächlich keine Wissenschaftstheorie, sondern eine Beschreibung des Erziehungsprogramms liefern wollte, dessen Ziel nicht in diesen Wissenschaften selbst liegt, sondern in der – wie Sokrates abschließend bemerkt (531c 6 f.) – »Erforschung des Guten und des Schönen«. Und zum anderen ist es eben dieses Ziel, also das Gute, das – sofern die obigen Versuche, zu verstehen, was mit »dem Guten« gemeint ist, irgendwie richtig liegen – zur Sphäre der Praxis zurückführt.

Welchen Status die Ausbildung in den mathematischen Disziplinen hat, macht Sokrates schließlich auch dadurch klar, dass er sie als bloßes Vorspiel (*prooimion*, 531d 6) einstuft. Doch Vorspiel zu was? Zu dem, was Sokrates als »Dialektik« bezeichnet und was nun als Gipfel der philosophischen Bildung präsentiert wird. Glaukon hatte ein ähnliches Wort schon früher verwendet (511c 5). Hier spricht Sokrates nun zunächst vom »Dialektiker«, später verwendet er das nominalisierte Verb (*to dialegesthai*, das »Sich-unterhalten«), um schließlich in 532b 4 den Begriff »Dialektik« ausdrücklich einzuführen. Was ist damit nun aber gemeint?

Nicht zuletzt aufgrund der schrittweisen Einführung des Begriffs dürfte die wörtliche Bedeutung einen wichtigen Orientierungspunkt liefern. Das zugrunde liegende Verb *dialegesthai* bedeutet »sich unterhalten«. Zu dem Adjektiv *dialektikê* ist *technê* hinzuzufügen, so dass hier wörtlich die »Kunst des Sich-Unterhaltens« gemeint ist. So betrachtet, handelt es sich bei der Dialektik also um gar nichts Außergewöhnliches, sondern um etwas, das allen Anwesenden aus alltäglichen Erfahrungen heraus vertraut ist. Dafür spricht auch die spätere Bemerkung, dass die Dialektik heute meistens auf eine falsche Weise betrieben werde (537e 1 f.). Diese Bemerkung impliziert nämlich, dass unter den Begriff »Dialektik« eben auch Dinge fallen, die nichts mit jenem Höhepunkt philosophischer Ausbildung tun haben, den Sokrates hier anvisiert. Wir haben es also bei der Dialektik einerseits nicht mit etwas Esoterischem zu tun, das allein eingeweihten Philosophen zugänglich ist.

Andererseits greift Sokrates in seinen Beschreibungen zur Dialektik in großem Umfang auf die drei Gleichnisse und die Ausführungen über die Unterscheidung von Wissen und Meinung aus Buch V zurück. So wird die Dialektik mit dem Weg aus der Höhle verglichen (532b–c): Ihr Erkenntnisziel ist die Idee des Guten als Erkenntnisziel aus dem Sonnengleichnis (532b 1, 534c 4); ihre Vorgehensweise entspricht dem, was zum obersten Abschnitt der Linie im Liniengleichnis gesagt wurde (533c 8 f.); sie setzt die Unterscheidung zwischen wahrnehmbaren und veränderlichen Dingen einerseits und unveränderlichen, nicht wahrnehmbaren Dingen anderseits aus Buch V voraus (532a 6, 533b–c); die Erkenntnis der nicht-wahrnehmbaren Dinge führt zur Einsicht in »den Begriff (*logos*) des Wesens« (534b 3 f.).

Interessant ist das Bild des Schlusssteins, das Sokrates in

534e für die Dialektik verwendet. Zwar besagt es zunächst, dass die Dialektik sich mit einem »Anfang« beschäftigt, der selbst keine Voraussetzungen, also keinen anderen Anfang über sich hat. Man kann das Bild aber auch als funktionale Beschreibung der Dialektik auffassen, denn ein Schlussstein ist immer nur durch seine Relation zu anderen Steinen Schlussstein: Krönend in einem Rundbogen wird er als letzter Stein eingesetzt und hält den Bogen so in seiner Statik zusammen, wird aber selbst nur von den anderen Steinen gehalten.

Inhaltlich geht das, was hier gesagt wird, nicht über die früheren Passagen hinaus. Eher wird das am Ende von Buch V und in den Gleichnissen Gesagte nun unter einem Oberbegriff gefasst, mit dessen Hilfe es sich in die Beschreibung des Erziehungsprogramms einbetten lässt. Dazu passt, dass Sokrates an die Beschreibung der Dialektik die des restlichen Erziehungsprogramms für die angehenden Philosophen anschließt (535a–541b).

Fasst man »Dialektik« nun entsprechend auf, dann steht der Ausdruck tatsächlich für ein besonderes Wissen, das nur die idealen Philosophen haben können. Doch geht aus Sokrates' Beschreibung ebenso deutlich hervor, dass dieses Wissen eine gewichtige praktische Komponente hat. Dialektik bedeutet nämlich auch, sich selbst und anderen »begriffliche Rechenschaft« zu geben und zu empfangen (*logon dounai te kai apodexasthai*, vgl. 531e 3 f., ähnlich 534b 4; man vergleiche die deutsche Redewendung »Rede und Antwort stehen«). Sie bedeutet ferner, »sich durch alle prüfenden Widerlegungen (*elenchos*) durch[zu]fechten« (534c 1 f.) sowie »die Zusammenhänge überblicken [zu] können« (*ho men gar synoptikos dialektikos*, 537c 7). All dies sind Fähigkeiten, die mit dem argumentativen Austausch im Gespräch in Zusammenhang stehen.[33] So er-

33 Im Rahmen des sokratischen Gespräch hat auch das Überblicken

weist sich die Dialektik am Ende doch wiederum als eine besondere Form der Kunst des Gesprächs.

Dies wird auch durch eine irritierende selbstbezügliche Bemerkung von Sokrates bestätigt. In 532d–e stellt Glaukon Sokrates eine recht spezifische Aufgabe, die Dialektik zu erläutern: Er solle sagen, »worin die Kraft des dialektischen Denkens« (wörtlich: »des Sich-Unterhaltens«) bestehe, »in was für Arten es geteilt sei, und welches [seine] Wege« seien (532d 8–e 2). Sokrates erfüllt diese Aufgabe jedoch faktisch nicht. Dennoch zeigt er sich erstaunlich bereitwillig zu Erklärungen, und verspricht Glaukon sogar, »das Wahre zu sehen« (533a 3).

Allerdings schickt er erstens voraus, dass Glaukon ihm nicht mehr werde folgen können, und dass Sokrates sich zweitens gar nicht sicher sei, ob er selbst die Wahrheit treffe. Das scheint auf den ersten Blick widersprüchlich: Wie kann ich jemandem versprechen, »das Wahre zu sehen«, ohne zu wissen, ob das, was ich ihm zeigen will, die Wahrheit ist? Der Widerspruch löst sich auf, wenn man zwischen dem Weg und dem Ziel unterscheidet. Was Sokrates anbieten kann, ist, Glaukon in das dialektische Verfahren hineinzuführen und ihn zu begleiten – obgleich er zweifelt, dass Glaukon wird folgen können. Das Ziel dieses Wegs zu erreichen, kann er jedoch nicht anbieten. Letzteres tun zu wollen, wäre ohnehin sinnlos, denn zum Ziel – zur Erkenntnis des Guten – gibt es keine Abkürzung (vgl. 533a 7 f.: nur die Fähigkeit des dialektischen Denkens selbst kann zeigen, was wahr ist, es gibt keine Alternative zu ihr).

der Zusammenhänge eine methodische Bedeutung: Denn damit ist die Fähigkeit gemeint, bei der Erörterung eines Themas weitere relevante Begriffe ins Spiel zu bringen.

Buch VIII–IX: Formen der Ungerechtigkeit in Staat und Seele

Vorbemerkung

Mit Buch VII endet eine lange Partie der *Politeia*, die rückblickend wie ein Exkurs erscheinen mag, der jedoch zugleich etwas zu Ende führt, das in den Büchern II und III begonnen wurde. Ein Exkurs ist es, insofern die gesamte Partie in Buch V als Abschweifung startete: Sokrates wurde nach Details des Modellstaats gefragt. Im Zuge dessen kam er auf die These der Philosophenherrschaft und gelangte von dort aus zur Frage, was ein Philosoph sei. Die Beantwortung dieser Frage ging unmittelbar in den Versuch über, das Wissen zu bestimmen, nach dem ein Philosoph strebt. Dieser Versuch endete in einer ausführlichen Beschreibung des philosophischen Bildungswegs. Denn eine solche Beschreibung ist das Einzige, was sich mit einiger Genauigkeit geben lässt, wenn man selbst nicht weiß, ob man über das gesuchte Wissen verfügt. Damit aber wurde zugleich die Erörterung der Erziehung aus den Büchern II und III fortgesetzt und abgeschlossen.

Dass die Bücher V–VII dennoch als Exkurs erscheinen, liegt vor allem daran, dass Sokrates am Ende von Buch IV ein Thema angekündigt hatte, zu dessen Ausführung er jedoch nicht mehr kam, nämlich die Behandlung der Formen der Ungerechtigkeit. Es blieb dort bei der Bemerkung, dass es nur eine Form der Tüchtigkeit und deshalb nur eine Form der guten Staatsverfassung geben könne, aber »unzählige Arten von Schlechtigkeit, unter denen jedoch vier der Erwähnung wert« seien (445c 6 f.). Genau daran erinnert nun Glaukon (543c–44b), und er erinnert auch daran, warum Sokrates die schlechten Verfassungsformen überhaupt durchgehen wollte: nämlich, um auf dieser Grundlage zu prüfen, »ob der beste Mensch der glücklichste sei und der schlechteste der unglücklichste« (544a 7).

Es ist vielleicht sinnvoll, zusätzlich daran zu erinnern, dass das Gespräch schon zweimal anscheinend zum Ergebnis gekommen war, dass der gerechte Mensch glücklich sei. Gegen Ende des ersten Buchs (353d–354a) stellte Sokrates die These auf, dass Gerechtigkeit die *aretê* der Seele und die Aufgabe der Seele wiederum das Leben sei. Daraus ergibt sich, dass nur der Gerechte ein gutes Leben führt. Abgesehen davon, dass damals eine Begründung für die tragende Annahme fehlte, blieb auch unklar, ob der Übergang von »gut« im Sinne von *aretê* zu »glücklich« überhaupt zulässig ist. Die formale Theorie des Guten, die in Buch VI skizziert wurde, vermag nun immerhin zu zeigen, dass eine Seele, die in dem Sinne gerecht ist, dass jeder Teil das Seine tut, eine in jeder Hinsicht gute Seele ist. Der Schritt zum Glück ist damit aber noch lange nicht getan. Am Ende von Buch IV war es die Metapher von der Gerechtigkeit als Gesundheit der Seele, die nahelegte, dass der Gerechte glücklich ist. Doch weder kann eine Metapher ein Argument ersetzen, noch ist klar, ob seelische Gesundheit Glück impliziert.

Es steht also in der Tat noch eine überzeugende Antwort auf jene wichtigste Frage der *Politeia* aus, ob nämlich ein gerechtes Leben ein glückliches Leben ist. Gegeben wird diese Antwort in der zweiten Hälfte von Buch IX. Der Weg dahin wird vorbereitet durch die angekündigte Diskussion der schlechten Verfassungsformen. Es liegt nahe, diesen Teil als eine Art von Anhang oder Füllmaterial zu betrachten, auf dass die Erreichung des eigentlichen Ziels noch ein wenig herausgezögert werde. Doch ist die *Politeia* insgesamt so sorgfältig komponiert, dass man etwas anderes erwägen sollte, dass nämlich eine Antwort auf die Leitfrage erst dann möglich ist, wenn man verstanden hat, in welcher Weise und wieso bestimmte Verfassungen im Staat wie im Menschen schlecht sind.

Will man also danach fragen, welche Funktion die folgenden Seiten innerhalb der *Politeia* insgesamt haben, hängt vieles davon ab, ob man die Erörterung der schlechten Verfassungen zuerst und vor allem als ein Stück politischer Philosophie mit dem Anspruch auf empirische Angemessenheit versteht oder ob man ihnen ein anderes hauptsächliches Ziel zuweist – und da es bei der Leitfrage der *Politeia* um das Glück des Individuums geht, bietet sich hier natürlich als Alternative an, dass es vorrangig um die Analyse schlechter *seelischer* Verfassungen geht.

Indizien lassen sich für die erste wie für die zweite Lesart finden. Sokrates kündigt an, wie bereits in Buch II–IV zuerst die politischen Verfassungen und dann den Einzelnen zu untersuchen (545b 4 f.). Für drei der schlechten Verfassungsformen verwendet Sokrates Bezeichnungen aus der etablierten politischen Terminologie, nämlich die Begriffe »Oligarchie«, »Demokratie« und »Tyrannis«. Die erste der schlechten Verfassungen wird zunächst mit Hilfe konkreter geographischer Namen eingeführt: Diese sei die »kretische und zugleich lakonische« (544c 3). Später allerdings wird ihr ein eigener Name gegeben, und Sokrates macht deutlich, dass er sich diesen Namen selbst hat einfallen lassen: Er nennt sie »Timokratie«. Dieser Name allerdings stammt aus der psychologischen, nicht der politischen Theorie, denn er bezeichnet die Herrschaft der Ehrgeizigen (545b 6 f.). Das spricht für den Primat der Betrachtung der einzelnen Menschen. Gegen den Vorrang politiktheoretischer Interessen spricht auch, dass eine Auswahl unter den vielen faktisch vorkommenden Verfassungen vorgenommen wird. Darauf wird auch ausdrücklich hingewiesen, ohne dass die Auswahl überzeugend begründet würde (544c 7–d 4). Erklären lässt sich die Auswahl dagegen, wenn man vom in Buch IV eingeführten Seelenmodell ausgeht. Für die Timokratie ergibt sich das unmittelbar – entspricht dem Ehrgeiz doch der zweite Seelenteil, der *thymos*. Die drei anderen Verfassungsformen sind allesamt dem untersten Seelenteil zugeordnet.[1] Und schließlich ist die Betrachtung der Verfassungen, als ein Stück politischer Theorie genommen, ziemlich lückenhaft. Unter anderem erfahren wir wenig über die Machtinstitutionen in den jeweiligen Verfassungen.

So spricht am Ende also doch einiges dafür, dass es in dieser Passage primär um eine psychologische Erklärung geht. Das schließt natürlich nicht aus, dass Platon hoffte, durch die Analyse von seelischen Verfassungen auch Erklärungen für politische Verfassungen geben zu können, und dass soziale und politische Verhältnisse bei der Analyse individueller Seelenverfassungen ebenso zu berücksichtigen sind.

Die Anlage der Untersuchung gibt bereits einige Hinweise auf ihre Funktion im Rahmen der *Politeia* als Ganzer. Die vier Verfassungen werden in eine Ordnung zunehmender Schlechtigkeit gebracht, die Tyrannis bildet die Extremform (545b–c). Mit dieser Anordnung entspricht Sokrates einer Vorgabe, die durch Thrasymachos in Buch I ins Spiel gebracht wurde (348b, Sokrates erinnert daran 545b), und die auch von Glaukon zu Beginn von Buch II aufgegriffen wurde (360d–362a): nämlich die Orientierung an Extremfällen.

Beim Guten ist das unproblematisch: So wie sich die Idee

1 Man mag sich fragen, ob die Zuordnung von drei Verfassungen zum untersten Seelenteil nicht doch ein Zugeständnis an die politische Realität ist. Norbert Blößner hat allerdings gezeigt, dass man darin mindestens genauso gut ein Zugeständnis an die psychologische Realität sehen kann. Die Begierden liegen nämlich nicht alle auf der gleichen Ebene – es gibt notwendige und nicht-notwendige (vgl. 558d–559d) –, und sie verhalten sich nicht alle gleich (der Sexualtrieb ist nicht nur der stärkste, sondern auch derjenige, der am ehesten alle Bande der Vernunft sprengt). Vgl. dazu Blößner (1997), S. 90.

dadurch auszeichnet, dass sie eine ist, so gilt dies für jedes Ideal, d. h. Einheit ist ein Merkmal von Idealität. Daher kann es nur eine wirklich gute (optimale) Verfassung geben. Das Schlechte dagegen ist immer vielgestaltig, wie Sokrates am Ende von Buch IV schon angemerkt hatte: Will man sich also auch hier am Extrem orientieren, muss man zunächst herausfinden, welche der vielen schlechten Verfassungen tatsächlich die schlechteste ist – und das geht nur, indem man mehrere Verfassungen miteinander vergleicht.

Sokrates bringt die Verfassungen allerdings nicht nur in eine vergleichende Ordnung. Wie später (erstmals in 545c 8 f.) klar wird, konstruiert er eine Geschichte des Verfalls.[2]

Das hat gleichfalls Bedeutung für die Konzeption im Ganzen. Zunächst wird dadurch deutlich, dass die schlechten Verfassungen von sich aus bzw. inhärent instabil sind. Sie können sich nicht einmal auf dem jeweiligen Niveau halten, sondern driften ins immer noch Schlimmere ab, bis in der Tyrannis das innere und äußere Chaos durch bloße Gewalt zusammengehalten wird.

Doch ist der Punkt noch etwas komplizierter: Denn die Instabilität kommt jeweils in der Generationenfolge zum Vorschein. Einem schlechten Menschen gelingt es nicht, seine Kinder so zu erziehen, dass sie nicht noch schlechter werden. Die Instabilität, die in der Verfallsgeschichte zum Ausdruck kommt, bildet also nicht das Gegenstück zu jener Stabilität, die

2 Dass diese Verfallsgeschichte (Timokratie → Oligarchie → Demokratie → Tyrannis) empirisch nicht angemessen ist, dürfte Platon klar gewesen sein (in der Geschichte Athens folgte u. a. die Demokratie auf die Tyrannis und die Oligarchie auf die Demokratie). Dies lässt sich als ein weiteres Indiz dagegen werten, dass es Platon hier vor allem um ein Stück politischer Theorie ging. Aristoteles warf Platon diese empirische Unangemessenheit allerdings später vor (vgl. *Politik* Buch V, 1316a 1–b 27).

in Buch III als Festigkeit eines in der Kindheit geformten Charakters beschrieben wurde: Eine solche Stabilität – wie sie ja auch den Wächtern zukommt – ist quasi naturwüchsig, ist in den Beharrungskräften der psychischen Struktur des Menschen verankert. Der hier vorgeführten Instabilität steht eine andere Art der Stabilität gegenüber, nämlich eine, die auf solche Hilfen gar nicht angewiesen ist, sondern durch die Orientierung an unveränderlichen Prinzipien zustande kommt: Dabei handelt es sich um eine Stabilität, die sich aus Wissen speist und die daher im Generationenwechsel erhalten bleiben kann, ähnlich, wie ja auch das Wissen von Generation zu Generation weitergegeben werden kann.

Die Timokratie (545b–550b)

Bevor Sokrates mit der Darstellung der Timokratie beginnen kann, ist zunächst eine Hürde aus dem Weg zu räumen: Die Timokratie soll aus der Aristokratie, d.h. aus der Verfassung der guten Stadt, entstehen (545c 9). Wenn die Aristokratie aber tatsächlich die beste Verfassung ist, dann sollte sie auch stabil sein. Stabilität ist neben Einheit ja das herausragende Merkmal einer guten Verfassung, und, wie bereits erwähnt, hatte Sokrates auch eine Erklärung für diese Stabilität geliefert: Die Stabilität geht zurück auf die Gegenstände des Wissens.

Wie also kann aus einem Staat, in dem Wissende regieren, etwas Schlechtes entstehen? Zunächst gibt Sokrates eine allgemeine Erklärung: Jede Verfassung ändert sich, wenn der Teil, der die Herrschaft innehat, in Zwietracht gerät; wenn er einig ist, dann ändert sie sich nicht. Demnach wäre die Uneinigkeit der Herrschenden hinreichend und notwendig für die Veränderung der Verfassung eines Staates. Folglich ist zu erklären, wie im guten, von Wissenden regierten Staat Zwietracht entstehen kann. Woher aber sollte unter Wissenden Zwietracht entstehen, da sie doch keine schwankenden Meinungen, sondern Wissen haben, und das Wissen so stabil ist wie seine Gegenstände?

Dass es sich bei der Beantwortung dieser Frage um eine besondere Hürde handelt, wird durch die Art der Inszenierung deutlich: Sokrates schlägt nämlich vor, die Musen um Hilfe zu bitten (545d 7–e 3). Und in der Tat präsentiert Sokrates darauf als Erklärung eine Geschichte, die sich um eine »geometrische Zahl« rankt.

Vor dem Blick auf die Geschichte selbst sollte man kurz bedenken, was es mit diesem Musenanruf auf sich hat. Ein Grund für die Bitte um übermenschlichen Beistand könnte darin liegen, dass Sokrates hier eine quasi-historische Erklärung anbietet, denn die Musen sollen erzählen, wie der Streit *zuerst* ausgebrochen sei (545d 8 f.)[3]. Dieser Zeitpunkt dürfte in einer Vergangenheit liegen, in die menschliche Erinnerung nicht zurückreicht, so dass man hier in der Tat die Hilfe der Musen benötigt.

Allerdings deutet manches darauf hin, dass der Musenanruf hier nicht im Sinne einer bloßen Überschreitung des Horizonts gesicherter menschlicher Erkenntnis gemeint ist:

Da ist erstens der explizite – und durch ein Zitat betonte – Bezug auf Homer. Auch Homer hat jeweils zu Beginn seiner Epen die Muse angerufen. Doch was bei Homer steht, ist großenteils falsch – so lautete jedenfalls Sokrates' Vorwurf in Buch III. Also bestehen nur zwei Möglichkeiten: Entweder hat die Muse Homers selbst gelogen, oder der Musenanruf hat bei Homer nicht gewirkt. Beides lässt Zweifel aufkommen, ob der Musenanruf hier ein geeignetes Mittel ist, um auf die Wahrheit zu stoßen.

3 Das Ganze ist übrigens ein Zitat aus Homers *Ilias* (16, 113).

Zweitens sollen die Musen einerseits »nach Art der Tragiker in gehobener Sprache« sprechen (in etwa: theatralisch), andererseits »mit uns wie mit Kindern spielen und scherzen«. Beides klingt hier eher abwertend.

Und drittens gibt Sokrates nicht wieder, was die Musen tatsächlich gesagt haben, sondern was sie »etwa so« sagen würden (546a 1). Die ganze Musenrede wird also als etwas Menschengemachtes kenntlich gemacht. Somit erscheint die Anrufung der Musen wie ein Mittel der Distanzierung.[4] Allerdings muss diese Distanzierung eine Pointe haben: Sokrates unmotiviert etwas sagen zu lassen, was er so nicht meint, passt wenig zur sonstigen Ausarbeitung der *Politeia*.

Was »in etwa« sagen die Musen nun? Zuerst führen sie aus, dass nichts, was entstanden ist, ewig dauern kann. Dies liege an kosmischen Zyklen, denen die ganze Natur unterworfen ist. Das alleine würde vielleicht als Basis einer Erklärung der Verschlechterung der guten Stadt schon ausreichen: Man könnte etwa an sich verschlechternde äußere Umstände denken – Missernten, Naturkatastrophen –, die die Stabilität der Stadt gefährden, weil der »untere« Stand der Bauern und Handwerker seine Aufgaben nicht mehr erfüllen kann. Doch so lautet die Erklärung nicht, die Sokrates angekündigt hatte. Es soll ja um Uneinigkeit unter den Herrschern gehen. Entsprechend liefern die Musen eine weitere Erklärung: Die Herrscher müssten die kosmischen Abläufe genau kennen, um die Geburten optimal planen zu können. Dabei machen sie aber Fehler: Sie berechnen die Abläufe falsch. Es sind also epistemische Fehler, die dazu führen, dass die gute Stadt schlechter wird. Weil die Geburten nicht optimal geplant werden, werden die Herrscher in der Abfolge der Generationen schlechter.

4 Vgl. zu dieser Auffassung der Musenrede und den hier aufgezählten Argumenten im Einzelnen Blößner (1999), Kap. 2.

Und mit schlechteren Herrschern steigt die Wahrscheinlichkeit von Uneinigkeit.

Wie ist nun zu erklären, dass die Herrscher die kosmischen Abläufe verfehlen? Die Herrscher müssten eigentlich eine »geometrische Zahl« kennen, die diesen Abläufen zugrunde liegt (546c7). Nun wäre es etwas naiv zu erwarten, man könnte diese Zahl hier nachlesen, denn dann wäre es für die Herrscher ja ein Leichtes, sie müssten nur bei Platon nachschlagen. Damit die Sache nicht so einfach wird, liefern die Musen anstelle der Zahl eine Rechenanweisung. Das allerdings ändert nichts Grundsätzliches. Wenn die Rechenanweisung nämlich eine eindeutige Lösung hat, wird nur die Hürde ein wenig höher gelegt – die Herrscher sollen ja ohnehin begabte Mathematiker sein, also in der Lage sein, auch knifflige mathematische Aufgaben zu lösen.

Doch genau diese Voraussetzung ist nicht erfüllt, wie Norbert Blößner gezeigt hat: So ausführlich die Rechenanweisung klingt, ist sie an entscheidenden Stellen unvollständig oder mehrdeutig, so dass sie keine eindeutige Lesart hat.[5] Die Herrscher, die eine solche Rechenanweisung zur Ermittlung der »geometrischen Zahl« vor sich haben, *können* also gar nicht zu einer einhelligen Lösung kommen.

Was soll aber dann dieses Rätsel? Vielleicht wollte Platon indirekt darauf aufmerksam machen, dass irdische Verhältnisse zu komplex sind, als dass sie sich eindeutig berechnen ließen. Dann wäre der epistemische Fehler der Herrscher also doch dem Gegenstand geschuldet.

Eine andere Deutung hat Blößner vorgeschlagen:[6] Rätsel faszinieren. Sie versprechen eine Lösung. Man verlässt sich also darauf, dass ein Rätsel eine Lösung hat. Genau auf diesen

5 Vgl. die zusammenfassende Bemerkung in Blößner (1999), S. 55.
6 Vgl. Blößner (1999), S. 155 ff.

Weg wird auch der Leser geschickt, der nach der Lektüre der Passage Papier und Bleistift in die Hand nimmt und versucht, die »geometrische Zahl« zu errechnen. Im Wunsch, eine Lösung zu finden, wird er Mehrdeutigkeiten übersehen und unbemerkt Lücken ausfüllen, die die Anweisung lässt. Er wird also gar nicht merken, welche Fehler er gemacht hat. Und das alles, obwohl er durch die Präsentation des Rätsels als Rede homerischer Musen vorgewarnt worden war. Die rhetorische Verführung von Rätsel, mathematischer Exaktheit und kosmischer Tiefe erweist sich also stärker als jede Warnung.

Platon gibt dem Leser nun die Chance, all das an sich selbst zu erfahren. Er will somit hier gegenüber dem Leser einen Weg einschlagen, den er vermutlich schon im Falle des Metallmythos in Buch III gewählt hatte: An die Stelle einer bloßen Behauptung über Arten der Irrtumsanfälligkeit setzt er deren Demonstration. Vorausgesetzt, dass man die Musenrede in dieser Weise als an den Leser gerichtet deutet, stellt sich allerdings die Frage, was sie dann überhaupt zur Erklärung beitragen kann, warum auch die gute Stadt schlechter werden kann. Sollten die Herrscher der guten Stadt nicht gegen solche Fehler gefeit sein? Nimmt man an dieser Stelle die These von der Unberechenbarkeit irdischer Verhältnisse hinzu, ergibt sich ein systematischer Grund, warum auch die Herrscher der guten Stadt nicht ganz immun gegen Fehler sind. Durch ihren Bildungsgang haben sie sich daran gewöhnt, sich in Bereichen zu bewegen, in denen Eindeutigkeit herrscht. In der Welt der konkreten Dinge ist das jedoch nicht der Fall. Und der Fehler – der vielleicht unvermeidbare Fehler – der Herrscher liegt in der mangelhaften Anpassung des Ideenwissens an irdische Verhältnisse. So wäre in das Rätsel der geometrischen Zahl eben diese Diskrepanz zwischen Exaktheit und konkreten Verhältnissen hineingepackt, verbunden mit der Warnung, wie leicht man eine solche Diskrepanz übersehen kann.

Wie vollzieht sich der Übergang nun genau? Platon behandelt die Frage in der kurzen Passage von 546b 1–c 5, die jedoch außerordentlich vertrackt ist, weil sie als Fortführung der Musenrede startet und als Erklärung im Rahmen des zuvor entwickelten Staatsmodells endet. Als Scharnier zwischen beiden Teilen dient der Metallmythos. Platons Version von den Metallen in der Seele ist aus Buch III bekannt. Einen anderen Metallmythos hat Hesiod überliefert, auf den die Musen kurz zuvor anspielen (547a 1): Diesem entsprechend gab bzw. gibt es vier Menschengeschlechter – ein goldenes, ein silbernes, ein ehernes (bronzenes) und ein eisernes, die einander in zunehmender Verschlechterung ablösen. Das eiserne Geschlecht ist das gegenwärtige.[7] Da es sich hier jedoch um eine zeitliche Abfolge handelt, können die hesiodischen Metallmenschen nicht zusammen in einer Stadt wohnen, wie es die platonischen tun und wie es in der Erklärung der Musen vom Wandel der guten zur timokratischen Stadt vorausgesetzt wird.

Was die Musen sagen, ist Folgendes: Weil es zu Streit unter den Herrschenden gekommen ist, streben die unteren Stände (das sind nun zwei, weil es bei Hesiod vier Metalle gibt) nach Besitz. Die anderen beiden Stände (der goldene und der silberne) sind zwar gut, aber sie wenden Gewalt an und einigen sich darauf, Land und Häuser unter sich aufzuteilen. Dadurch unterdrücken sie die unteren Stände, die sie zuvor als freie Freunde und Ernährer beschützt[8] haben. Soweit scheint diese Erklärung wenig Sinn zu machen: Wieso führt der Streit unter

7 Siehe Hesiod, *Erga kai hemera* (*Werke und Tage*), vv. 109–201. Genau genommen fügt Hesiod zwischen das eherne und das eiserne Menschengeschlecht noch ein weiteres ein, nämlich das der Halbgötter.

8 Das griechische Verb *phylattein* (547c 1), das Platon hier verwendet, gibt einen klaren Hinweis darauf, dass wir uns im Rahmen der Modellstadt bewegen.

den Herrschenden zu Besitzstreben unter den anderen Bewohnern? Warum reagieren die Herrscher darauf mit der Aufteilung des Besitzes unter sich?

Zusammenfügen lassen sich die Punkte, wenn man sie auf das Modell der dreigeteilten Seele bezieht. Der Streit unter den Herrschern war zunächst ein epistemischer, führte jedoch zu einer Schwächung der regierenden Vernunft, die nun keine eindeutigen Anweisungen mehr geben kann. Infolgedessen beginnen die Ziele der anderen Stände bzw. Seelenteile sich zu verselbstständigen. Beim unteren Stand führt das dazu, dass er nach Besitz strebt, denn Besitz gehört zu dem, was er von sich aus begehrt.[9] Als Reaktion darauf eignen sich die oberen Stände das Land selbst an. Nachdem nun aber einmal die Frage nach Besitz in die Welt gekommen war, verbinden sie Herrschaft mit Besitz und sehen es daher zur Sicherung ihrer Herrschaft für nötig an, das Land in Besitz zu nehmen (wie sich gleich zeigen wird, befindet sich allerdings auch bei den oberen Ständen der untere Seelenteil nicht mehr ganz unter Kontrolle der oberen). Und dieser Besitz wiederum führt dazu, dass die oberen Stände auch die übrigen Bewohner der Stadt in Besitz nehmen.

Die folgende Beschreibung der Timokratie ist offiziell zweigeteilt: Zunächst wird die Verfassung (547c 6–548d 5) und dann der timokratische Mensch beschrieben (548d 6–550c 3). Die beiden Beschreibungen ähneln sich aber sehr. Man kann hier also gut erkennen, wie eng individuell-psychologische und sozio-politische Beschreibung ineinandergreifen.

Die Beschreibung der timokratischen Verfassung liefert ein Bild des mittleren, silbernen bzw. Wächterstandes, das in mehrfacher Hinsicht in sich widersprüchlich ist. Die Wächter

9 Man muss wohl voraussetzen, dass es vorher in der Stadt keinen Privatbesitz an Grund und Boden gegeben hat.

erkennen die Herrschaft des oberen Standes wohl an, drängen jedoch auf Krieg und möchten so faktisch die Politik des Staates bestimmen. Sie haben Besitz und freuen sich an diesem – wenn auch heimlich, so als würde sich der *thymos* der Geldgier schämen und könne diese daher noch wenigstens zum Teil kontrollieren. Andererseits halten sie sich von den Gruppen strikt fern, die sich tatsächlich mit Gelderwerb beschäftigen.

Man kann spekulieren, ob Platon mit dieser Beschreibung ein Portrait der griechischen Aristokratie früherer Jahrhunderte zeichnen wollte. Der timokratische Mensch ist vom Ehrgeiz beherrscht. Adeimantos, der hier wieder die Rolle des Gesprächspartners übernimmt, meint, damit ähnele der timokratische Mensch ja seinem Bruder – ein zwiespältiges Kompliment, das Sokrates aber zurechtbiegt (548d–e): Denn während Glaukon offensichtliches Interesse an den »Musenkünsten« und nicht zuletzt an der Philosophie hat, sind beim timokratischen Menschen gymnastische und musische Bildung aus dem Gleichgewicht: Das Körperliche überwiegt, und damit auch der *thymos*, weil die »vernünftige Rede (*logos*), verbunden mit der Musenkunst« (549b 6 f.), nicht mehr herrscht. Wo aber die Vernunft keine Orientierung mehr geben kann, wird der Sieg im Streit mit anderen zum Selbstzweck: Man streitet nicht mehr um der Wahrheit willen, sondern um besser zu sein als die anderen.

Die Genese des timokratischen Menschen beschreibt Sokrates hier (wie auch in den übrigen Fällen) im Rahmen der Generationenfolge. Ein Vater, der selbst noch vernünftig im Sinne der guten Stadt sein mag und der sich deshalb aus den Wettkämpfen heraushält, ist mit diesem Verhalten in den Augen der anderen (und nicht zuletzt seiner Frau) jedoch ein Schwächling. Dieses negative Bild überträgt sich auf den Sohn, der zunächst noch zwischen dem Vorbild des Vaters und den gesellschaftlichen Normen hin- und herschwankt, dann aber

Letzteren nachgibt. So vermag der Vater seine Verfassung nicht mehr an die nächste Generation weiterzugeben. Die timokratische Verfassung hat die Neigung, alle Menschen nach ihrem Bild zu formen.

Die genetische Erklärung, die Sokrates hier gibt, ist übrigens nicht dazu geeignet, die Entstehung der timokratischen Gesellschaft aus dem erstmaligen Auftauchen timokratischer Menschen heraus zu erklären, denn sie setzt eine timokratische Gesellschaft ja bereits voraus. Sie erläutert vielmehr, wie einzelne timokratische Gruppen allmählich die Oberhand in einer Stadt gewinnen können. Daran zeigt sich erneut, wie psychologisch-individuelle und sozio-politische Erklärung ineinandergreifen: Das eine Phänomen ist nicht ohne das andere zu verstehen.

Die Oligarchie (550c–555a)

Von der Oligarchie erfahren wir zunächst etwas, das zur politischen Theorie im engeren Sinne gehört, nämlich auf welche Weise die Partizipation an der Macht geregelt ist. Sie hängt vom Besitz ab (550c 11 f.).

Wieder geht Sokrates zunächst auf die Stadt ein (550c 8–553a 2). Neben der Tatsache, dass Macht an Besitz gekoppelt ist, lernen wir etwas über die Genese der Oligarchie: Die Wertschätzung von Reichtum gewinnt die Oberhand und bestimmt die Gesetze (550d 9 f.). Während beim timokratischen Menschen die Liebe zum Besitz noch vom Ehrgeiz überdeckt war und deshalb nur verschämt im Privaten ausgelebt werden durfte, ist sie nun zum handlungsbestimmenden Streben geworden. Außerdem listet Sokrates eine Reihe von Fehlern der oligarchischen Stadt auf, die sich in zwei Arten zusammenfassen lassen (551b–552b):

Zum einen ist es die Spaltung der Stadt in Reiche und Arme, die sich sogar noch verstärken kann, weil besitzfreundliche Gesetze und Machtstellung den Reichen dazu verhelfen, ihren Besitz auf Kosten der Ärmeren immer weiter zu vergrößern.

Zum anderen wird das Prinzip aufgegeben, dass jeder die eine Aufgabe in der Stadt verrichten soll, die er am besten kann. Insbesondere wird das Kriegführen schwierig: Da die Wächter nicht mehr über ihnen stehen, faktisch aber nach wie vor das Gewaltmonopol haben, stehen die Reichen vor dem Problem, wie man eine solche Gruppe beherrschen kann.

Der oligarchische Mensch (553a 3–555b 3) wird wiederum über seine Genese eingeführt und diese erneut im Übergang vom Vater zum Sohn vorgeführt. Ein Vater scheitert mit seinem Ehrgeiz, er verliert nicht nur das Amt, sondern auch den Besitz. Für den Sohn, der dies miterlebt, wird die Armut nun zur größten Schande. Hier zeigt sich, wie der untere Seelenteil, der nach Besitz strebt, nun nicht nur die Vernunft, sondern auch den *thymos* seinem Ziel untergeordnet hat. Der Sohn widmet daraufhin seine ganze Kraft und sein ganzes Leben dem Streben nach Reichtum und wird so zum oligarchischen Menschen (vgl. 553d 1–7).

Bei der Erörterung der Beschaffenheit des oligarchischen Menschen führt Sokrates eine Binnendifferenzierung der Begierden des unteren Seelenteils ein. Der Wunsch nach Besitz ist allem übergeordnet. Er kann jedoch selbstverständlich nicht alle Begierden *ersetzen*. Doch unter der Herrschaft der Besitzgier teilt der oligarchische Mensch die übrigen Begierden in notwendige und überflüssige ein. Erstere sind die elementaren körperlichen, die sich nicht unterdrücken lassen, Letztere stehen in Konflikt mit dem Wunsch nach Besitz, da sie sich nur dann befriedigen lassen, wenn man Geld ausgibt. Daher erlebt der oligarchische Mensch einen inneren Konflikt (554d 9–e 2), der nur durch die Übermacht der Besitzgier am Ausbruch gehindert werden kann.

Sowohl in der Beschreibung der Stadt wie in der des Individuums vergleicht Sokrates den oligarchischen Menschen mit einer Drohne (also einer männlichen Biene). Sokrates hält die Drohne für einen völlig unnützen Bewohner des Bienenstocks, der nicht arbeitet, sondern sich nur von anderen ernähren lässt. Da der oligarchische Mensch vom Wunsch nach persönlichem Besitz beherrscht ist, bedeuten ihm die anderen Menschen nichts: Sie liefern keinen Maßstab mehr, dessen Achtung oder Beifall zu gewinnen wäre, sondern sind nur Mittel oder Hindernis auf dem Weg zu noch mehr Reichtum. Aus der Sicht einer auf das Gemeinwohl ausgerichteten Moral erscheinen oligarchische Menschen daher als »Krankheit« der Stadt (552c 4).

Die Demokratie (555b–562a)

Auch in der Untersuchung der Entstehung des demokratischen Staates ist das Ineinander von psychologischer und sozio-politischer Erklärung offensichtlich. Grund für die weitere Spaltung der Stadt ist auf der einen Seite die Unersättlichkeit der Reichen, auf der anderen Seite die fortschreitende Verarmung der Armen, die von den Reichen zum Konsum animiert werden. Auf diese Weise wird einer Revolution der Boden bereitet. Während also im Einzelnen die Gier nach Besitz noch durch gewaltsame Unterdrückung der anderen Begierden für Einheit und Stabilität sorgen mag, funktioniert dies auf der gesellschaftlichen Ebene nicht mehr. (Dass eine Gesellschaft geschlossen und in gleicher Weise nach Vermehrung des Wohlstands strebt, stellt sich höchstens in Ausnahmesituationen ein – etwa dann, wenn die Bürger eines Staates nach einem

Krieg in gleicher Weise verarmt sind; doch ist dies kein stabiler gesellschaftlicher Zustand.)

Der Umsturz zur Demokratie kommt zustande, wenn die Armen merken, dass sie keineswegs so machtlos sind, wie es die oligarchische Verfassung vorschreibt. Das merken sie etwa dann, wenn sie im Krieg die entscheidenden Fußtruppen oder Schiffsbesatzungen stellen (Sokrates dürfte damit eine der Entstehungsbedingungen der attischen Demokratie in der Folge der Perserkriege nachzeichnen). Das Resultat des Umsturzes wird von den Menschen als Freiheit erlebt (557b 4–7) – damit hat Sokrates den Begriff eingeführt, der für das Selbstverständnis der attischen Demokratie zentral ist.[10]

Doch ist »Freiheit« ein vieldeutiger Begriff. Bei Sokrates geht es um Redefreiheit, vor allem aber um Handlungsfreiheit. Es geht also darum, tun zu können, was man will. Das dürfte nicht der politische Begriff von Freiheit sein, der die athenische Demokratie prägte.[11] Er hat mit ihm jedoch ein Strukturmerkmal gemein, nämlich keinen einschränkenden Herren zu haben. Bei Sokrates ist der Herr, den man losgeworden ist, die Besitzgier, die zu Sparsamkeit zwingt. Herr sind aber auch die oberen Seelenteile, unter ihnen natürlich vor allem die Ver-

10 Siehe etwa dessen mehrfache Verwendung in der Gefallenenrede des Perikles in Thukydides' *Geschichte des peloponnesischen Kriegs* (Buch II, 35–46), die ein Manifest des Selbstverständnisses des demokratischen Athen darstellt. Für einen Überblick über verschiedene antike Freiheitskonzepte und ihr Verhältnis zu denen der Philosophen vgl. Hansen (2010).

11 Allerdings betont auch Perikles in seiner Gefallenenrede (siehe die vorige Anmerkung) die Liberalität und Toleranz der attischen Demokratie gegenüber der Art, wie jeder Bürger nach eigenem Willen sein Leben führt (II, 37), und spricht an einer Stelle von der »ungebundenen Lebensweise« der Athener, die er der spartanischen Strenge gegenüberstellt (II, 39; Übers. Landmann).

nunft. Das Gefühl der Freiheit, tun zu können, was man will, ist allerdings eine Reaktion auf Zwang – und damit eine Reaktion auf einen Zustand, der nicht mehr der des gerechten Menschen ist.

Die Folge dieser Freiheit ist Vielfalt in der Stadt. Sokrates spricht von einer Vielheit von Verfassungen (557d 2), mit der aber doch zunächst die Vielheit der Verfassungen einzelner Menschen gemeint sein muss, die dann sozusagen Inseln im Staat mit jeweils eigenen sozio-politischen Verfassungen bilden. So mag innerhalb der Demokratie Platz sein für timokratische und oligarchische Strukturen – wie denn auch in der attischen Demokratie die politische Partizipation aller mit der faktischen Vormacht der reichen Familien und deren Streben nach Ansehen und Ehre einherging.

Beim demokratischen Menschen (558c 6–562a 3) wird die Entstehung wieder im Rahmen der Generationenfolge geschildert. Das zeigt, wie schon erwähnt, dass die Stabilität, die die Besitzgier einem oligarchischen Menschen durch Gewohnheit verleihen mag, nicht durch Erziehung auf andere übertragen werden kann.

Bevor Sokrates zur Vorstellung der Charaktereigenschaften des demokratischen Menschen übergeht, schiebt er noch eine kurze Erörterung der Unterscheidung zwischen notwendigen und nicht-notwendigen Begierden ein (558d 8–559d 2). Die Unterscheidung war schon einmal beim oligarchischen Menschen erwähnt worden, dort allerdings als eine, die der oligarchische Mensch selbst vornimmt, um seine Sparsamkeit zu untermauern (die so doch nur Resultat der Herrschaft der Besitzgier ist). Hier sind es nun Sokrates und Adeimantos selbst, die für eine solche Unterscheidung einstehen. Und Sokrates schlägt eine differenziertere Einteilung vor:

So gibt es Begierden, die deshalb notwendig sind, weil wir uns ihnen nicht entziehen können (558d 11). Dabei dürfte es sich um die einfachen körperlichen Begierden handeln, z. B. Hunger, Durst, Sexualität oder Wärmebedürfnis. Ferner gibt es Begierden, die nützlich sind, und das wiederum in verschiedener Abstufung. Nützlich ist die Begierde nach Brot; sie ist gegenüber dem Hunger spezifischer, weil sie auf die Anforderungen unseres Organismus nach bestimmten Nährstoffen abgestimmt ist. Ohne einen Nährstofflieferanten wie Brot würden wir sterben (559b 3 f.). Die Begierde nach Fleisch, Fisch oder Ähnlichem ist auch notwendig, jedoch eher um einer guten Kondition willen.[12] Wir haben es hier also mit Beurteilungen der Notwendigkeit zu tun, die sich an unterschiedlichen Zielen orientiert und entsprechende Abstufungen vornimmt, und die damit eine Leistung der Vernunft sein dürften, die Ziele gegeneinander abwägt und nach ihrer Wichtigkeit ordnet. Wenn dagegen der oligarchische Mensch notwendige und überflüssige Begierden voneinander unterscheidet, mag die Vernunft daran zwar beteiligt sein, sie tut es jedoch unter der Herrschaft einer Begierde, nämlich der Begierde nach Besitz. Die Vernunft wird zum Instrument in einem Kampf der Begierden, der sich immer nur durch Gewalt und Unterdrückung ausfechten lässt. Die Unterscheidung, die Sokrates demgegenüber vorsieht, sollte eine sein, die durch den Ausgleich verschiedener Ziele in sich stabil ist.

Welche Funktion dieser kleine Exkurs über die Unterscheidung zwischen notwendigen und überflüssigen Begierden im Ablauf des Gesprächs hat, wird deutlich, sobald man jene Merkmale genauer betrachtet, durch die Sokrates und Adei-

12 Rufener und Krapinger übersetzen mit »Wohlbefinden«; das griechische Wort *euexeia* steht aber auch für »Kraft« oder »Kondition«. Die Art von Nahrungsmitteln, um die es hier geht (gr. *opson*), wurde in der Beschreibung der Stadtgründung als erste Stufe der »Zuspeise« bezeichnet, die beim Übergang von der »gesunden« zur »üppigen« Stadt hinzukommt (vgl. 372c 3, 373a 3).

mantos den demokratischen Menschen charakterisieren. Es handelt sich um drei wesentliche Charakterzüge:

(i) Der erste besteht darin, dass der demokratische Mensch von einer Reihe falscher Überzeugungen beherrscht wird (560c 2f.), die eine Art von »Beratungsresistenz« nach sich ziehen. Die falschen Überzeugungen bestehen vor allem in einer Art von Umwertung der traditionellen Tugenden: Aus Scham wird Einfalt, aus Maßhalten und Beschränktheit »Spießigkeit und Knauserigkeit« (560d 3–7; das griechische Wort für »Knauserigkeit« lautet wörtlich »Unfreiheit«, man könnte es deshalb vielleicht auch als »Gehemmtheit« übersetzen). Umgekehrt wird aus Willkür Freiheit. Man sieht an diesen Beispielen also, wie sehr das oben erwähnte Verständnis von Freiheit die Quelle all dieser falschen Meinungen ist. Sollte nun der oligarchische Mensch dem demokratischen vorwerfen, die Unterscheidung zwischen notwendigen und nicht-notwendigen Begierden zu missachten, so könnte der demokratische Mensch im Sinne dieser Umwertungen entgegnen, dass auch jene Unterscheidung nur ein Moment der Unfreiheit ist – mehr noch: Er könnte behaupten, dass jede solche Unterscheidung aus dem Geist der Lustfeindlichkeit heraus geboren ist. Um beim Leser einem solchen Missverständnis vorzubeugen, dürfte Platon die Passage eingeschoben haben, aus der hervorgeht, dass die Unterscheidung verschiedener Arten von Begierden auch aus der Perspektive der Vernunft Bestand hat – und dass ein vernunftgelenktes Leben keineswegs ein lustfeindliches Leben ist.

(ii) Den zweiten Charakterzug des demokratischen Menschen könnte man positiv als einen Sinn für Gleichberechtigung beschreiben: Der demokratische Mensch möchte alle Begierden, ja alle Wünsche gleich behandeln, also gleich befriedigen (561b 6, 561e 1 f.; in der zweiten Passage verwendet Adeimantos das Wort *isonomikos*, das in der politischen Theorie zur Beschreibung eines Staates verwendet wird, in dem alle Bürger die gleichen Rechte haben)[13]. Auf eine solche positive Konnotation hinzuweisen, ist deshalb sinnvoll, weil mit diesem Sinn für Gleichberechtigung wohl auch eine gewisse Liberalität und Toleranz einhergeht, die Sokrates ja der Demokratie in der Tat zuschreibt. Die Kehrseite besteht allerdings darin, dass ein von diesem Sinn geprägter Mensch nicht einer, sondern viele ist (561e 4): Wenn jemand alle Wünsche, die er verspürt, für gleichwertig und gleichberechtigt hält, dann weiß weder er selbst, noch wissen die anderen mehr, was er eigentlich will und wer er ist.

(iii) Man möchte einwenden, dass ein Zustand, in dem jemand versucht, allen Wünschen gerecht zu werden, faktisch unmöglich ist: Zunächst, weil es nicht genügend Ressourcen gibt, um alle Wünsche zu befriedigen. Doch ist das hier nicht der entscheidende Punkt, denn der demokratische Mensch ist kein Mensch, der alle seine Wünsche tatsächlich befriedigt. Er versucht es nur. Unmöglich ist die Gleichbehandlung aller Wünsche vor allen, weil die Erfüllung eines Wunsches bei Menschen, die handeln, doch ein gewisses Maß an Planung erfordert – je größer der Wunsch, desto mehr Planung ist erforderlich. Planung bedeutet aber, dass man sein gesamtes Handeln einem, und sei es auch nur vorübergehend, dominierenden Wunsch unterordnet (dieser dominierende Wunsch gibt

13 Z. B. Herodot, *Historien* III, 80, 6; Thukydides, *Geschichte des peloponnesischen Kriegs* III, 82, 8 (das dort verwendete Wort ist jeweils das Substantiv *isonomia*).

dann auch eine vorübergehende Antwort auf die Frage, was man eigentlich will und wer man ist). Sobald ein Wunsch dominiert, sind die Wünsche aber nicht mehr gleichberechtigt. Wie kann der demokratische Mensch dann leben? Die Antwort liegt in einem dritten Charakterzug, den Sokrates durch den Vergleich mit den Lotophagen einführt (560c 6). Diese »Lotosesser«[14] vergessen dank der Lotosfrucht alles: Sie leben ausschließlich in der Gegenwart, »für den Augenblick« (558a 1), kennen weder Vergangenheit noch Zukunft. Ein solches Leben macht nicht nur Planen unmöglich, es erspart auch, unter der Planlosigkeit zu leiden, weil man in dem Moment, da ein neuer Wunsch aufkommt, dem man nachgeht, den vorigen schon wieder vergessen hat. Fraglich ist, ob ein solches Leben noch ein menschliches Leben ist: Eine über die Zeit hinweg einheitliche Person ist jemand, der so lebt, sicherlich nicht mehr. Er ist nicht nur einer, er ist unzählig viele.

Die Tyrannis (562a–576b)

Die Erörterung der Tyrannis ist die mit Abstand längste Besprechung der vier schlechten Verfassungen. Ihr erster Teil widmet sich wie gewohnt dem Staat und reicht bis zum Ende von Buch VIII (562a 7–569c 9). Die Erörterung des tyrannischen Menschen nimmt dann den ersten Teil von Buch IX ein (571a 1–576b 8). Nicht nur redet Sokrates hier viel, sein Ton wird außerdem ironisch und manchmal sogar polemisch.[15] Ins-

14 Vgl. Homer, *Odyssee* IX, 82–104.

15 So bezeichnet Sokrates die Tyrannis bzw. den Tyrannen mehrfach als »glücklich«: 566d 5, 567c 1, 567d 1, 567c 7, 574c 8 ff. Die Polemik richtet sich gegen eine Bemerkung von Euripides (568a 8–c 2).

gesamt gewinnt man den Eindruck, dass Analyse und Argumentation in den Hintergrund treten.

Die Erklärung der Entstehung der Tyrannis folgt dem Muster der Entstehung der Demokratie: Sie entsteht aus Übermaß, diesmal jedoch aus einem Übermaß an Freiheit. Dabei geht Sokrates nochmals ausführlich auf die Verhältnisse in der Demokratie ein und beschreibt sie diesmal als Auflösung aller Autoritäts- und Vorrechtsverhältnisse unter dem Leitbegriff der Freiheit (563a–c). Das zugrunde liegende Verständnis von Freiheit ist dasselbe wie zuvor; wenn er so weit geht, diese Freiheit sogar auf die Tiere zu übertragen und von Pferden und Eseln zu erzählen, die auf der Straße jeden anrempeln, schleichen sich allerdings doch Zweifel ein, ob man es hier nicht mit einer satirischen Überzeichnung zu tun hat – auch wenn Adeimantos beipflichtet, dass ihm solches auf dem Land doch oft widerfahren sei.[16]

Die eigentliche Erklärung für den Umschwung fällt dann jedoch recht dünn aus: Dafür muss das Prinzip herhalten, dass alles irgendwann ins Gegenteil umschlage (563e 9 f.).[17] Diese Erklärung ist deshalb so dünn, weil ihr die psychologische oder

16 Im Zuge dessen wird auch das Verhältnis zwischen Frauen und Männern erwähnt, und zwar unter Verwendung des bereits früher verwendeten Begriffs *isonomia* (s. S. 242). Allerdings ist gerade diese Passage merkwürdig: Sokrates betont diese Merkwürdigkeit, indem er meint, er hätte doch beinahe vergessen zu erwähnen, wie groß die Gleichberechtigung zwischen Männern und Frauen sei. Adeimantos reagiert mit einem seltsam unpassenden Aischylos-Zitat – man solle frei heraus sagen, was man denkt (563b 8–c 2). Sokrates äußert an dieser Stelle aber das Entscheidende gerade nicht – nämlich wie groß die Gleichberechtigung genau ist! Man könnte meinen, dass zu diesem Thema das eigentlich Wichtige an dieser Stelle ungesagt bleibt.

17 Laut Giovanni Giorgini (»Il tiranno«, in: Vegetti (2006), Bd. 6,

sozio-politische Fundierung fehlt, die Sokrates bei den vorigen Übergängen doch so gut angedeutet hatte. Vielleicht ist Sokrates' Aussage, dass die Tyrannis »wahrscheinlich« (Rufener) aus der Demokratie hervorgehe (564a 6 f.), ein Hinweis auf die Schwäche dieser Erklärung; vielleicht ist sie aber auch ein Zugeständnis an die historische Realität, die ja eher den umgekehrten Übergang kennt. Auf der sozio-politischen Ebene führt Sokrates nun vor, wie der künftige Tyrann aus der Gruppe derjenigen, die hemmungslos auf Kosten der anderen leben, mit Unterstützung des Volkes nach und nach die Macht gegen die Reichen im Staate an sich reißt. Er tut dies sowohl mit Hilfe von historischen Bezügen als auch mit Hilfe des Bildes von den Drohnen im Bienenstaat sowie einer Sage, in der ein Mensch zum Wolf wird (565d–e) und diversen Zitaten (566c–d). Einmal an der Macht, säubert der Tyrann die Stadt von potentiellen Gegnern, sammelt nur die Schlechtesten um sich herum und plündert nach und nach das Volk aus, gegen das er am Ende auch Gewalt anwendet (563e–569c).

Die Erörterung des tyrannischen Menschen beginnt mit einem erneuten Blick auf die Begierden. Diesmal werden unter den nicht-notwendigen Begierden einige als »gesetzwidrig« (*paranomos*) ausgemacht (571b 3 f.). Sokrates illustriert anhand ödipaler Träume, was damit eigentlich gemeint ist: Adeimantos zufolge[18] finden sich solche Begierden in allen Menschen – vielleicht meint er, dem sei so, weil er unterstellt, dass alle Menschen solche Träume haben (572b 2–8). Das Beispiel vom Vatermord und Sex mit der Mutter scheint die Frage überflüs-

S. 423–470, hier S. 429) handelt es sich um ein Prinzip, das aus der hippokratischen Medizin stammt.

18 Da Sokrates die These, jedem von uns wohnten solche gesetzlosen Begierden inne, Adeimantos ausdrücklich zur Prüfung vorlegt (»ob dir meine Behauptung vernünftig erscheint«), ist es letztlich Adeimantos, durch den sie den Status einer Behauptung bekommt.

sig zu machen, warum solche Begierden »gesetzwidrig« sein sollten, doch setzt diese Redeweise die Existenz eines Gesetzgebers voraus, und es ist zu fragen, wer dafür in Frage kommt. Als Kandidat bietet sich die Natur an, verstoßen doch ödipale Begierden gegen Prinzipien wie das Inzestverbot, die leicht den Anschein erwecken, natürlich zu sein. Dann wären sexuelle Begierden nicht grundsätzlich gesetzwidrig, sondern nur bestimmte Formen, solche nämlich, die von sich aus keine Ordnung herstellen oder wahren, sondern Ordnung zerstören.

Als nächstes beschreibt Sokrates die Entstehung des tyrannischen Menschen (572b 9–573c 10). Kurz gesagt wird in diesem eine Begierde größer als alle anderen und übernimmt die Führung aller anderen Begierden. Diese Begierde wird als »ein Eros« (*erôs tis*, 572e 5) bezeichnet. Sokrates stellt diesem Eros vorübergehend den Wahnsinn und den Rausch an die Seite (573b 9–c 10), aber am Ende wird klar, dass der tyrannische Mensch dann entsteht, wenn der Eros die Herrschaft übernommen hat (573d 4).

Fällt der Eros, von dem hier die Rede ist, mit sexueller Begierde schlechthin zusammen, oder ist er identisch mit der gesetzwidrigen Form, von der zunächst die Rede war? Sokrates beruft sich auf die allgemeine Meinung, dass Eros ein Tyrann sei (573b 4). In dieser Wendung klingt nach, dass Kephalos ganz zu Beginn der *Politeia* den Eros einen »wilden Herrscher« genannt (329c 4) und Glaukon später die Liebe als die größte, heftigste und rasendste Lust bezeichnet hatte (403a 4–6). Es scheint also so zu sein, als gehörten Machtstreben und das Sprengen aller vernünftigen Grenzen zur Natur des Eros dazu (während sich beispielsweise die Geldgier des oligarchischen Menschen noch recht gut mit einer strategisch eingesetzten Vernunft verbinden ließ). Andererseits kann das nicht die einzige Form des Eros sein, denn der Eros ist auch die Triebfeder der Philosophie und vermag insofern in einem positiven Verhältnis zur Vernunft zu stehen. Wenn Sokrates in 403a 7 f. von der »richtigen Liebe« spricht, die darin bestehe, »das Geordnete und Schöne auf besonnene und musische Art zu lieben«, dann wird erkennbar, dass der Eros der Bildung fähig ist und ihrer bedarf, um zu einem die Vernunft befördernden Streben zu werden. Man kann darüber spekulieren, ob ein solcher »musikalischer Eros« auch nicht mehr mit dem Streben nach Macht verbunden wäre. Wenn es auch zwischen angehenden Herrscherinnen und Herrschern erotische Beziehungen geben soll (und da im guten Staat die Besten zusammengebracht werden sollen, um die besten Kinder hervorzubringen, sollte es solche Beziehungen geben), dann müsste es sich um Beziehungen handeln, die auf Gleichheit und Reziprozität beruhen, die also auch das Merkmal der Dominanz hinter sich gelassen hätten.[19]

Der tyrannische Mensch aber hat Eros als Tyrannen in sich (573d 4). So wie dieser Eros nach innen alles an sich reißt, verhält sich der Tyrann nach außen. Sein Eros kennt keine Grenze: Jedes Hindernis, jede Regel, jede soziale Bindung wird hinweggefegt, und am Ende ist vielleicht gerade noch die Stadt groß genug, um den Eros zu befriedigen. Natürlich wird auch diese Befriedigung nur vorübergehend sein. Was danach kommt, erfahren wir nicht mehr – der Weg von Überwältigung, Zerstörung und Ermächtigung, den Sokrates hier schildert, ist jeder Stabilität entgegengesetzt und kann nur in die Katastrophe führen. Das wirft die Frage auf, ob Sokrates hier

19 Wolfgang Detel hat in seinem Überblick über Auffassungen der hetero- und homosexuellen erotischen Beziehungen in der klassischen Antike (1998, Kap. 5) gezeigt, dass eine solche Gleichheit keineswegs unbekannt war. In seinem Fazit stellt er allerdings fest, dass sie nicht aus dem Eros selbst hervorgeht (S. 206). Das verträgt sich gut mit der Auffassung des Eros, die sich in der *Politeia* abzeichnet.

ein historisch angemessenes Portrait entworfen hat – eine Frage, die sich angesichts der Tyrannen des 4. Jahrhunderts klarerweise verneinen lässt.[20] Was ist dann der Sinn dieser Beschreibung eines tyrannischen Menschen? Eine mögliche Antwort besteht darin, dass Sokrates damit das extreme Gegenstück zum philosophischen Menschen entworfen hat.[21]

Tatsächlich wird die Betrachtung des tyrannischen Menschen am Ende in wenigen Schritten zum Hauptthema der *Politeia* umgelenkt. Zunächst bezeichnet Sokrates den Tyrannen als »im höchsten Grade ungerecht« (576a 10) und weist dabei auf die früher erreichte Bestimmung der Gerechtigkeit hin. In 576b 9 schaltet sich dann Glaukon wieder ins Gespräch ein. Und wie so oft markiert auch hier der Wechsel des Gesprächspartners einen Themenwechsel: Denn mit der Frage, ob »der, der sich als der Böseste erweist, nicht auch als der Unglücklichste erscheinen« wird (576b 10 f.), ist das Gespräch endgültig wieder bei der Leitfrage der *Politeia* angekommen.

Die Gegenüberstellung der Extreme war eine Vorgabe, deren Voraussetzung noch einzuholen war: Es sollte ja herausgefunden werden, welche unter den schlechten Verfassungen denn nun die schlechteste ist. Das Ergebnis hat – jedenfalls dem Wortlaut nach – Sokrates mit dem Tyrannen erreicht. Warum aber ist der tyrannische Mensch der schlechteste? Gewiss vermittelt Sokrates wortreich, wie sehr die Umgebung eines Tyrannen zu leiden hat. Doch muss das nicht für alle gelten, denn der Tyrann hat immer einen Schwarm von Anhängern um sich, die nicht ausgeblutet werden, sondern ihren Anteil an der Bedürfnisbefriedigung ihres Anführers bekommen. Die Antwort auf die Frage, warum der Tyrann der schlechteste

20 Da Platon intensive Kontakte nach Syrakus unterhielt, ist hier natürlich besonders an Dionysos I. von Syrakus zu denken.

21 Vgl. Giorgini (s. S. 244, Anm. 17), S. 451.

Mensch ist, darf aber ohnehin nicht von einer Perspektive abhängen. Liegt es daran, dass die Sexualität ein schlimmerer Trieb ist als die Gier nach Besitz? In gewisser Weise ja, doch nicht im Sinne jener verbreiteten Reaktion, die Sexualität mit mehr Abscheu als Gier oder Gewalt umgibt, sondern in dem Sinne, in dem Sexualität nicht nur die stärkste aller Begierden ist, sondern eine Art von natürlicher Führerrolle übernehmen kann: So wie Sokrates es schildert, unterdrückt die Sexualität die anderen Begierden nicht, sie reißt sie viel eher in einer gigantischen Orgie mit sich. Dem tyrannischen Eros gelingt dadurch etwas, das dem oligarchischen und dem demokratischen Menschen fehlt. Der oligarchische Mensch leidet an seinen Konflikten: Gier wird zu Geiz, der alle anderen Bedürfnisse unter seiner Knute hält. Der demokratische Mensch leidet zwar womöglich nicht an seinen inneren Konflikten, aber er zahlt den Preis, jede Einheit, die ihn zu *einer* Person machen könnte, verloren zu haben. Der tyrannische Mensch dagegen ist eine Einheit: Er ist sein Eros. Diese Einheit ist es, was ihn zum Gegenstück des Philosophen macht. Bedenkt man, dass der Philosoph vom *Streben* nach Weisheit, nicht von Weisheit geprägt ist und dass dieses Streben immer ein erotisches Streben ist, handelt es sich in beiden Fällen sogar um eine wesentlich erotische Einheit. Das ist der Punkt, den Sokrates am Ende des Durchgangs durch die schlechten Verfassungen erreicht hat. Die Gegenüberstellung der einen guten und der vielen schlechten Verfassungen lässt sich nicht durch die Konfrontation von Einheit und Vielheit bzw. Chaos erledigen. Sie mündet in die Frage, ob der, in dem sich kein Bedürfnis mehr unterdrückt fühlt, der einen Machtrausch ausleben kann, der der ganzen Welt seinen Willen aufzwingen kann, tatsächlich unglücklicher ist als der Gerechte.

Buch IX: Drei Beweise, warum der Gerechte glücklich ist

Vorbemerkung

Zu zeigen ist also, dass der »perfekte Tyrann« (d. h. derjenige, der seine Triebe unter Führung des Sexualtriebs bis zum Exzess ausleben kann) unglücklicher ist als der Gerechte, in dem der Verstand regiert. Um diese Aufgabe endlich zu lösen, präsentiert Sokrates nun drei Beweise. Mit diesen drei Beweisen schließt sich der Bogen, den Platon zu Beginn von Buch II begonnen hatte. Sokrates war von Glaukon und Adeimantos aufgetragen worden zu zeigen, warum die Gerechtigkeit ein Gut ist, das wir um seiner selbst willen haben wollen. Dazu musste er zeigen – so viel zeichnete sich schon damals ab –, dass der Gerechte der glücklichste ist, und zwar abgesehen von allen äußeren Lebensumständen.

Genau darum wird es jetzt gehen. Wie ein geschickter Regisseur hat Platon diesen Abschluss des großen, das ganze Werk umspannenden Bogens durch einen kürzeren Steigerungsbogen vorbereitet, der den Leser bis zum Abgrund einer tyrannischen Seele geführt hatte. Der Ton, in dem Adeimantos und Sokrates über den Tyrannen gesprochen haben, war unverkennbar negativ. Doch mag gerade darin etwas von jener Polemik nachklingen, von der die Auseinandersetzung mit Thrasymachos aus Buch I geprägt war, hatte Thrasymachos sich doch an der Figur eines in seiner Hemmungslosigkeit uneingeschränkten Tyrannen geradezu berauscht. Wenn Sokrates nach diesem Vorlauf nun dazu ausholt, endlich Beweise für das Glück des Gerechten beizubringen, dann führt er auch diese Auseinandersetzung zu einem befriedigenderen Ende.

Vor die Beweise hat Platon allerdings wieder eine kleine Irritation gesetzt. Diesmal ist es eine Bemerkung, mit der Sokrates über den Standpunkt nachdenkt, von dem aus er zu diesen Beweisen antritt. Glaukon war ja eigentlich schon längst klar, dass die glücklichste Stadt die gerechte bzw. gute Stadt ist (576e 3–5), und er würde wohl ebenso rasch sein Urteil über die Individuen fällen. Doch Sokrates hält ihn zurück: Denn nur der dürfe ein solches Urteil fällen, der in die »Gesinnung« (*êthos*, 577a 2) der verschiedenen Typen tatsächlich eindringen könne. Derjenige, der nun glaubt, genau das sei doch mit der vorangegangenen Analyse schon erreicht, erhält einen Dämpfer, wenn Sokrates anschließend meint, sie wollten »einmal so tun«, als erfüllten sie diese Voraussetzung (577b 6–8). »[E]inmal so tun« bedeutet nämlich mindestens: Sokrates ist sich keineswegs sicher, ob er und Glaukon tatsächlich zu jenem Urteil befähigt sind.

Dieser Einleitung korrespondieren andere Merkwürdigkeiten im Verlauf der Vorstellung der Beweise. Wenn Glaukon nach dem ersten Beweis das Ergebnis feststellt, inszeniert Sokrates dies wie die Verkündigung des Siegs in einem Wettstreit (580b 1–c 9). Der dritte Beweis wird gar in die Nähe olympischer Wettkämpfe gerückt (583b 2 f.). Wer in einem Wettkampf siegt, hat aber einen in vielerlei Hinsichten beschränkten Erfolg erreicht: Denn man siegt vor bestimmten Preisrichtern über bestimmte Gegner. Das ist weit entfernt von der Orientierung an einer als absoluter Maßstab gedachten Wahrheit. Wenn man allerdings eine Entscheidung braucht, weil man handeln muss – weil man sein Leben gestalten muss –, dann bleibt einem manchmal nichts anderes übrig, als sich auf ein derart beschränktes Ergebnis zu stützen. In genau dieser Situation befinden sich aber Glaukon und Adeimantos: Sie wollen von Sokrates wissen, wie sie leben sollen. So gesehen, ist Sokrates' einleitende Bemerkung wie eine Warnung zu verstehen, den Sieg in einem Wettkampf nicht zu überschätzen. Es könnte sich um einen bloß vorläufigen Erfolg handeln.

Erster Beweis (577b–580c)

Der Grundgedanke des ersten Beweises[1] ist einfach. Wenn wir das Glück einer Stadt oder eines Menschen beurteilen wollen, dann müssen wir auf die Stadt oder den Menschen als Ganzes schauen, hatte Sokrates schon zuvor gefordert (576d 9–e 1). Tun wir das nun im Falle der Stadt, stellen wir fest, dass in dieser Stadt nur ein sehr kleiner Teil frei ist, die meisten aber unterdrückt leben (577c). Das wird per Analogie auf den einzelnen Menschen übertragen: Auch bei ihm ist der größere Teil unterdrückt (577d). Also kann dieser Mensch überwiegend nicht das tun, was er eigentlich will (577d 13–e 2). Also – so möchte man fortfahren – ist so ein Mensch doch überwiegend unglücklich.

Doch so einfach liegt die Sache nicht. Sokrates schmuggelt in die Beschreibung der Seele des Tyrannen einige Begriffe ein, bei denen man sich fragt, warum ein Verteidiger der tyrannischen Lebensart sie überhaupt akzeptieren sollte. Der Tyrann sei getrieben, »voller Instabilität« oder »Reue« (577e 2, das Wort *metameleia* hat beide Bedeutungen). Außerdem ist er von »Angst« (578a 4) erfüllt. Gewiss mag das bei unvollkommenen Tyrannen so sein, aber sollte der perfekte Tyrann sich nicht von allem befreit haben, was ihm noch Angst oder Reue einjagen könnte? Sokrates könnte seine Wortwahl damit begründen, dass auch der perfekte Tyrann *thymos* und Verstand in seiner Seele nicht ausschalten kann – und ebenso wenig die

1 Zum »Beweis« (*apodeixis*) wird dieses Argument nachträglich durch Sokrates geadelt (580c 10).

je eigenen Ziele, die diese beiden Seelenteile mitbringen. So sehr die beiden auch die sexuelle Lust in ihrer Gewalt haben mögen, werden sie sich doch bemerkbar machen, und genau das könnte mit »Reue« gemeint sein.

Dass der Tyrann in beständiger Furcht leben muss, erläutert Sokrates folgendermaßen: Die reichen Sklavenhalter können sich gegenseitig helfen, sollte ein Sklave aufbegehren. Der Tyrann dagegen ist allein, denn alle seine sozialen Beziehungen basieren auf Macht (578d–e). Er hat keine Freunde. Dennoch wird er manchmal die Hilfe anderer Menschen benötigen. Da für ihn jedoch alle Beziehungen zu anderen Menschen immer und ausschließlich Machtbeziehungen sind, wird er sich unweigerlich in die Macht dieser Menschen begeben. Und auf diese Weise wird er unfrei sein (579a–c).

Muss ein Anhänger der Tyrannis wie der Thrasymachos aus Buch I dieser Argumentation folgen? Er wird vielleicht einwenden, dass ein Tyrann, der in Angst lebt, eben noch kein vollkommener Tyrann ist: Er hat seine Macht noch nicht perfektioniert. In der Tat stellt die Beschreibung der tyrannischen Seele aus der ersten Hälfte von Buch IX noch eine andere Beziehung zu anderen Menschen bereit: nämlich die der begeisterten Gefolgschaft. Der erfolgreiche Einsatz der Propaganda als Herrschaftsmittel in Diktaturen bestätigt, dass es sich hierbei um ein sehr mächtiges Werkzeug handelt. So könnte Thrasymachos entgegnen, dass der perfekte Tyrann die überwiegende Mehrheit hinter sich zu bringen weiß, und die wenigen, die ihm nicht folgen, leicht eliminieren kann. Vielleicht würde aber Sokrates dem entgegenhalten, dass sich auch dadurch die Angst nicht beseitigen lässt: Denn der Tyrann muss sich nun darum sorgen, ob ihm die Menge auch in Zukunft noch folgen wird. Solche Sorgen speisen sich aus der menschlichen Eigenart, an die Zukunft zu denken. Das aber ist eine Eigenart, die der Mensch seinem Verstand verdankt. Und so wäre denn die

Angst des Tyrannen so etwas wie die heimliche Rache des unterdrückten Verstandes.

Hierbei handelt es sich jedoch um eine spekulative Fortsetzung des ersten Beweises: Im Gespräch finden sich solche Überlegungen nicht, sondern Sokrates lässt Glaukon die Konklusion des ersten Beweises wie ein Herold den Sieg im Wettkampf verkünden. Es ist nicht nur diese Inszenierung, die Zweifel an der Kraft des Arguments weckt, sondern vor allem, was Glaukon sagt. Denn der ordnet *sämtliche* schlechten Verfassungen der Reihenfolge nach hintereinander an, wie sie in Buch VIII und IX aufgetreten sind (580b 6–8). Damit schließt er aber auf weit mehr, als das Argument hergibt. Und so steht dieser erste »Beweis« am Ende recht schwach da, schwächer als es vielleicht sein müsste.

Zweiter Beweis (580d–583a)

Der zweite Beweis ist raffinierter angelegt als der erste. Als Ausgangspunkt verwendet er die These, dass jeder der drei Seelenteile seine eigene Begierde, Lust und Herrschaftsformen hat (580d 6 f.; der untere Seelenteil wird hier auf die Besitzgier reduziert). Diese These ist mittlerweile hinreichend bekannt. Fragt man nun Menschen, bei denen je einer der Seelenteile dominiert, welche Lebensweise die angenehmste sei, dann wird jeder für die dem herrschenden Seelenteil entsprechende Lust plädieren (581d 9–11). Soweit resultiert also ein Patt. Wie kann man es auflösen? Der Schlüssel liegt in einer anscheinend harmlosen methodischen Vorgabe: Die Entscheidung, welche Lebensform die beste sei, müsse doch auf »Erfahrung, Besinnung und Vernunft« (*empeiria, phronêsis, logos*, 582a 4) beruhen. Und da derjenige, in dem der vernünftige Seelenteil herrscht, die größte Erfahrung hat (genau genommen ist er sogar der Einzige, der mit allen drei Arten von Lust Erfahrung hat), zählt allein sein Urteil (582d 1 f.). Hinzu kommt, dass er als Einziger mit (d. h. unter der Leitung von) Besinnung und Vernunft urteilt (582d–e). Seinem Urteil zufolge ist aber die Lust der Vernunft die beste – und so ist dies Ergebnis dann auch zu akzeptieren (583a 1–5).

Der Beweis ist raffiniert, weil er denjenigen, die sich nicht von der Vernunft leiten lassen, die Urteilskompetenz abspricht, und zwar zweifach. Zunächst wegen mangelnder Erfahrung: Der Beweis basiert auf der Regel, dass man nur über das urteilen könne, was man kennt – eine Regel, die schwerlich anzugreifen ist.

Doch folgt daraus der Sieg der vernünftigen Lebensform so selbstverständlich? Der Verteidiger der Tyrannis könnte einwenden, dass derjenige, der vernünftig lebt, zwar auch die Befriedigung von Begierden kennen wird. Er wird gelegentlich essen und trinken, vielleicht sogar ab und zu Sex haben. Er wird dies aber nicht in dem Maße tun, wie es der Tyrann gewohnt ist. Und da es für den Tyrann wesentlich auf den Exzess in der Triebbefriedigung ankommt, wird sein Verteidiger sich nicht geschlagen geben müssen. Er könnte einwenden, dass dem Vernünftigen die Erfahrung des tyrannischen Lebens nicht zugänglich sein und der Vernünftige daher gar nicht über die Lust des Tyrannen urteilen *kann*.

Wie steht es mit dem zweiten Angriff auf die Urteilskompetenz aller Nicht-Vernünftigen? Auch er klingt eher harmlos: Sollte ein vergleichendes Urteil nicht immer wohl abgewogen sein? Doch schnell wird offensichtlich, dass auch diese methodische Vorgabe nicht neutral ist: Sie entstammt dem Geiste der Vernunft. Als alternatives Entscheidungsverfahren könnte der Tyrann schlicht und einfach einen Machtkampf vorschlagen: Die beste Lust wäre dann diejenige, die die anderen überbieten, vielleicht sogar auslöschen kann.

Kurzum: Die methodischen Regeln, die Sokrates vorschlägt, führen zwar zum Resultat, dass die Lust der Vernunft die beste ist, sind jedoch nicht dafür geeignet, das anfängliche Patt zu überwinden. Denn die Regeln sind in dieser Auseinandersetzung nicht neutral, und der Verteidiger der Tyrannis ist nicht gezwungen, sie zu akzeptieren.

Die Inszenierung der drei Beweise als Wettkampf macht sich hier in besonderer Weise bemerkbar. Wie schon gesagt, ist in einem Wettkampf der Gegner die Hürde, die zu überwinden ist, nicht die Wahrheit. Obendrein ist in diesem besonderen Wettkampf, der dem Leser hier in Gestalt der drei Beweise vorgeführt wird, der Gegner nicht einmal in Person anwesend und der Schiedsrichter – Glaukon – parteiisch. Mit Blick auf die Orientierung an der Wahrheit mag man einen solchen Wettkampf als nicht sonderlich tauglich ansehen. Doch haben die Beweise, die Sokrates hier vorträgt, ja ein anderes unmittelbares Ziel: nämlich, Glaukon und Adeimantos davon zu überzeugen, dass der Gerechte glücklich ist und man deshalb gerecht leben sollte. Für dieses Ziel reichen die ›Siege‹ aus, die Sokrates hier davonträgt. Wer mehr erwartet, der sei an die generelle Warnung erinnert, die Sokrates selbst der gesamten Untersuchung vorangestellt hat (vgl. S. 251 f.).

Zusätzlich sollte man zur Ehrenrettung von Sokrates darauf hinweisen, dass die Schwierigkeit, unter der dieser zweite Beweis steht, von grundsätzlicher Natur ist. Die Forderung, Urteile auf Erfahrung zu stützen, ist durchaus berechtigt. Doch oft sind die Erfahrungen, auf die man ein Urteil stützt, erst dann zugänglich, nachdem man bereits einen bestimmten Weg eingeschlagen hat: Welche Lust Philosophie (oder vielleicht auch, welche Lust ein tyrannisches Leben) bereiten kann, lässt sich nicht »am grünen Tisch« entscheiden, sondern erst, wenn man sich ernsthaft auf die entsprechende Lebensweise einlässt. Nachdem man aber einen bestimmten Weg eingeschlagen hat, mag es nicht mehr möglich sein, einfach so zum Ausgangspunkt zurückzukehren. Gesetzt den Fall, dass dies so ist, existiert kein neutraler Standpunkt, von dem aus man die Arten der Lust, die mit den verschiedenen Lebensformen verbunden sind, miteinander vergleichen könnte.

Dritter Beweis (583b–587a)

Angesichts der Schwierigkeiten, mit denen die ersten beiden Beweise behaftet sind, ist ein dritter Beweis durchaus willkommen. Das, was Sokrates als nächstes präsentiert, scheint tatsächlich dazu in der Lage zu sein, die Schwächen der ersten beiden Beweise zu überwinden. Denn diesmal geht es darum, die verschiedenen Lüste selbst miteinander zu vergleichen.

In einem ersten Schritt schlägt Sokrates vor, mit Blick auf die Lust drei Arten von Zuständen zu unterscheiden: nicht nur Lust und Schmerz, sondern auch einen Zustand der Ruhe zwischen beiden. Dieser mittlere Zustand kann nun, je nachdem, aus welcher Richtung er erreicht wird, als lustvoll oder schmerzhaft erscheinen, obwohl er es nicht ist (tatsächlich handelt es sich nur um einen Zustand der Ruhe) (583e 4 f.).

Damit ist ein erster wichtiger Punkt erreicht: Lust und Schmerz sind nicht immer das, was uns als Lust und Schmerz erscheint: Es gibt vielmehr eine objektive Skala, auf der sich Schmerz und Lust eintragen und voneinander unterscheiden lassen. Man kann, gemessen an dieser Skala, mit der eigenen Bewertung auch falsch liegen. Um zu zeigen, dass es tatsächlich Arten der Lust gibt, die nicht im Aufhören von Schmerz bestehen, verweist Sokrates auf Lüste, die wir empfinden, ohne dass ihnen irgendein unangenehmer Zustand vorausgegangen ist. Etwa einen angenehmen Geruch zu erleben, kann auf einen Zustand der Geruchslosigkeit folgen (584b 4–8). Auf diese Weise ist also die Grundlage für einen Vergleich verschiedener Lüste geschaffen, der nicht mehr dem Vorwurf ausgesetzt ist, dass jeder von seinem Standpunkt aus die Lüste unterschiedlich bewerten wird und ein Vergleich der verschiedenen Standpunkte gar nicht möglich ist.

Im zweiten Schritt geht es darum zu zeigen, dass die Lüste des Verstandes tatsächlich besser sind als die des unteren Seelenteils. Sokrates' Ausführungen halten dabei für den Leser auf den ersten Blick einige Zumutungen bereit. So spricht er von »wahrer« und »falscher« Lust (z. B. 585e 2, 586b 8, 586d 9). Wahrheit war uns in Buch V als Qualität des Gegenstands philosophischer Erkenntnis begegnet, doch durch Lust erkennt man nichts. Irritierend ist auch die Rede vom »mehr Sein« oder »weniger Sein« oder vom größeren oder kleineren »Anteil am Sein« (z. B. 585b 9, b 11, c 4, d 3). Denn wie kann etwas mehr oder weniger existieren oder mehr oder weniger wahr sein oder mehr oder weniger irgendwie beschaffen sein?[2] – So lauteten die drei Lesarten von »Sein«, die gleichfalls in Buch V zur Auswahl standen. Und schließlich scheint es auch merkwürdig zu sein, dass wir durch »mehr Seiendes« gesättigt werden können (585b 9, e 1), wenn es sich bei dem »mehr Seienden« um Ideen oder dergleichen handeln soll: Denn wie könnten wir durch etwas Abstraktes »gefüllt« werden?

Die genannten Formulierungen lassen sich aber vergleichsweise einfach verständlich machen. Eine falsche Lust ist eine, die als solche erscheint, aber keine ist. Dass sie keine ist, zeigt sich daran, dass ein und derselbe Zustand – nämlich ein Zu-

2 Natürlich kann etwas eine Eigenschaft in größerem oder kleinerem Ausmaß haben, doch geht es hier nicht um eine Abstufung der Eigenschaft, sondern um eine Abstufung des Seins. Es geht also um das, was in einem Satz vom Typ »a ist F« durch das Wort »ist« ausgedrückt wird.

stand der Ruhe – einmal als Lust, ein andermal als Schmerz empfunden werden kann. So ist es zwar nicht falsch, dass uns dieser Zustand als Lust *erscheint*. Falsch ist es jedoch zu behaupten, dies *sei* ein Zustand der Lust. Falsch kann eine Lust auch aus dem Grunde sein, weil sie uns als höchste Lust erscheint, obwohl sie keineswegs eine solche ist. Beim »mehr Seienden« wird nicht das »Sein« als solches gesteigert, sondern Eigenschaften, die Seiendes hat – allen voran, unveränderlich und unvergänglich zu sein (vgl. 585e 2–5). Mehr Seiendes ist in diesem Sinne etwas, das weniger veränderlich ist. Die Sättigung schließlich leitet sich aus einem vorhergehenden Mangel ab, und dieser wiederum aus dem, nach dem der jeweilige Seelenteil sucht. Der Verstand sucht nach Wissen. Wissen gibt es nur von den Ideen. Insofern wird der Verstand durch Ideen »gesättigt«.

Das ganze Argument läuft also auf Folgendes hinaus: Zustände der Lust sind generell Zustände der Befriedigung. Zustände der Befriedigung lassen sich objektiv nach dem Grad der Befriedigung ordnen. Generell ist der Grad der Befriedigung umso höher, je dauerhafter und stabiler die Befriedigung ist. Wenn man einen Zustand für Lust hält, in dem man zwar temporär befriedigt ist, der seiner Natur nach aber nicht lange anhält, kann man sich in verschiedener Hinsicht im Irrtum befinden: Man kann glauben, dass eine solche Lust die höchste Lust sei. Oder man kann glauben, dass eine solche Lust nicht bloß scheinbare, sondern wirkliche Lust sei. Der Grad der Befriedigung hängt wiederum von der Beschaffenheit der Gegenstände ab, die Befriedigung verschaffen. Gegenstände, die ihrer Natur nach ewig und unveränderlich sind, verschaffen demnach mehr Befriedigung als solche, die ihrer Natur nach vergänglich sind. Zu Letzteren gehören körperliche Gegenstände, zu Ersteren die Ideen. Wenn also der Verstand bei der Beschäftigung mit Ideen Lust empfindet, dann ist diese Lust besser als jene, die mit der Befriedigung körperlicher Begierden einhergeht.

Das Argument ist natürlich davon abhängig, dass man akzeptiert, dass es Gegenstände des Wissens wie die Ideen gibt, und der Verteidiger des Tyrannen muss diese Ansicht nicht teilen. Doch ist dieser Dissens von anderer Art als diejenigen, die die vorigen Beweise schwächten. Denn er ist nicht seinem Wesen nach standpunktabhängig: Darüber, ob es unveränderliche Gegenstände des Wissens gibt oder nicht, entscheiden nicht die Menschen, sondern die Welt. Insofern ist der dritte Beweis in der Tat geeignet, die Schwächen der vorigen Beweise auszuräumen.

In seiner Konklusion 586e 4–587a 2 geht Sokrates noch über das hinaus, was das dritte Argument zeigt. Er behauptet dort, dass unter der Leitung des Verstandes nicht allein der Verstand seine eigene Lust und der Mensch darum diese beste Lust, sondern dass *jeder* Seelenteil seine eigene beste, wahrste und maximal mögliche Lust erleben kann. Das geht zwar nicht aus dem Argument hervor. Es verweist jedoch zurück auf die formale Konzeption des Guten: Deren Kerngedanke lautete ja, dass die Idee des Guten zu kennen nicht bedeutet, irgendein bestimmtes höchstes Gut zu kennen, sondern all das, was für den Menschen als Lust gut ist, in eine Ordnung zu bringen, in der jede Lust zur bestmöglichen Entfaltung kommen kann.[3] Und es verweist noch weiter auf einen Aspekt der Gerechtigkeit zurück, der sich in Buch I herauskristallisiert hatte:[4] Dort hatte sich nämlich gezeigt, dass Gerechtigkeit eine besondere Art von Multiperspektivität aufweist. Ein Zustand der Gerechtigkeit hat mehrere Adressaten, die alle darüber entscheiden können, ob der entsprechende Zustand gerecht ist oder nicht.

3 Vgl. S. 193 f.
4 Vgl. S. 47.

In der Seele sind die Adressaten die drei Seelenteile: Sie werden den Zustand als gerecht beurteilen, wenn sie ihre je eigene Lust in der bestmöglichen Weise empfinden. Und genau das schreibt Sokrates hier der vom Verstand geleiteten Seele zu.

Ist die Sache damit nun entschieden? Abgesehen davon, dass noch der allerletzte Schritt, d. h. der zum gerechten Menschen, fehlt, hat auch dieses Argument zwei Haken. Einen hatte ich schon erwähnt: Es hängt von der Wahrheit der Annahme ab, dass es besondere Gegenstände des Wissens gibt, die ewig und unveränderlich sind. Zwar sind Sokrates und seine Freunde davon überzeugt. Dennoch könnte diese Annahme falsch sein. Und außerdem hängt das Argument davon ab, dass wir diese Gegenstände auch tatsächlich erreichen können. Sollte es der Fall sein, dass es diese Gegenstände gibt, sie für uns aber immer unerreichbar blieben, wäre das Leben des Philosophen von stetiger Unzufriedenheit geprägt. Dass Sokrates immer wieder betont, dass er keineswegs über Wissen verfügt, mag tatsächlich Zweifel an der Erreichbarkeit der Gegenstände des Wissens wecken: Wenn schon Sokrates nicht weiß, ob er sie erreicht hat, wer sollte sie dann erreichen können? Doch erstens folgt daraus, dass Sokrates nicht weiß, ob er sie erreicht hat, nicht, dass er sie tatsächlich nicht erreicht hat. Manche seiner Meinungen könnten sich ja durchaus als Wissen herausstellen. Und zweitens steht Sokrates mit seinem Leben dafür ein, dass die Suche nach Wissen nicht vergeblich ist. Denn der Leser weiß, dass Sokrates am Ende in den Tod gehen wird, um diesem Ideal bzw. dieser Suche nicht untreu werden zu müssen.

Abschluss: Der Nutzen von Gerechtigkeit und Ungerechtigkeit (587b–592b)

Sokrates zieht zunächst die Konklusion aus dem vorangegangenen Beweis (587b 6 f.): Der Tyrann ist von der wahren Lust am weitesten entfernt. Das folgt in der Tat aus der vorhergehenden Argumentation. Sokrates schiebt auch noch eine Berechnung nach, wie weit die Lust des Tyrannen von der eigentlichen Lust entfernt ist (587b 12–588b 5), die dem an Mathematik interessierten Glaukon offensichtlich gefällt. Der mathematische Teil dieser Berechnung ist diesmal leicht nachzuvollziehen: Die tyrannische Lust beträgt $1/(9^3)$, also $1/729$stel der Lust des Königs.

Schwerer ist nachzuvollziehen, wie Sokrates auf seine Anweisungen für die Kalkulation kommt. Dem unteren Seelenteil werden drei Einheiten zugewiesen und jedem Seelenteil wiederum die gleiche Länge, also drei Einheiten: Die tyrannische Seele nimmt dann das letzte Neuntel einer Strecke von neun Teilen ein. Das mag man als Versuch einer mathematischen Darstellung der Seele noch hinnehmen (da die tyrannische Seele eine von drei Ausprägungen der Herrschaft des unteren Seelenteils ist, entspricht ihr ein Drittel von einem Drittel). Warum die Verhältnisse der Lust dann aber eine Potenz (zunächst die zweite, dann die dritte) dieses Streckenverhältnisses darstellen, scheint willkürlich gesetzt zu sein. Interessant ist allerdings, dass diese ganze Berechnung impliziert, dass die Lust des Königs und die des Tyrannen miteinander vergleichbar bzw. kommensurabel sind. Andernfalls könnte sich ihr Verhältnis nämlich überhaupt nicht berechnen lassen.

Diese Kommensurabilität ist auch in einer Bemerkung angelegt, die der Rechnerei vorhergeht. Sokrates führt dort aus, dass es eine Lust von legitimer Geburt und zwei »bastardische« Lüste gebe (587b 15 f.). Die »Bastarde« müssen immerhin einen

Elternteil mit der »legitimen« oder »echten« Lust, wie Rufener übersetzt, gemeinsam haben. Zwar gehe der Tyrann noch über die bastardischen Lüste hinaus. Da es jedoch nur drei Arten von Lust gibt, muss auch seine Lust von bastardischer Art sein – womöglich ein Bastard, der seine Eltern umgebracht hat.

Auf das Thema Gerechtigkeit kommt Sokrates in 588b 1–4 zurück und erinnert nochmals an die Aufgabenstellung aus Buch II: Zu zeigen war, dass die Ungerechtigkeit auch dann Schaden bringt, wenn es dem Ungerechten gelingt, nach außen hin gerecht zu erscheinen. Es darf hier also nur um die Wirkung von Ungerechtigkeit und Gerechtigkeit nach innen gehen. Mit der Feststellung, dass derjenige Mensch, in dem die Vernunft herrscht, der glücklichste und derjenige, der am weitest gehenden von seinen Begierden beherrscht wird, der unglücklichste ist, ist diese Aufgabe erfüllt. Die Argumentation, die den Hauptteil der *Politeia* ausmacht, ist damit an ihr Ziel gekommen.

Sokrates holt allerdings nochmals aus und entwirft ein »Bild der Seele« (588b 10) in Gestalt eines aus drei Teilen zusammengesetzten Wesens, das jedem Menschen innewohnen solle. Das Bild ist einfach aufzulösen: Den drei Komponenten des Wesens entsprechen die drei Seelenteile. Und da dem Verstand ein »innerer Mensch« entspricht, ist es wenig überraschend, dass es für den »äußeren Menschen« am besten ist, wenn der »innere Mensch« herrscht – würde der äußere Mensch doch andernfalls seine Menschlichkeit verlieren und zum Tier werden (vgl. 589d 1).

Doch genau diese Parallele von innerem und äußerem Menschen macht das Bild so schwach. Erstens ist es voreingenommen: Wer den Verstand als Menschen repräsentiert, suggeriert dadurch, dass der Mensch erst durch den Verstand zum Menschen wird. Und zweitens krankt das Bild an einem klassischen Regress-Problem: Denn wie ist eigentlich der »innere Mensch«

aufgebaut? Hat er auch drei Teile oder nur einen in sich? Falls Ersteres, benötigt der innere Mensch wieder einen inneren Menschen, und so weiter bis ins Unendliche. Falls der innere Mensch dagegen nur aus Verstand besteht, ist er kein Mensch, und Sokrates hätte ihn auch direkt als Verstand bezeichnen können. Obendrein überhöht Sokrates unter der Hand den »inneren Menschen« zum »Göttlichen« in der Seele (589d 1). Dass man nach dieser rhetorischen Aufrüstung leicht dafür plädieren kann, dass Ungerechtigkeit schadet, weil sie das Göttlichste dem Ungöttlichsten unterwirft (589e 4), ist klar. Dass man darum auch »niedrige Erwerbstätigkeit und Handarbeit« ablehnen muss (590c 1), ist weniger klar. Dazu muss man voraussetzen, dass solche Arbeiten nur aus Geldgier betrieben werden. Sprösslinge einer wohlhabenden Familie wie Glaukon und Adeimantos mögen wohl so denken. Allerdings antwortet Glaukon hier mit einem zögerlichen: »es scheint so«. Alles in allem erweckt die ganze Passage den Eindruck, dass Sokrates hier von der philosophischen Argumentation zurückkehrt in einen Bereich von Voreingenommenheiten und rhetorischer Suggestion.

Beschlossen wird dieser Teil des Gesprächs mit einer kurzen Rückkehr zum Verhalten des gerechten Menschen gegenüber seiner Umwelt und zu seinem Verhältnis zur Politik, in der Glaukon und Sokrates bestätigen, was sie früher, in Buch VI,[5] schon ausgeführt hatten, dass nämlich ein solcher Mensch sich aus der gegenwärtigen Gesellschaft eher zurückziehen, in einer guten Stadt aber gerne engagieren würde.

5 Vgl. S. 170.

Buch X: Dichtung und Unsterblichkeit

Vorbemerkung

Die größte Herausforderung, die das letzte Buch der *Politeia* an seine Leser stellt, ist in gewisser Weise seine bloße Existenz. Der von Buch II bis IX sorgfältig durchkomponierte Aufbau ist in Buch IX zu seinem Abschluss gekommen, zu einem ein Abschluss, der aus der Sicht der Gesprächspartner keine Verbesserung mehr zulässt. Die drei Beweise, die Sokrates in Buch IX vorgelegt hatte, haben Glaukon und Adeimantos überzeugt, und damit hat Sokrates die ihm von den beiden gestellte Aufgabe in einer Weise eingelöst, die im Rahmen dieses Gesprächs nicht mehr zu überbieten ist. Warum also dann noch ein Anhang, der doch die Kraft der Komposition nur verwässern kann? Das Problem spitzt sich zu, wenn man das Buch genauer betrachtet: Denn nicht nur verknüpft es mit der Dichtung und der Unsterblichkeit der Seele zwei scheinbar unzusammenhängende Themen. Schlimmer noch: Seine Thesen zur Dichtung scheinen mit denen aus Buch III unvereinbar. Die Argumente für die Unsterblichkeit der Seele sind außerdem von dürftiger Qualität und ignorieren das Modell der dreigeteilten Seele aus Buch IV. Und völlig unbegreiflich ist, warum Platon nach seiner sorgfältig ausgearbeiteten Antwort, warum ein gerechtes Leben an sich gut ist, nun eine Antwort nachschickt, die mit der Androhung von Strafen im Jenseits operiert und auf diese Weise zu den gänzlich unphilosophischen Vorstellungen eines Kephalos aus Buch I zurückkehrt. Es ist daher kaum verwunderlich, dass das Buch X eine denkbar schlechte Presse bekam: Julia Annas etwa bezeichnet es als einen »Auswuchs«, einen »lahmen und schlampigen Abschluss« des ganzen Werks. Mehr als einmal verzweifelt sie an dem Versuch, den Text rational zu rekonstruieren und greift zur Erklärung stattdessen auf die Ebene psychologischer Motivationen des Autors Platon zurück.[1]

Möglich ist es durchaus, dass selbst ein so vorzüglicher Autor wie Platon bei der Abfassung des Buches einige schwache Stunden hatte. Nicht auszuschließen ist auch, dass er übriggebliebene Gedanken oder gar unabhängig entstandene Dialogfragmente an die *Politeia* angehängt hat, wie von Mario Vegetti erwogen wurde.[2] Doch bevor man den Anspruch auf einen Sinnzusammenhang der *Politeia* im Ganzen aufgibt, sollte man getreu der hermeneutischen Maxime, einen Text so stark wie möglich zu machen, überlegen, ob sich dem Buch X nicht doch ein guter Sinn mit Blick auf das Gesamtwerk abgewinnen lässt.

Im Buch X werden, wie schon erwähnt, zwei hauptsächliche Themen angesprochen, nämlich zum einen die Dichtung und zum anderen die Unsterblichkeit der Seele und ihr Schicksal nach dem Tod. Beide Themen werden unvermittelt aufgebracht, ohne dass sich aus dem Gesprächszusammenhang ein guter Grund für diese Auswahl erkennen ließe. Ja, die Dichtung sei nur eine unter vielerlei Einrichtungen in der Stadt, über die man sprechen könnte (595a 1). Und doch lässt sich die Dichtung leicht als das zentrale Thema des Buchs ausmachen: Denn sie tritt zweifach auf, zuerst als Gegenstand der Reflexion und dann in der Praxis: Mit seinem großen Schlussmythos über das Schicksal der Seelen nach dem Tod wird Platon nämlich selbst zum Dichter. Bedenkt man, wie heftig die Dichtung zuvor kritisiert wurde, vermindert dieser Umstand nicht gera-

1 Annas (1981), S. 335 und 353. Auf S. 344 erklärt sie die anscheinend widersprüchlichen Ansichten über die Dichtung damit, dass Platon mit aller Gewalt die kreative Leistung der Dichter wegleugnen wollte, derer er sich doch voll und ganz bewusst gewesen sei.

2 Siehe Vegetti (2007), S. 31 f. und Halliwell (1988), S. 2. Halliwell plädiert dafür, Buch X als eine Art von Coda aufzufassen.

de die Spannungen, die Buch X durchziehen. Doch lässt sich daraus eine Leitlinie für die Interpretation gewinnen: Sollte sich ein guter Grund dafür finden lassen, warum Platon der bisherigen Argumentation einen Mythos folgen ließ, findet sich womöglich auch eine Erklärung für die Behandlung des Themas Dichtung.

Kritik der Dichtung (595c–608b)

Gegenstand des gesamten ersten Teils von Buch X ist die Dichtung, »soweit sie nachahmend ist« (*hosê mimetikê*, 595a 5). Nach der Einteilung der Dichtung, die in Buch III vorgenommen wurde (392d), scheint es sich um nur eine Gattung der Dichtung zu handeln, denn zuvor wurden von der nachahmendem Dichtung (gemeint war die Theaterdichtung) die diegetische Dichtung sowie das Epos als Mischform aus beiden unterschieden. Hier zählt Sokrates auf jeden Fall Homer zur nachahmenden Dichtung (c 1–3) und scheint damit seine frühere Klassifikation zurückzunehmen. Man kann das »soweit sie nachahmend ist« allerdings auch anders lesen: Vielleicht wird hier die Dichtung unter einem bestimmten Aspekt betrachtet – nämlich unter dem der Nachahmung, so wie sie sogleich expliziert wird. Dies ist ohne Zweifel ein wichtiger, jedoch womöglich nicht der einzig denkbare Aspekt.

Die Auseinandersetzung mit der Dichtung gliedert sich in drei Abschnitte: Zunächst geht es um die Nachahmung im Allgemeinen, erörtert am Beispiel der Malerei (595c–598d). Es folgt ein erster Abschnitt zur Dichtung, in dem das, was zuvor entwickelt wurde, auf die Dichtung übertragen wird (598d–602b). Den Schluss bildet ein Abschnitt, in dem es um die Wirkung der nachahmenden Dichtung auf die Seele geht (602c–608b).

Nachahmung (595c–598d)

Was ist nun Nachahmung?[3] In Buch III wurde sie ja bereits einmal Thema, dort jedoch unter der Frage, was wie mit welchen Auswirkungen auf die Seele nachgeahmt wird.

Diesmal spannt Sokrates einen ontologischen Rahmen auf: Er beginnt mit einer These, die an die Einführung der Ideen in Buch V anknüpft: Zu jedem Ding, welches es auch sei (596a 6 f. und 10), »setzen wir« eine Idee (*eidos*). Diese Idee ist immer eine (596b 1 f.)[4]; die vielen Dinge werden gemäß dieser Idee hergestellt. Die Idee selbst wird nicht von Menschen, sondern bestenfalls von einem Gott (597b 5) hergestellt.

Das erinnert in zwei Hinsichten an die Aussagen aus Buch V: Erstens wird eine Idee den vielen Dingen gegenüber-

3 Die Beantwortung der Frage wird auf eine kuriose Weise eingeleitet: »So höre denn, oder vielmehr antworte« lässt Platon seinen Sokrates zu Glaukon sagen (595c 6). Daraufhin bekennt er seine eigene Unwissenheit, um Glaukon mit dem zwiespältigen Hinweis, Kurzsichtige würden manchmal besser sehen als Scharfsichtige, zur gemeinsamen Suche nach einer Antwort aufzufordern.

4 In 597c 7–9 wird eine Begründung dafür nachgeliefert, dass die Idee eines Stuhls nur eine sein kann: Würde es zwei Muster geben, »würde sich darüber ein drittes zeigen«. Das kann man folgendermaßen verstehen: Unter der Voraussetzung, dass es zwei Muster für dieselbe Sache gibt, stellt sich sofort die Frage, wieso es Muster derselben Sache sind. Sollte die Antwort darauf in der Beziehung zu ein und *derselben* Sache bestehen (also ähnlich, wie eben viele Stühle darum Stühle sind, weil sie alle einem Muster entsprechen), müsste es zu diesen beiden Mustern ein weiteres Muster geben, dem beide folgen. Die abstrakte Überlegung lässt sich leicht veranschaulichen: Ein Möbelhaus verkauft viele Stühle, die jeweils einem Stuhlmodell zugeordnet sind. Die Stuhlmodelle selbst sind wieder viele, die alle dem einen Muster Stuhl zugeordnet sind und darum als »Stühle« bezeichnet werden.

gestellt, und zweitens ist die Idee, jedenfalls in einem menschlichen Rahmen, unentstanden und somit aus menschlicher Perspektive ewig. Man sollte allerdings vorsichtig sein, diese Hypothesen mit der Ideenhypothese aus Buch V gleichzusetzen, denn dort wurde weder behauptet, dass es zu *jedem* Ding, noch, dass es von *Artefakten* eine Idee gibt.

Wie ist in diesen Rahmen nun die Nachahmung einzuordnen? Sokrates erläutert ihre Stellung mit unverkennbarem Spott anhand des Spiegels, mit dem jeder selbst leicht alles machen könne, was es auf Erden gibt (596d 7–e 3). Was auf diese Weise gemacht wird, sind natürlich nur Bilder der Dinge. So, wie die konkreten Dinge Nachahmungen der einen Idee sind, sind diese Bilder Nachahmungen der konkreten Dinge. Sokrates legt hier nahe, dass zwischen Idee und (konkretem) Ding und Ding und Bild jeweils dieselbe Relation besteht: Es geht jeweils darum, dass eine Sache (a) mit Blick auf eine andere Sache (b) gemacht wird und (a) dem (b) zwar gleicht, aber nicht von der gleichen Art wie (b) ist (597a 5). Bilder gibt es nun noch mehr als Dinge. Außerdem kann man von einem Ding viele voneinander verschiedene Bilder anfertigen, da jedes Bild von einer bestimmten Perspektive aus gemacht ist (598a 7–10). So gesehen besteht auf der Ebene der Nachahmung eine Art potenzierter Vielheit. Unter der Voraussetzung, dass in der ontologischen Hierarchie Einheit ein Wertkriterium darstellt, wird klar, dass die Nachahmung ontologisch den letzten Platz einnimmt.

Es kommt noch ein weiterer Punkt hinzu: Der Maler, der einen Stuhl macht, macht zwar »in gewisser Weise einen Stuhl«. Er macht jedoch nur einen, der »so erscheint«, wie Glaukon zweimal betont (596e 4,11), d. h. er orientiert sich nur an der äußeren Beschaffenheit und nicht an der gesamten Beschaffenheit, so wie es immerhin noch der Handwerker tut, der ein Muster umsetzt. So lässt sich verstehen, dass der Nachahmer

»von der Wahrheit an gerechnet an dritter Stelle steht« (597e 3 f.).

Den Modellfall für einen solchen Nachahmer bildet in der ganzen Passage der Maler. Doch wird Platon damit der Tätigkeit des Malers gerecht? Hierzu ist erstens wichtig zu bedenken, dass Platon sich an einer ganz bestimmten Funktion der Malerei orientiert, nämlich an der Funktion, eine Illusion zu erzeugen, also etwas zu erzeugen, das so aussieht wie Dinge in der Wirklichkeit, und dabei den Betrachter zu täuschen (vgl. 598c 3). Eine solche Malerei begegnete Platon u. a. in der Bühnenmalerei der Theater, in der architektonische Illusionen erzeugt werden sollten.[5] Die Illusion stellt aber nur eine und dazu eine untergeordnete Funktion der Malerei dar. Wer ein Bild malt, der will zunächst etwas darstellen. Und diese Darstellung muss keineswegs eine Illusion sein, sondern kann sich als Darstellung kenntlich machen, so wie ja die meisten Bilder sich als Bilder zu erkennen geben und nicht auf einen trompe-l'œil-Effekt zielen.[6] Darstellung wäre somit ein zur Nachahmung alternativer Aspekt, unter dem man Kunst betrachten kann. Bevor man Platon also vorwirft, die Malerei in Bausch und Bogen zu kritisieren, sollte man bedenken, dass er seine Leser in keinem Moment darüber im Unklaren darüber lässt, unter welcher Voraussetzung seine Kritik steht.

5 In 602d 2 spricht Platon von der *skiagraphia*, der »Schattenmalerei«. Damit ist eine Technik gemeint, in der Abschattierungen der Farben benutzt werden, um die Illusion räumlicher Tiefe zu erzeugen.

6 Zur Differenz zwischen Nachahmung und Darstellung siehe Wiesing (2005), dessen Aufsatz auch weitere Informationen zum kunsthistorischen Hintergrund von Platons Überlegungen enthält.

Anwendung auf die Dichtung (598d–602c)

Das eigentliche Ziel des Gesprächs liegt aber nicht in der Malerei, sondern in der Dichtung. Lässt sich das bislang Gesagte auf die Dichtung, oder genauer: »auf die Tragödie und ihren Anführer Homer« (598d 9) übertragen? Ist die Dichtung tatsächlich Nachahmung im bislang entwickelten Sinn (598e 5–599a 3)?

Sokrates bringt zur Antwort zunächst einen neuen Gesichtspunkt ins Spiel, nämlich das Problem, ob der Dichter das, was er nachahmt, auch »versteht« (wörtlich: ob er »wissend dichtet«, 598e 3 f.). Homer stellt in seiner Dichtung Kriege und Staaten dar[7]: Versteht er also etwas von Kriegs- oder Staatskunst (599c 6–e 6)? Die Antwort ist negativ: Niemand habe ihn je als Gesetzgeber herangezogen. Nicht einmal im privaten Leben habe sich eine »homerische Lebensweise« (600a 10 f.) etablieren können.

Solche Behauptungen sind eine Spitze gegen die Rolle, die Homer in der antiken Erziehung gespielt hat. Dass Homer nicht »wissend dichtete«, folgt daraus allerdings nicht, denn es kann viele Gründe dafür geben, dass niemand eine Stadt oder auch sein eigenes Leben nach homerischen Prinzipien organisiert hat. Sokrates hält dies jedoch für bewiesen und schließt daraus, dass auch der Dichter nur ein Nachahmer und Produzent auf der dritten Stufe ist. Dieser Schluss wird dann sogleich auf alle Dichter seit Homer verallgemeinert (600e 4–6). Auch hier ist wichtig festzuhalten, dass nicht von allen Dichtern *schlechthin* die Rede ist, sondern nur von allen Dichtern *seit Homer*. Die Kritik richtet sich also gegen eine historisch konkret angebbare Gruppe. Dieser Punkt ist auch deshalb von

7 Ich verwende hier absichtlich das neutrale »darstellen«, da ja noch nicht klar ist, ob der Dichter ein Nachahmer ist.

Bedeutung, weil man gegen die Argumentation leicht einwenden kann, dass sie sich auf eine empirische Beobachtung stützt und ihre Konklusion damit ohnehin nicht allgemeingültig sein kann.

Sokrates überträgt sodann auch den Vorwurf auf die Dichtung, sie beschränke sich in der Nachahmung auf die Außenseite (601a 4 f.) – wobei diese Außenseite nun die Worte sind, die vom Dichter in gefälliger oder mitreißender Weise ausgeschmückt werden.

Man mag sich an diesem Punkt fragen, ob die Parallelisierung zwischen Malerei und Dichtung nicht hinkt. Denn sind die Worte, die ein Mensch spricht und die im Theater nachgeahmt werden, wirklich noch die Außenseite? Offenbaren sie nicht vielmehr das Innere eines Menschen?

An dieser Stelle ist es nötig, genauer darauf zu achten, was im Falle der Dichtung Gegenstand der Nachahmung ist. Es handelt sich nämlich nicht, wie beim Maler, bloß um wahrnehmbare Gegenstände. So kann der Maler etwa die Handhaltungen eines Handwerkers in einem Bild darstellen, ohne dass er darum wissen müsste, um welchen Bewegungsablauf es sich handelt, was ihn zu *einem* Ablauf macht und was sein Ziel ist (darum kann man aus der Betrachtung von Bildern allein auch kein Handwerk erlernen). Der Dichter dagegen stellt *handelnde* Menschen dar. Handelnde Menschen bewegen sich nicht nur, sie handeln aus Überlegung heraus. Diese Überlegung stellt die Innenseite des Handelns dar. Was jemand sagt, ist jedoch zunächst auch nur ein Resultat dieser Überlegung: Das Sprechen ist ja selbst eine Handlung, hinter der eigene Überlegungen stehen können. Nun könnte ein Dichter seinen Personen auch Worte in den Mund legen, die den gesamten Überlegungsprozess zum Ausdruck bringen. Sollte er dies tun, würde sich bei einem Dichter auch das finden, was die Basis dieser Überlegung bildet – nämlich Wissen, beispielsweise politisches Wissen bei einem Staatsmann. Solches Wissen findet sich aber in der Dichtung nicht. Andernfalls hätte man Homer auch für die Gesetzgebung fruchtbar heranziehen können. Darum gehören auch die Worte, die ein Dichter nachahmt, zur bloßen Außenseite.

Der nächste Zug, den Sokrates unternimmt, fügt diesem Gedanken noch eine weitere wichtige Facette hinzu. Auf den ersten Blick ist die Wendung, die das Gespräch nimmt, wiederum überraschend und scheint wenig zum Vorigen zu passen: Denn nun bringt Sokrates neben den bisher betrachteten beiden Arten von Künsten, nämlich der herstellenden und der nachahmenden Kunst, noch die verwendende Kunst als dritte ins Spiel (601d 1) und weist ihr das eigentliche Wissen zu!

Das passt auf den ersten Blick so gar nicht zur ontologischen Hierarchie, die noch wenige Seiten zuvor entworfen wurde. Dort war von der Verwendung gar keine Rede. In der Tat scheint die Verwendung mit irgendwelchen Ideen nichts zu tun zu haben. Im Gegenteil: Hier geht es um die konkrete Praxis. Doch um welches Wissen handelt es sich hier? Sokrates' Wortwahl gibt die Antwort: Es geht darum zu wissen, wozu ein Ding *gut oder schlecht* ist (601d 9 f., 602a 4). Da wir uns im Bereich des menschlichen Handelns bewegen, oder genauer: im Bereich der wichtigsten Gattungen des menschlichen Handelns, nämlich der Lebens- und Staatsführung, dürfte es nicht zu weit hergeholt sein, hier die Idee des Guten ins Spiel zu bringen. Allein derjenige, der etwas verwendet, vermag das, was er tut, in einen umfassenden Kontext des gesamten Handelns einzuordnen und damit auf das Gute zu beziehen. Es geht hier also nicht um die bloße Praxis, sondern um die *auf die Idee des Guten ausgerichtete Praxis*. Und nun wird erkennbar, wie sich die Kritik an den bloß nachahmenden Dichtern in dieser Passage fortsetzt: Der Dichter, der das Handeln der Menschen nicht bloß nachahmen, sondern wissend darstellen wollte, müsste vom Wissen dessen ausgehen, was das Gute ist. Hätte er dieses Wissen, dann wäre wohl nichts gegen ihn einzuwenden. Faktisch hat jedoch noch kein Dichter dieses Wissen gezeigt: So jedenfalls lässt es der Philosoph Platon seinen Sokrates sagen.[8]

Wenn man also berücksichtigt, dass es die Dichtung mit einem anderen Gegenstandsbereich zu tun hat als die Malerei, fügt sich das, was Sokrates zur Dichtung sagt, gut zu der zuvor allgemein entwickelten Konzeption der Nachahmung. Ein Maler, der einen Tisch wissend darstellen wollte, wüsste von vornherein, dass die Nachahmung der Außenseite ungenügend ist, und würde ihr höchstens eine Hilfsfunktion in der Darstellung der Struktur eines Tisches einräumen. Ein Dichter, der einen handelnden Menschen wissend darstellen wollte, wüsste, dass Taten und Worte nur die Außenseite des Handelns darstellen. Er würde versuchen, die Struktur des Handelns darzustellen, nämlich jenes Wissen, das das Handeln leitet und das letztlich ein Wissen des Guten ist. Sogar der Vorwurf, dass die Dichter nicht selbst politisch handeln (599b 3–7), wird von da aus verständlich: Wer Wissen vom Guten hat, kann gar nichts anderes tun, als zu handeln. Wer nicht handelt, sondern nachahmt, der hat darum kein Wissen vom Guten.

Wirkung der Dichtung auf die Seele (602c–608b)

Die Untersuchung, wie die Dichtung auf die Seele wirkt, folgt in ihrem Aufbau der bisherigen Erörterung. Zunächst wird mit Blick auf die Malerei eine allgemeine These aufgestellt. Sokrates, der Glaukon hier wieder an die Hand nimmt, erinnert an

8 Insofern ist es auch nicht abwegig, dass Sokrates Homer hier mit Gesetzgebern wie Solon vergleicht, die immerhin Dinge vorgelegt haben, die man für ein solches Wissen halten könnte.

vertraute Wahrnehmungsillusionen wie den Stab, der geknickt erscheint, wenn er ins Wasser getaucht wird, um daraus die allgemeine These abzuleiten, dass die Wahrnehmung besonders anfällig für Täuschungen ist. Dies zeige sich wiederum im Erfolg illusionistischer Malerei (602c 7–d 5). Gegenmittel gegen diese Täuschung seien das »Messen, Zählen und Wägen«. Diese aber sind Verfahrensweisen des Verstandes, so dass der Verstand jedenfalls nicht in gleicher Weise und weniger als die Wahrnehmung für Illusionen anfällig sei (602d 6–10). Eine nachahmende Kunst, die auf das Erzeugen von Illusionen setzt, tut daher gut daran, den Verstand nicht anzusprechen, sondern ihre Rezipienten auf die Wahrnehmung zu fokussieren.

Gilt das nun auch für die Dichtung? Sokrates begnügt sich nicht mit dem »Wahrscheinlich«, das Glaukon zur Antwort gibt (603b 9), sondern strebt eine genauere Antwort an. Erneut ist die Übertragung jedoch auf direktem Wege nicht möglich. Tatsächlich ist das Argument, das Sokrates nun vorbringt, völlig eigenständig. Ausgangspunkt ist wieder, dass der Dichter handelnde Menschen nachahmt.

(1) Zuerst wird gezeigt, dass ein Mensch nicht immer »in Übereinstimmung mit sich« (603c 11) handelt. Wird er z. B. von Schicksalsschlägen getroffen, wird er heftig reagieren. Doch existiert eine Instanz in ihm, die dieses Verhalten kontrolliert. Man merkt das daran, dass Menschen in der Öffentlichkeit ihren Schmerz eher beherrschen können als wenn sie alleine sind. Diese Instanz ist die Vernunft (*logos*). Da im Menschen also zwei verschiedene Tendenzen auftreten können, muss er in sich zwei sein (604b 1–2). Unter den beiden Verhaltensweisen ist das vernunftgemäße, ruhige Verhalten das schönere (b 7 f.).
(2) Die Nachahmung gelingt umso besser, d. h. sie ist umso reichhaltiger und einfacher, je mehr das Nicht-Vernünfti-

ge das Verhalten bestimmt (604e 1–605a 1). Denn die Menschenmenge kennt diesen Zustand besser. Später wird hinzugefügt, dass man dem Jammer des Helden voller Mitgefühl folge. Derjenige, der seine Zuschauer am meisten in diese Stimmung versetzen könne, werde am meisten als guter Dichter gelobt (605d 4 f.).

(3) Also ist die Nachahmung nicht für den vernünftigen, sondern für den nicht-vernünftigen Teil der Seele geschaffen (605a 2–5).

Wie schon das vorige Argument, das zeigen sollte, dass die Dichtung eine nachahmende Kunst ist, hängt auch dieses Argument an einer empirischen Prämisse, nämlich an (2). Damit ist auch hier klar: Eine andere Dichtung ist nicht ausgeschlossen. Die Prämisse (2) selbst ist im Kontext der *Politeia* gar nicht neu, denn sie entspricht dem Prinzip, gemäß dem in Buch III die Rolle der Dichtung in der Erziehung bestimmt wurde. Neu ist nur die negative Wendung, die ihr hier gegeben wird.

Doch scheint es gar nicht so schwer zu sein, diesen Unterschied zu erklären: Damals ging es um die Erziehung von Menschen unter Absehung ihres Verstandesvermögen. Diese Absehung war sogar doppelt: Dort war vornehmlich von Kindern die Rede, die von Geburt an zwar Begehren und *thymos* haben, deren Verstand aber erst viel später hinzukommt (441a 7–b 1). Außerdem war auf dem damaligen Stand des Gesprächs noch gar nicht klar, was der Verstand eigentlich ist.[9]

9 Dieser Mangel der früheren Erörterung dürfte ein weiterer Grund dafür sein, dass Platon das Thema der Dichtung noch einmal aufgreift: Die damalige Diskussion kann vom jetzt erreichten Stand aus gesehen nicht mehr befriedigen. Für das Erziehungsprogramm im Allgemeinen hatte er ja bereits in Buch VII eine Fortschreibung im Lichte des Verstandes unternommen. Für die Dichtung wird dies nun also nachgeliefert.

Mit Blick auf die Gesamtkonzeption der *Politeia* irritiert das Argument allerdings in einer anderen Hinsicht. Denn es operiert wiederum mit der These, dass die Seele verschiedene Teile hat. Es liefert sogar eine eigene Begründung, die zwar an die Begründung aus Buch IV angelehnt ist,[10] doch ohne dass klar würde, wie sich diese Teilung der Seele zu derjenigen aus Buch IV verhält. Zusätzlich verwirrt das Bild dadurch, dass zunächst – bei der Besprechung der Malerei – dem Verstand die Wahrnehmung gegenübergestellt wird, später dann aber Schmerz und Leid (*lypê*, 603e 9 und *pathos*, 604a 10). Die Wahrnehmung war in Buch IV gar nicht thematisiert worden. Das *pathos* könnte man mit dem muthaften Seelenteil in Verbindung bringen, allerdings war dort der Mut als natürlicher Unterstützer des Verstandes und nicht als sein Gegenspieler oder Antagonist präsentiert worden.

Diese Unterschiede sind nicht wegzuleugnen. Wie gravierend sind sie aber? Zwingen sie zu einer *Neu*einteilung der Seele? Das ist nicht offensichtlich: Man kann das Wahrnehmungsvermögen als ein weiteres Element hinzunehmen, das, insofern es nicht unmittelbar auf Handlungen ausgerichtet ist, in Buch IV keine Rolle spielte und deshalb nicht beachtet wurde. *pathos* kann man als Kehrseite des *thymos* auffassen, und zwar genau aus dem Grunde, weil das *pathos* eine stärkere Tendenz dazu hat, sich vom Verstand zu entfernen.[11] Der *thymos* ist mit dem Verstand nicht identisch, weil er unabhängig von Verstand auftreten kann – so das Argument in Buch IV. Hier wird er nun unter einer anderen Perspektive betrachtet,

10 Dies gilt insbesondere für die Behauptung, dass etwas, das in sich zwei gegensätzliche Tendenzen aufweise, in sich zweigeteilt sein müsse.

11 So auch Burnyeat (1999), S. 223 f.

nämlich als dasjenige, was vernunftbegabte Menschen von dem Handeln wegtreibt, das eigentlich vernünftig wäre.

Zu erinnern ist hier auch grundsätzlich daran, dass die Dreiteilung der Seele, so wie sie in Buch IV eingeführt wurde, keine primär ontologische These war, sondern zur Erklärung nicht-einheitlichen Verhaltens eingeführt wurde: Solches Verhalten impliziert eine mangelnde rationale Integration der Seele, die wiederum Rückschlüsse auf unterschiedliche Quellen von Handlungsimpulsen erlaubt.[12] Und erst die mangelnde Integration macht diese Quellen zu eigenständigen Teilen der Seele.

Mit Schicksalsschlägen und Schmerz kommt außerdem ein Bereich des menschlichen Lebens in den Blick, der bislang überhaupt noch nicht angesprochen wurde. Sokrates merkt dies auch ausdrücklich an (603e 1). Dieser Bereich steht im Mittelpunkt derjenigen Dichtungsgattung, auf die Sokrates sich hier immer wieder bezieht: die Tragödie. Denn Gegenstand der Tragödie ist meist das menschliche Leid, das von den Göttern über Menschen gebracht wird, die unschuldig schuldig geworden sind.

Sokrates setzt sich hier also auch *inhaltlich* mit der Tragödie auseinander.[13] Und er tut dies, indem er der Tragödie vorwirft, zum menschlichen Leid die falsche Einstellung zu befördern, eine Einstellung nämlich, die sich auf dieses Leid fixiert, sich ihm hingibt, anstatt ihm mit den Mitteln der Vernunft zu begegnen. Sokrates deutet an, welches Mittel der Vernunft dies sein sollte: Es ist die immer wieder zu stellende Frage, ob etwas gut oder schlecht ist (604b 8 f.). Indem der Verstand diese Frage stellt, vermag er zu prüfen, ob das, was im Moment des Schmerzes als schlecht erscheint, auch tatsächlich schlecht ist.

12 Dazu generell Whiting (2012).
13 Siehe dazu Halliwell (2007).

Das Verständnis der gesamten Passage wird dadurch erschwert, dass Sokrates hier oft in Begriffen sozialer Verhaltensnormen spricht: Solche Normen gebieten es, sich nicht in der Öffentlichkeit dem Schmerz hinzugeben, sondern ihn zu bekämpfen (604a). Dieser Kontext weckt leicht den Eindruck, einer inhumanen Einstellung gegenüber Leid und Schmerz das Wort zu reden. Doch sollte man auch hier nicht vergessen, dass »Kampf« ein Begriff ist, der nur Verhältnisse in der korrupten Seele beschreibt, und dass in der gesunden Seele Harmonie herrscht. Diese Harmonie wird immerhin angedeutet, wenn Sokrates vom »Heilen« der Seele nach einem Schicksalsschlag spricht (604c 10).

Als »schwerste Anklage« gegen die Dichtung führt Sokrates schließlich an, dass der in (2) beschriebene Übertragungseffekt auch bei den besten Naturen stattfinde und sie so verderben könne (605c). Und er spreche hier aus Erfahrung (607c 7–d 2). Obgleich diese These den Schlussstein bildet, von dem aus er die frühere Verbannung der Dichter aus der Stadt bestätigt, hält Sokrates auch hier offen, ob jemand womöglich ein überzeugendes Argument für den Nutzen der Dichtung vorbringen könne (607d–608b).

Halten wir also fest: Sokrates bringt gegen die Kunst, insofern sie nachahmend im Sinne der Illusion ist, zwei Einwände vor: Zum einen beschränkt sich solche Kunst in der Nachahmung auf Äußerlichkeiten und erfasst nicht die innere Struktur der Dinge. Dadurch erhöht sie nicht nur die Vielfalt und verringert die Einheit, sondern sie lädt auch zur falschen Vorstellung ein, dass die Außenseite der Dinge schon ihr Wesen sei. Im Falle des Dichters ist dies auf menschliche Handlungen anzuwenden: Ihre Innenseite besteht im Wissen, das eine Handlung anleitet, letztlich im Wissen des Guten. Wer solches Wissen aber hat, der wird sich nicht auf die Nachahmung der Außenseite beschränken, sondern er wird viel lieber die Sache selbst hervorbringen wollen. Im Falle des Dichters würde das bedeuten: Er wird lieber sich selbst und seine Stadt besser machen wollen, als ihre Menschen nachzuahmen. Zum anderen spricht die Nachahmung im Sinne der Illusion nicht den Verstand an: Bei der Illusionskunst muss der Verstand, der wissen will, wie sich die Dinge wirklich verhalten, ausgeschaltet werden. Bei der Dichtung muss der Verstand, der nach Harmonie strebt, zurückgedrängt werden, auf dass die Emotionen ausgelebt werden können.

Man muss diese Kritik an der Dichtung nicht teilen, aber man sollte immerhin bedenken, dass von Anfang an die Möglichkeit offenbleibt, dass es auch eine andere Art von Dichtung geben könnte, nämlich eine, die nicht auf Illusion setzt, und dass Platon somit weit davon entfernt ist, hier einen argumentativ löchrigen Rundumschlag gegen die Dichtung als lästiger Konkurrentin der Philosophie zu führen.[14]

Die Unsterblichkeit der Seele und das Schicksal der Seelen nach dem Tod (608c–621d)

Argumente für die Unsterblichkeit der Seele (608c–612a)

Bevor Platon mit seinem Schlussmythos selbst als Dichter antritt, setzt er noch eine weitere Phase des Gesprächs, die zumindest den Anschein erweckt, den argumentierenden Ge-

14 So lässt Sokrates selbst in Buch X einige Dichtung in der Stadt zu (vgl. 607a 3–5 und d 4 f.), und seine Versicherung, sogar die nachahmende Dichtung gerne wieder aufzunehmen, sobald nur jemand ihre Nützlichkeit nachweisen könne (607c 4–6), klingt angesichts der vielen Eingeständnisse, wie sehr er selbst für den Zauber dieser Dichtung empfänglich ist, glaubhaft. Siehe dazu auch Burnyeat (1999), bes. S. 317 f.

sprächsstil fortzusetzen. Das Thema, das Sokrates ankündigt, ist der »größte Lohn« für die *aretê.* Doch zunächst geht es um die Unsterblichkeit der Seele.

Die Einführung dieses zweiten Themenblocks von Buch X geschieht ähnlich abrupt wie die Einführung des Themas der Dichtung zu Beginn: Wenn Sokrates vom »größten Lohn« der *aretê* (608c 2) spricht, greift er das zweimalige, betonte »groß« aus seiner vorhergehenden Schlussbemerkung zur Dichtung auf (608b 4). Glaukon wendet dies zu einem »unfassbar Großen«, aus dem Sokrates dann eine zeitliche Unendlichkeit macht. Damit ist er bei der Unsterblichkeit angelangt.

Interessant ist nun aber, wie die Unsterblichkeit *unserer Seelen* ins Spiel kommt. Dies geschieht nämlich durch Sokrates' Frage, ob Glaukon »nicht bewusst sei (608d 2, der verwendete Wortstamm bedeutet »wahrnehmen«), dass unsere Seele unsterblich sei«? Das lässt sich, wie im Deutschen, als eine Frage, die eine Antwort wie »Doch, ja!« nahelegt, aber auch als eine offene Entscheidungs- bzw. Ja-Nein-Frage verstehen. Glaukon jedenfalls ist dies bislang nicht aufgefallen. Wie hätte es auch, da die Unsterblichkeit gewiss nicht zu den wahrnehmbaren Eigenschaften gehört! Sokrates dagegen meint, eben dies – also die Tatsache, dass die Seele unsterblich ist – behaupten zu können. Er setzt aber »*ei mê adikô*« hinzu. Dies wird oft mit »wenn ich nicht irre« übersetzt, bedeutet in seiner gewöhnlichen Verwendung jedoch: »wenn ich kein Unrecht tue«.[15] Im ersten Fall (also sich zu irren) betonte Sokrates lediglich die epistemische Unsicherheit des Folgenden. Im zweiten Fall (also Unrecht zu tun) würde er dem Ganzen eine normative Note geben und damit einen Aspekt ins Spiel bringen, der außerhalb epistemischer Bewertungen liegt. Die Norm allerdings, auf die damit

15 Einige Übersetzer, wie Bloom, Vegetti und Vretska, halten sich an diese zweite Bedeutung.

angespielt würde, kann nicht die Gerechtigkeit sein, wie sie zuvor definiert wurde. Es müsste eine Norm sein, die zum neuen Gegenstandsbereich passt. Und das ist das Ewige.

Schauen wir uns zunächst die Argumentation an, mit der Sokrates Glaukon davon überzeugen zu können meint, dass die Seele unsterblich ist. Das Hauptargument lässt sich folgendermaßen zusammenfassen:

(1) Für jedes Ding gibt es etwas eigenes Schlechtes und etwas eigenes Gutes (608e 7). Damit ist hier gemeint: etwas, das es zugrunde richtet und zerstört, sowie etwas, das es erhält und ihm nützt (e 4 f.).
(2) Wenn etwas zugrunde geht, dann nur durch sein eigenes Schlechtes (609a 8 f.).
(3) Wenn etwas durch sein eigenes Schlechtes nicht zugrunde geht, dann geht es überhaupt nicht zugrunde (a 9 f.).
(4) Das eigene Schlechte der Seele ist die Ungerechtigkeit (sowie andere Untugenden) (b 9–11).
(5) Die Seele geht durch die Ungerechtigkeit nicht zugrunde (d 4–8).
(6) Also geht die Seele überhaupt nicht zugrunde, sie ist somit immer seiend und folglich unsterblich (610e 10–611a 3).

Was ist von diesem Argument zu halten? Formal ist es gültig. Seine Schwäche liegt in den Prämissen. Prämisse (1) scheint dem aus Buch I bekannten Prinzip zu entsprechen, dass jedes Ding eine eigene *aretê*, einen optimalen Zustand hat. Wenn es aber einen solchen spezifischen guten Zustand gibt, dann gibt es auch einen spezifisch schlechten, nämlich entweder die völlige Abwesenheit der *aretê* oder die Anwesenheit ihres Gegenteils.

Gegen Prämisse (2) mag man spontan einwenden, dass Dinge nicht nur von »innen«, durch ein »eigenes Übel«, sondern auch von außen zerstört werden können. Prämisse (2) gilt also überhaupt nur für jene Dinge, die nicht von außen zerstört werden können. Da es am Ende um die Seele geht, sollte wenigstens die Seele zu diesen Dingen gehören.

Vergleicht man die Beispiele, die zur Plausibilisierung dieser These angeführt werden, mit der Seele, zeigt sich in der Rede vom »Zugrundegehen« eine Mehrdeutigkeit: Denn für manche Arten von *aretê* gilt, dass die Dinge aufhören zu existieren, wenn ihre *aretê* bis zu einem gewissen Maß verloren gegangen ist.

Dies gilt für diejenigen Beispiele, die Sokrates 609a 1–3 nennt. Sie beziehen sich teils auf die materielle Konstitution. So gehört es zur *aretê* eines Holzbalkens, hart zu sein. Nachdem durch Fäulnis diese *aretê* verschwunden ist, wird der Holzbalken zerfallen und nicht mehr existieren. Die Beispiele beziehen sich aber z. T. auch auf die Funktion: Ein Auge oder generell ein lebendiger Körper hat als *aretê* eine bestimmte Funktion. Sollte diese Funktion irreparabel beschädigt sein, hört das Auge auf, als Auge zu existieren und der Körper hört auf, ein lebendiger Körper zu sein. Bei anderen Arten von *aretê* gilt das dagegen nicht: Dort handelt es sich um *aretai*, die an einem gleichbleibenden Träger kommen und gehen können. Zu diesen gehören beispielsweise Harmonie und Disharmonie: Angenommen, dass die *aretê* einer Leier darin liegt, harmonisch gestimmt zu sein, überdauert die Leier durchaus den Verlust ihrer (guten) Stimmung.

Wie ist das bei der Seele? Die *aretê* einer Seele, so kann man hier im Sinne der Gerechtigkeitskonzeption der vorangegangenen Bücher einsetzen, liegt gleichfalls in ihrer Harmonie. Nun scheint es evident zu sein, dass eine Seele durch Ungerechtigkeit respektive Disharmonie nicht zerstört wird. So sieht es jedenfalls Glaukon, der Sokrates' Frage, ob die Ungerechtigkeit eine Seele verderbe, zersetze und schließlich zum Tode bringe und vom Leibe trenne, vehement verneint (609d 4–8).

Allerdings liegt in der Formulierung von Sokrates' Frage eine Schwierigkeit verborgen: Was nämlich wäre eigentlich der Tod der Seele? Sokrates legt nahe, dies sei die Trennung vom Körper. Eine solche *Trennung* setzt aber voraus, dass die Seele die Trennung überdauert! Wenn Sokrates sich im Anschluss nochmals ausführlich dem »nur« in Prämisse (2) widmet und anführt, dass jemand, der verfaulte Nahrung zu sich nimmt, nicht durch die Fäulnis der Nahrung zugrunde geht, sondern durch eine von der Nahrung ausgelöste Fäulnis des eigenen Körpers, dann hilft das mit Blick auf die Frage nicht weiter, ob und wodurch die Seele zerstört werden kann:

Erstens übergeht Sokrates auch hier die Möglichkeit, dass etwas durch äußere Gewalt zerstört werden kann, obgleich er den Fall in einer Aufzählung von Varianten der Zerstörung des Körpers beiläufig erwähnt (die »Zerstückelung« in 610b 2 f.).

Zweitens: Selbst wenn der Körper nur durch sein eigenes Übel zugrunde gehen kann, zeigt das nicht, dass nicht auch die Seele durch ein eigenes Übel zugrunde gehen könnte.[16] Was danach an Begründungen kommt, vermag noch weniger zu überzeugen: Glaukon meint, dass in dem Falle des Ablebens einer ungerechten Seele der Tod ja gar nicht so schrecklich sei, weil dann auch die Ungerechtigkeit aufhören würde. Das ist

16 So ist auch Glaukons Bemerkung irrelevant, niemand könne beweisen, dass die Seelen durch den Tod – die äußerste Beschädigung des Körpers – ungerechter werden, sprich durch den schlechten Zustand dessen, mit dem sie verbunden sind, selbst schlechter werden (610c 2–4), (einmal davon abgesehen, dass er recht hat damit, dass niemand das beweisen kann, weil wir über keine verlässlichen Belege über das verfügen, was mit der Seele nach dem Tod passiert).

jedoch keine Begründung mehr, sondern eher ein frommer Wunsch.

Halten wir also fest: Es gelingt nicht, das »nur« in Prämisse (2) plausibel zu machen. Man könnte den Punkt für die Seele retten, wenn man hinzufügt, dass äußere Gewalt nur auf Körper einwirken kann, und wenn man voraussetzt, dass die Seele kein Körper ist. Das wäre allerdings im Rahmen dieses Arguments eine ungedeckte Voraussetzung.

Ebenso wenig gelingt es, Prämisse (5) plausibel zu machen. Wenn wir entsprechend der allgemeinen griechischen Vorstellung (die auch die platonische Vorstellung war[17]) die Seele als Prinzip des Lebendigseins bestimmen, können wir zwar beobachten, dass Ungerechte keineswegs aufgrund ihrer Ungerechtigkeit sterben, sondern manchmal höchst munter sind (610e 1–3). Darüber, was nach dem Tod geschieht, können wir jedoch nichts wissen.

Die Passage hält noch zwei weitere Schwierigkeiten bereit:

Erstens behauptet Sokrates, dass die Zahl der Seelen immer gleich bleibt, wenn sie unsterblich sind (611a 4–8). Seine Begründung lautet: Falls Sterbliches sich in Unsterbliches verwandeln könnte, dann müsste es eine Zeit geben, in der alles unsterblich ist (611a 4–8). Das folgt jedoch nur, wenn Seelen aus Sterblichem hervorgehen. Wenn beispielsweise ein Gott Seelen schaffen würde, könnte er das wohl auch auf andere Weise tun. Und schließlich erinnert Sokrates daran, dass Unsterblichkeit und Zusammengesetztsein sich nur schlecht miteinander vertragen. Seine Formulierung ist aber ziemlich vage. Wörtlich heißt es: »Nicht leicht ist es, dass das aus Vielen Zusammengesetzte und nicht die schönste Zusammensetzung Gebrauchende ewig ist, wie sich uns nun die Seele gezeigt hat.« (611b 5–7) Worauf bezieht sich nun aber »wie sich die Seele uns

17 Vgl. Buch I, 353d 9 f.

nun gezeigt hat«? Dem Kontext nach müsste es ihre Unsterblichkeit sein, der Satzkonstruktion nach aber liegt näher der »Gebrauch der schönsten Zusammensetzung«. Als ob er diesen Punkt noch mehr verwässern wollte, fügt Sokrates hinzu, dass wir die Seele in ihrem jetzigen Zustand gar nicht richtig erkennen können, da sie durch die Gemeinschaft mit dem Körper verunstaltet sei. Um herauszufinden, wie die Seele tatsächlich beschaffen ist, müssten wir sie in reinem, körperlosen Zustand betrachten. Das setzt zwar die Unsterblichkeit nicht unmittelbar voraus, wohl aber, dass die Seele vom Körper getrennt sein kann (611b 10–c 2).

Was also haben wir hier für eine Passage vor uns? Dem Anschein nach argumentiert sie, wie schon gesagt. Das, was uns als Argumente präsentiert wird, verfehlt aber sein Ziel und basiert auf einer Annahme – dass die Seele den Körper überdauert –, die dem Beweisziel (der Unsterblichkeit) schon ziemlich nahe kommt. Obendrein weist Sokrates wiederholt auf die Anfechtbarkeit dieser Argumentation hin (vgl. auch 601a 10 f.). Klar dürfte also sein, dass es um ein Thema geht, das jenseits dessen liegt, worüber wir Wissen erreichen können. Ob Platon hier in Anbetracht dessen sein Bestes versucht hat,[18] aber gescheitert ist, oder ob Platon dieses Scheitern inszeniert hat, um den Leser auf die Schwierigkeiten aufmerksam zu machen, muss offenbleiben.

18 Interessant in diesem Zusammenhang ist der beiläufige Hinweis auf »frühere [wörtlich: andere] Untersuchungen« zur Unsterblichkeit der Seele durch Sokrates in 611b 10. Es ist unklar, auf was damit verwiesen wird. Immerhin bemüht sich Platon in anderen Dialogen aber gleichfalls um Begründungen der Unsterblichkeit der Seele (*Phaidros* und *Phaidon*).

Der Lohn der Tugend im irdischen Leben (612a–614a)

Nach dem Exkurs über die Unsterblichkeit kommt Sokrates nun auf das zu sprechen, was er eigentlich als Thema angekündigt hatte: den Lohn der Tüchtigkeit. So zufällig das Thema im Kontext von Buch X erscheinen mag, wird es doch nicht unmotiviert aufgenommen, denkt man an den Beginn des Buchs II zurück: Dort hatte Sokrates ja zugestimmt, dass die Gerechtigkeit um ihrer selbst *und um ihrer Folgen willen* gut sei (358a 1–3). Von Buch II bis Buch IX war jedoch nur noch davon die Rede, ob die Gerechtigkeit um ihrer selbst willen gut sei. Es ist also durchaus mit der Gesamtkonzeption vereinbar, dass das Thema nochmals aufgegriffen und ein Nachtrag geliefert wird.

Das, was dieser Ankündigung aber folgt, ist bestenfalls als naiv zu bezeichnen. In gänzlicher Missachtung dessen, was Adeimantos über die Bestechlichkeit auch der Götter gesagt hatte (363e–365a), behauptet Sokrates nun, dass der Gerechte von den Göttern geliebt werde (612e 5 f.)[19] und dass die Götter darum den Gerechten auch angemessen belohnen werden – gegebenenfalls allerdings erst nach dessen Tod (613a 6 f.). Lässt sich eine solche plötzliche Naivität verstehen? Oder muss man einen desaströsen Rückfall in eine von religiösen Dogmen getragene, an Belohnung und Bestrafung orientierte Moralbegründung konstatieren? Vielleicht wird ein gewisses Maß an Verständnis dann möglich, wenn man sich klar macht, dass wir hier – mit dem Reden über die Götter – bereits in den Bereich des Mythos eingetreten sind. Sokrates muss daher seiner selbstgesetzten Forderung gehorchen, nicht schlecht über die Götter zu sprechen. Dass Götter sich durch Opfer betrügen

19 Die Bemerkung »wie wir von Anfang an übereingekommen waren« bezieht sich auf Buch I, 352b 2 f.

lassen, gehört zu den schädlichen Lügen, die ein Homer verbreitet. Dass Götter den Gerechten lieben, gehört zum Image vom guten Gott, das Sokrates in seiner Theologie entworfen hat. Sofern Sokrates sich hier tatsächlich schon im Bereich eines Redens bewegt, das sich nicht mehr an überprüfbarer Wahrheit, sondern an seinem Nutzen orientiert, das mithin unter die Kategorie der »guten Lüge« fällt, lässt sich vielleicht auch entschuldigen, wenn er schließlich dem Gerechten, wenigstens im Alter, auch irdischen Lohn zuspricht: Der Ungerechte mag kurzfristig Erfolg haben (613b 9–c 7), auf lange Sicht aber wird der Gerechte all das bekommen, was man sich in einem bürgerlichen Leben nur wünschen kann: Ämter, eine gute Ehefrau und gute Schwiegersöhne für die Töchter (613d 1–4).

Der Lohn der Tugend nach dem Tod: der Mythos von Er (614a–621d)

Wenn es um das Schicksal der Seele nach dem Tod geht, verlässt man den Bereich dessen, was auf rational nachprüfbaren Wegen zugänglich ist. Es ist klar, dass man dann nur noch im Modus des Mythos sprechen kann. Bevor ich auf den Mythos, den Sokrates nun präsentiert, genauer eingehe, seien zwei Bemerkungen vorausgeschickt.

(i) Was genau passiert beim mythischen Sprechen eigentlich? Hilfreich ist hier die Analyse von Luc Brisson[20]: Mythen berichten über etwas, das jenseits der menschlichen Erfahrung liegt. Insofern sind sie weder verifizierbar noch falsifizierbar. Sie tun dies aber in einer Weise, die derjenigen entspricht, in der über Erfahrbares gesprochen wird. Sie extrapolieren kurzerhand irdische Verhältnisse – also: wie Dinge in Raum und Zeit sind, wie sie individuiert sind, wie sie sich voneinander

20 Brisson (1994).

unterscheiden, wie sie sich bewegen und verändern usw. – auf einen Bereich, von dem wir nicht wissen können, ob dort dieselben Verhältnisse herrschen und ob diese Extrapolation zulässig ist. Sie holen etwas, das sinnlich nicht gegenwärtig sein kann, in den Bereich des sinnlich Gegenwärtigen.

Außerdem sind Mythen Geschichten: Sie gehorchen wie jede Geschichte eigenen narrativen Regeln. Konkret heißt dies beispielsweise: Ein Mythos, der von den Seelen nach dem Tod erzählt, muss Seelen so darstellen, als seien sie Dinge in Raum und Zeit, obgleich sie doch vom Körper getrennt sind und wir daher gar nicht wissen können, ob sich die an Körper gebundenen Kriterien der Individuation auf sie überhaupt noch anwenden lassen. Außerdem muss er eine zeitlich, räumlich und narrativ zusammenhängende Geschichte erzählen, obwohl wir doch gar nicht wissen können, ob in einer jenseitigen Welt noch die Prinzipien von räumlicher und zeitlicher Einheit gelten.

Diese allgemeinen Überlegungen lassen sich zur bisherigen Dichterkritik in Beziehung setzen: Der Vorwurf gegenüber dem Mythos, von der Wahrheit weit entfernt zu sein, ist einerseits gerechtfertigt, weil der Mythos dazu einlädt, ihn wörtlich zu nehmen und den Modus der spekulativen Extrapolation irdischer Verhältnisse zu vergessen. Doch ist dieser Vorwurf insofern auch ungerechtfertigt, weil hier nicht eine Falschheit anstelle einer Wahrheit erzählt wird: Denn wir verfügen grundsätzlich nicht über eine Wahrheit, die wir an die Stelle des Mythos setzen könnten. Man darf daher vom Mythos nur eines verlangen: Er darf nicht allgemeinen begrifflichen Bestimmungen widersprechen, denn diese Bestimmungen gelten für überhaupt alles, was sich nur denken lässt. Folgt aus diesen Bestimmungen also etwa, dass Gott gut ist, darf der Mythos die Götter nicht als schlecht darstellen. So lassen sich die Forderungen aus Sokrates' Theologie verstehen.

Auch der Vorwurf der Nachahmung ist sowohl gerechtfertigt als auch ungerechtfertigt. Gerechtfertigt ist er insofern, als die Konstruktion der mythischen Welt eine Nachahmung der irdischen Welt ist, die sich daran orientiert, wie die Dinge uns erscheinen, d. h. wie wir sie unter den Bedingungen einer körperlichen Welt erfahren und von ihnen wissen können. Die Orientierung liegt im Wesen der Konstruktion von Mythen durch die Extrapolation irdischer Verhältnisse. Nicht zwangsläufig folgt aber daraus, dass Mythen angesichts ihres Charakters als Illusion immer den Verstand kleinhalten würden. Ein Mythos kann dies tun, indem er an Emotionen appelliert – nicht nur das Mitgefühl mit einem leidenden Helden, sondern auch das Bedienen von Hoffnungen und Wünschen gehört hierher. Doch der Mythos kann auch den Verstand zur kritischen Prüfung einladen.

(ii) Sokrates setzt den folgenden Mythos mehrfach in direkter wie indirekter Weise in Beziehung zur »Tragödie und ihren Anführer Homer«: Er beginnt mit einer ausdrücklichen Anspielung auf Homers Odyssee.[21] Odysseus taucht auch selbst im Mythos auf, und zwar als diejenige Seele, die sich am ehesten philosophisch verhält (ausdrücklich philosophische Seelen treten nämlich im Défilé der Seelen von 620a–c nicht auf). Ferner tut Sokrates in diesem Mythos genau das, was er zuvor den nachahmenden Künstlern spöttelnd vorgeworfen hat: Er »erschafft die Erde und den Himmel und die Götter und alles, was im Himmel, und auch alles, was unter der Erde im Hades ist« (596c 7–9). Es kann also kein Zweifel daran be-

21 Er werde nicht eine Geschichte erzählen, wie sie Alkinoos zu hören bekam, meint Sokrates in 614b 2. Damit bezieht er sich auf die Erzählung, die Odysseus dem Phäakenkönig Alkinoos über seine Erlebnisse in Buch 9 bis Buch 12 von Homers *Odyssee* gibt (in Buch 11 berichtet er über seine Erlebnisse in der Unterwelt).

stehen, dass Platon diesen Mythos im Lichte seiner Dichterkritik geschrieben hat und seine Leser dies auch wissen lassen wollte.

Der Mythos ist leicht und unterhaltsam zu lesen. Sein Held ist ein Mann namens Er aus Pamphylien. »Er« ist kein griechischer Name (sondern möglicherweise ein semitischer oder persischer); Pamphylien ist eine Landschaft im südlichen Anatolien. Platon rückt durch diese Angaben den Mythos in weite Ferne. Diese Distanz wird die gesamte Erzählung hindurch präsent gehalten, indem Sokrates seinen Bericht strikt in indirekter Rede hält. Unterbrochen wird die Erzählung des Mythos nur durch zwei kommentierende Einschübe von Sokrates (618b 7–619b 1, 619d 7–e 5). Der Mythos enthält zwar viele Motive, die aus anderen Mythen bekannt sind, doch findet man diesen Mythos in keiner anderen Überlieferung, so dass man davon ausgehen kann, dass er von Platon komponiert wurde.

Er wird in einer Schlacht schwer verwundet und gerät in eine Art scheintoten Zustand. Seine Seele verlässt seinen Körper und reist mit anderen Seelen Gefallener zur jenseitigen Gerichtsstätte, so dass er dort das Fällen der Urteile über die Seelen beobachten kann: Die Gerechten dürfen in den Himmel aufsteigen, die Ungerechten müssen in einen Ort unter der Erde. Von diesen Orten kommen andere Seelen zurück. Aus deren Erzählungen erfährt Er, was den Seelen im Himmel bzw. in der Unterwelt widerfährt (614c–616a). Sieben Tage verbringt die Seele von Er mit solchen Beobachtungen; dann setzt sie die Reise mit den aus dem Himmel bzw. der Unterwelt zurückgekehrten Seelen fort. Im Laufe dieser Reise kommt sie zu einer Säule aus Licht, die das Universum zusammenhält. Diese Passage dient offensichtlich dazu, eine Art von Kosmologie in den Mythos einzubauen. Bestandteil dieser Kosmologie sind die Göttin der Notwendigkeit sowie die Schicksalsgöttinnen (616b–617d). Ein Priester einer dieser Schicksalsgöttinnen, der

Lachesis, belehrt die Seelen nun über das Prozedere ihrer Rückkehr auf die Erde: Zunächst wird per Los eine Reihenfolge festgelegt, in der sie sich aus einem Vorrat an menschlichen und tierischen Lebensläufen verschiedenster Art ein Leben aussuchen können. Nachdem sie ihre Wahl getroffen haben, wird dieses Leben mit Notwendigkeit mit ihnen verbunden. Im Anschluss kann Er beobachten, welche Wahl die Seelen treffen: Einige, die aus dem Paradies zurückkommen, entscheiden sich dabei für ein Leben voller Ungerechtigkeit. Schließlich müssen alle nach einem anstrengenden Tagesmarsch bei großer Hitze aus einem Fluss trinken, dessen Wasser sie alles vergessen lässt. Er selbst habe jedoch nicht von diesem Wasser trinken dürfen. Die Seelen kehren danach unter gewaltigem Donner zur Erde, in die »Welt des Werdens«, zurück (617d–621b).

Soweit der Mythos. Sokrates fügt noch eine kurze Schlussbetrachtung an; über Glaukons Reaktion erfahren wir nichts. Damit endet die *Politeia*.

Im unmittelbaren Kontext scheint die Funktion dieses Mythos klar: Es ist eine Erzählung von himmlischen Belohnungen für die Gerechten, die den Katalog der positiven Folgen der Gerechtigkeit ergänzt. Aber selbst wenn man sich auf diesen engen Kontext beschränken wollte, muss man feststellen, dass der Mythos nicht nur viel mehr tut, sondern dass er diese Aufgabe auch merkwürdig unterläuft: Schließlich ist der Aufenthalt im Himmel keine Garantie für ein gerechtes und damit gutes nächstes Leben. Und zumal mit Blick auf die gesamte *Politeia* drängt sich die Frage auf: Was soll dieser Mythos überhaupt?

Gleichfalls mit Blick auf den unmittelbaren Kontext, lässt sich Folgendes antworten: Der Mythos füllt eine epistemische Lücke, die anders nicht zu schließen ist. Er liefert eine Art von »Betrachtung von allen Zeiten und allen Seienden«, die in

486a 8 f. der philosophischen Seele zugeschrieben wurde, die aber das, was uns durch Erfahrung und Dialektik zugänglich ist, grundsätzlich übersteigt.

Angenommen also, Platon sei tatsächlich der Meinung gewesen, seine *Politeia* sei unvollständig, wenn sie nicht irgendwie versuchen würde, diese Lücke zu schließen, ist als nächstes zu fragen: Ist dieser Mythos ein Stück Dichtung, das der vorangegangenen Kritik an der Dichtung entkommt? Als Prüfstein hat sich die Frage abgezeichnet, wie er sich zum Verstand verhält: Drängt er ihn zurück oder fordert er ihn heraus? In der Antwort auf diese Frage ist es kaum zu vermeiden, die eigene – und damit eine moderne – Leserreaktion ins Spiel zu bringen. Mir jedenfalls scheint es nicht abwegig zu sagen, dass dieser Mythos bestimmte emotional gefärbte Lesererwartungen frustriert. Versprochen wird uns ein Lohn der Seelen für die Gerechtigkeit nach dem Tod. Dieser Lohn wird auch erwähnt. Seine ausführliche Beschreibung wird uns jedoch verweigert, da sie zu viel Zeit in Anspruch nehme (615a 5 f.). So erhalten wir »als Hauptsache« nur die dürre quantitative Angabe, dass jede gute Tat wie auch jedes Unrecht zehnfach vergolten werde.

Ausführlich dargestellt wird dagegen die Wahl der neuen Leben. Doch auch diese Darstellung ist, wie schon angemerkt wurde, verwirrend: Warum wählen die, die aus dem Himmel kommen und somit gerecht waren, manchmal ein ungerechtes und schlechtes Leben? Der Mythos selbst führt als Grund an, dass manche der Seelen nur aus Gewohnheit, nicht aber durch Philosophie gerecht gewesen seien, dass sie zu wenig Erfahrung mit Leid gemacht hätten, oder dass sie einfach nur Pech beim Los gehabt hätten (619c 9–d 7). Das wirkt fatalistisch: Zwar haben die Seelen die Wahl, diese Wahl ist jedoch fehleranfällig und zum Teil sogar Glückssache. Hier handelt es sich also nicht um jene Art von Mythos, die uns durch Paradiesversprechen einlullt. Eher fordert uns dieser Mythos dazu auf, unser Schicksal anzunehmen und im Rahmen der Möglichkeiten, die wir haben, das Beste daraus zu machen. Und das bedeutet, wie Sokrates' Einschübe uns belehren, Philosophie zu betreiben. Es handelt sich also um einen Mythos, der uns mit der nüchternen Einsicht zurücklässt, dass wir an den Bedingungen unseres menschlichen Lebens nichts ändern können und dass ein geübter Verstand in einer harmonischen und damit gerechten Seele noch das sicherste Mittel ist, uns wenigstens vor vermeidbaren Fehlern zu schützen.

Ob dieser Mythos ästhetisch gelungen ist, soll hier nicht diskutiert werden. Julia Annas hat ihn als »zu intellektuell« kritisiert. Das ist ein ästhetischer Einwand, er hebt jedoch womöglich genau das hervor, was Platon wollte.

Jedenfalls zeichnet sich als Antwort auf die Frage, was Buch X im Rahmen der *Politeia* überhaupt soll, Folgendes ab: Zum einen ist die Dichtung kein Gegenstand unter vielen. Sie ist vielmehr ein Gegenstand, der Platon nicht zuletzt deshalb am Herzen lag, weil er selbst in seinen Texten immer wieder zum Dichter wurde. Daher war es erforderlich, die Dichtung im Lichte der seit Buch V hinzugekommenen Einsichten neu zu behandeln.

Zum anderen wollte Platon eine Lücke in seiner Argumentation im Ganzen schließen, die der Sache nach besteht, die sich mit den Mitteln der Philosophie aber nicht schließen lässt. Dazu brauchte er einen Mythos, und zwar mit all den Gefahren, die das Erzählen von Mythen mit sich bringt. Er hat einen Mythos komponiert, der diesen Gefahren aus eigener Kraft entgegensteuert. Doch hat Platon möglicherweise diesen Mitteln nicht ganz getraut, und darum das Beste getan, was er als Schriftsteller tun konnte: den Leser vorab über die Risiken dessen, was er tut, aufzuklären.

Literaturhinweise

Vorbemerkung zu den 2022 aktualisierten Literaturhinweisen

Einen vollständigen Überblick über die Sekundärliteratur zu Platons *Politeia* zu geben, ist unmöglich, zumal wenn man berücksichtigt, dass nicht nur auf Englisch und Deutsch und nicht nur im westeuropäisch-angelsächsischen Raum Forschung zu einem Werk betrieben wird, das sich ungebrochen als Inspirationsquelle und als interpretatorische Herausforderung erweist. Wer einen einfachen Zugang zu aktuellen Veröffentlichungen sucht, findet auf der Homepage der International Plato Society jährliche, zwar nicht vollständige, aber geographisch und sprachlich weit ausgreifende Zusammenstellungen von neuen Arbeiten zu Platon insgesamt (http://www.platosociety.org/plato-bibliography.html). In der Zeitschrift *Phronesis* erscheinen in der Regel einmal im Jahr Überblicke zu Neuerscheinungen, die allerdings eher den angelsächsischen Sprach- und Publikationsraum und nur gelegentlich auch Publikationen in den anderen westeuropäischen Hauptsprachen berücksichtigen.

In dieser Neuauflage ist das Literaturverzeichnis um einige interessante Buchpublikationen zur *Politeia* aus den letzten Jahren ergänzt worden, etwa die Bücher von Sarah Broadie, Marina Berzins McCoy, Jessica Moss und Catherine Rowett, da sie jeweils wesentliche Neuorientierungen in der Deutung der *Politeia* versprechen, dabei aber auf den ersten Blick gegensätzliche Auffassungen der Idee des Guten präsentieren. Die jeweiligen Positionen lassen sich zudem gut an Überlegungen anschließen, die im vorliegenden Kommentar entwickelt wurden.

1) Bei Moss und Rowett steht im Zentrum, dass das platonische Begriffspaar« »*episteme/doxa*« nicht, wie heute üblich, mit der modernen Unterscheidung von »Wissen/Meinung« gleichgesetzt werden darf (auch im vorliegenden Kommentar wird für« »episteme/doxa« »Wissen/Meinung« verwendet). Nach der heutigen Standardauffassung ist Wissen eine besonders qualifizierte (z. B. begründete) wahre Meinung.

Folglich können Wissen und Meinung denselben Inhalt haben und von denselben Gegenständen handeln. Dagegen sollen sich die platonischen *episteme* und *doxa* durch ihre Gegenstände unterscheiden: *episteme* ist von dem, was ist; *doxa* von dem, was erscheint (vgl. Moss, S. 9; Rowett, S. 3, 21; siehe auch oben, S. 153).

Es liegt nahe, für diese unterschiedlichen Gegenstandsbereiche einerseits die Ideen, andererseits konkrete, wahrnehmbare Dinge einzusetzen. Moss beschränkt sich allerdings darauf, das, »was ist«, als ein« »höheres Sein« zu beschreiben, dessen nähere Bestimmung offen bleiben kann (Moss, S. 87 f.), und für Rowett geht es um eine emphatische Kenntnis von Begriffen (Rowett, S. 3). In jedem Fall ergeben sich die Unterschiede zwischen Wissen und Meinung aus der unterschiedlichen Beschaffenheit der jeweiligen Gegenstände (Moss, S. 17, siehe dazu auch oben, S. 159).

2) Es ist unbestreitbar, dass Bilder in der *Politeia* eine große Rolle spielen, angefangen von den drei Gleichnissen bis hin zu der Frage, ob der Staat als Bild der Seele dienen soll. McCoy zufolge haben diese Bilder keine bloß didaktische Funktion, sondern sind Hilfsmittel bei der Suche nach der Wahrheit (McCoy, S. 4). Dies liege nicht nur an der Komplexität der zu erkennenden Gegenstände, die nur schwer in eine sprachliche Beschreibung umzusetzen wäre, sondern daran, dass der angemessene epistemische Kontakt einer zu den Gegenständen selbst und nicht zu Tatsachen o. Ä. sei. Auch hier gilt also Wissen als ein Zustand, in dem wir auf Gegenstände bezogen sind. Ein direkter Kontakt zu den Gegenständen des Wissens ist für uns Menschen jedoch schwer. Bilder können eine vermittelnde Rolle spielen, sofern sie nicht mit dem, wovon sie Bilder sind, verwechselt werden. Bilder ähneln ihrem Gegenstand, bieten aber z. B. nur eine Perspektive auf ihn (McCoy, S. 182). So erklärt sich der Einsatz von Bildern in dem, was Platon Sokrates in der *Politeia* sagen lässt. Bildbeziehungen spielen auch für Rowett eine wichtige Rolle in unserem Erkennen. Sie generalisiert diese Rolle sogar noch, wenn sie schreibt, dass »the imagery that Plato has in mind is not internal to the mind, but external in the world« (Rowett, S. 50). So sind z. B. konkrete Gegenstände Bilder von Ideen. Wenn man auf diese Weise die Bild-Abgebildetes-Relation zum Bestandteil der Welt macht, liegt es zwar nahe, wie Moss verschiedene Dimensionen der

Realität anzunehmen, das muss aber nicht zwangsläufig auf eine Zwei-Welten-Ontologie hinauslaufen.

3) Wenn man die epistemologische Unterscheidung zwischen *episteme* und *doxa* in dieser Weise ontologisch fundiert, muss man erklären, wie die Kluft zwischen *episteme* und *doxa* überbrückbar sein soll – immerhin schreibt Sokrates selbst sich *doxai* von der *Idee* des Guten zu (506 e1), und die Herrscherinnen und Herrscher sollen dank ihres Ideenwissens die Stadt regieren. Rowett weist darauf hin, dass man keine strikte Trennung der Gegenstände vornehmen müsse, da es beim Wissen um die Eigenschaften, bei den Meinungen um das Vorkommen der Eigenschaften gehe (Rowett, S. 18, siehe dazu auch oben, S. 161). Moss dagegen bringt erneut Bildbeziehungen ins Spiel: Die wahrnehmbare Welt sei ein Bild der Ideen, deshalb könne Wissen der Ideen die Praxis anleiten (Moss, S. 123).

4) Scheinbar im Gegensatz dazu steht die Deutung der Idee des Guten, die Broadie vorschlägt: Die Idee des Guten sei überhaupt kein eigener Gegenstand des Wissens, sondern ein Werkzeug in der dialektischen Untersuchung, das in einer »fragenden Funktion« zum Einsatz komme (Broadie, S. 40, 50). Die Rolle der Idee des Guten bestehe darin, dass wir an alles die Frage stellen können (und müssen), wozu es gut ist (siehe dazu auch die »formale Theorie des Guten« oben, S. 188 ff.). Die Idee des Guten kann demnach auch nicht Gegenstand einer Definition sein: Denn zu fragen, was das Gute ist, schließe die Frage danach ein, zu was es gut ist, und diese Frage würde den Sinn des Guten verfehlen, der ja gerade darin besteht, diese Frage offenzuhalten und immer wieder zu ihr herauszufordern.

Lassen sich die ontologische Deutung der Differenz von *episteme* und *doxa* und die funktionale Deutung der Idee des Guten miteinander vereinbaren? Angesichts der interpretatorischen Plausibilität, die beide Auffassungen für sich in Anspruch nehmen können, ist dies eine zentrale Frage im Verständnis der *Politeia*. Ein einfacher Ausweg könnte darin bestehen, der Idee des Guten eine Sonderstellung zuzuweisen. Nur sie *bestünde* demnach *in ihrer Funktion*; die anderen Ideen wären *Gegenstände* der *episteme*. Das mag exegetisch akzeptabel sein. Interessanter wäre es allerdings, zu überlegen, ob der Gegensatz der Deutungen sich nicht als ein bloß scheinbarer Gegensatz erweisen lässt. Beiden gemeinsam ist immerhin, dass Wissen (im Sinne von *episteme*) eine Abwendung vom Alltäglichen voraussetzt. Dies gilt auch für das richtige Erfassen der Idee des Guten: Auch wenn das Wissen des Guten in der Realisation einer Funktion und damit in der Ausübung einer Fähigkeit besteht, ist es von der alltäglichen Fähigkeit, das Prädikat »gut« zu verwenden, verschieden. Denn jenes Wissen zu erreichen bedeutet, einen langen und mühsamen Bildungsprozess zu durchlaufen. Ferner ist dieser Prozess keiner der reflexiven Hinwendung zum Selbst. Zu verstehen, was das Gute ist, bedeutet nicht, sich selbst zu befragen, was gut für einen selbst ist, sondern zu fragen, zu was das gut ist, was wir in der Welt antreffen – seien es materielle Dinge wie Rebscheren, seien es Eigenschaften wie die Gerechtigkeit. Die Fähigkeit zu entwickeln, in der das Wissen vom Guten besteht, fällt also damit zusammen, die Welt zu erkunden – bzw. sich einen Teil der Welt zu erschließen, der in der alltäglichen Praxis unbemerkt bleibt. Nimmt man hinzu, dass Gegenstandsorientierung im Falle der *episteme* ohnehin nicht nach dem Modell der Wahrnehmung aufgefasst werden sollte, da sie zwar direkt, aber nicht unmittelbar und einfach ist, erweist sich eine funktionale Auffassung des Guten als eine mögliche Ausgestaltung einer Auffassung von *episteme*, die diese nicht als verbesserte Meinung, sondern als gegenüber der *doxa* grundsätzlich andere epistemische Einstellung begreift.

Textausgabe und ausgewählte Übersetzungen

Apelt, Otto: Platon. Der Staat. Übers. von O. A. Überarb. von Karl Bormann. Einl. von Paul Wilpert. Hamburg: Meiner, [11]1989.

Krapinger, Gernot: Platon. Der Staat. Übers. und hrsg. von G. K. Stuttgart: Reclam, 2017.

Rufener, Rudolf: Platon. Der Staat. Übers. von R. R. Einl. von Thomas A. Szlezák. Erl. von Olof Gigon. München: Artemis, 1991.

Schleiermacher, Friedrich: Platon. Der Staat. Zweispr. Ausg. Griech. von Emile Chambry. Dt. Übers. von F. S. Bearb. von Dietrich Kurz. (Platon: Werke in acht Bänden. Bd. 4. Hrsg. von Gunther Eigler.) Darmstadt: Wissenschaftliche Buchgesellschaft, 1971.

Slings, Simon R.: Platonis Rempublicam, recognovit brevique adnotatione critica instruxit S. R. Slings. Oxford: Oxford Classical Texts, 2003.

Vretska, Karl: Platon. Der Staat. Übers. und hrsg. von K. V. Stuttgart: Reclam, 1958 (erg. Ausg. 2000).

Ausgewählte Sekundärliteratur

Annas, Julia: Plato's Republic and Feminism. In: Philosophy 51 (1976) S. 307–321. Nachdr. in: Fine (2000). Plato 2. S. 265–279.

– An Introduction to Plato's Republic. Oxford 1981

– Platonic Ethics, Old and New. Ithaca 1999.

Barney, Rachel / Brennan, Tad / Brittain, Charles (Hrsg.): Plato and the Divided Self. Cambridge 2012.

Becker, Alexander: Platons Gesprächsdramaturgie und der Leser: Zwei Beispiele aus der Politeia. In: Bochumer Philosophisches Jahrbuch für Antike und Mittelalter 14 (2011) S. 84–102.

– Ideen und Sprache. In: Deutsche Zeitschrift für Philosophie 65 (2017) Nr. 6. S. 1056–1082.

Blößner, Norbert: Dialogform und Argument. Studien zu Platons Politeia. Stuttgart 1997.

– Musenrede und »geometrische Zahl«. Ein Beispiel platonischer Dialoggestaltung (Politeia VIII, 545 c8–547 a7). Stuttgart 1999.

– Platons Politeia lesen. In: Information Philosophie 4 (2004) S. 44–57.

Brandwood, Lewis: The Chronology of Plato's Dialogues. Cambridge 1990.

Broadie, Sarah: Plato's Sun-Like Good. Dialectic in the Republic. Cambridge 2021.

Brisson, Luc: Plato the Myth Maker. Übers. von Gerard Nadaff. Chicago 1998. (Frz.: Platon, les mots et les mythes. Paris 1982.)

Burnyeat, Myles: Platonism and Mathematics: A Prelude to Discussion. In: Andreas Graeser (Hrsg.): Mathematics and Metaphysics in Aristotle. Bern 1981. S. 213–240.

– Utopia and Fantasy: The Practicability of Plato's Ideally Just City.

In: Jim Hopkins / Anthony Savile (Hrsg.): Psychoanalysis, Mind, and Art. Oxford 1992. S. 175–187. Nachdr. in: Fine (2000). Plato 2. S. 297–308.
Burnyeat, Myles: Culture and Society in Plato's Republic. In: Tanner Lectures on Human Values 20 (1999) S. 217–324
Detel, Wolfgang: Macht, Moral, Wissen. Foucault und die klassische Antike. Frankfurt a. M. 1998.
Dover, Kenneth: Homosexualität in der griechischen Antike. Übers. von Susan Worcester. München 1983. (Engl.: Greek Homosexuality. London 1978.)
Ebert, Theodor: Meinung und Wissen in der Philosophie Platons. Berlin 1974.
Erler, Michael: Die Philosophie der Antike. Bd. 2/2: Platon. (Grundriss der Geschichte der Philosophie. Hrsg. von Hellmuth Flashar.) Basel 2007.
Everson, Stephen (Hrsg.): Epistemology. (Companions to Ancient Thought. 1.) Cambridge 1990.
Ferrari, Giovanni R. F. (Hrsg.): The Cambridge Companion to Plato's Republic. Cambridge 2007.
Fine, Gail: Knowledge and Belief in Republic V–VII. In: Everson (1990) S. 85–115.
– (Hrsg.): Plato 1. Metaphysics and Epistemology. Oxford 2000.
– (Hrsg.): Plato 2. Ethics, Politics, Religion, and the Soul. Oxford 2000.
Foot, Philippa: Natural Goodness. Oxford 2001. (Dt.: Die Natur des Guten. Übers. von Michael Reuter. Berlin 2014.)
Galli, Carlo: Platone. La necessità della politica. Bologna 2021.
Golden, Mark: Children and Childhood in Classical Athens. Baltimore 1993.
Graeser, Andreas: Platons Auffassung von Wissen und Meinung in Politeia V. In: Philosophisches Jahrbuch 98 (1991) S. 365–388.
Halfwassen, Jens: Der Aufstieg zum Einen: Untersuchungen zu Platon und Plotin. Stuttgart 1992.
Halliwell, Stephen: Plato: Republic X, with Translation and Commentary. Warminster 1988.
– Plato: Republic 5, with an Introduction, Translation and Commentary. Warminster 1993.

– The Life-and-Death-Journey of the Soul: Interpreting the Myth of Er. In: Ferrari (2007). S. 445–473.
Hansen, Mogens: Democratic Freedom and the Concept of Freedom in Plato and Aristotle. In: Greek, Roman, and Byzantine Studies 50 (2010) S. 1–27.
Hare, Richard M.: Plato and the Mathematicians. In: Renford Brambrough (Hrsg.): New Essays on Plato and Aristotle. London 1965. S. 21–38.
Höffe, Otfried (Hrsg.): Platon, Politeia. Berlin 1997.
Horn, Christoph: Platon über Güter, Tugend und Glück. In: Reis (2007) S. 131–156.
Horn, Christoph / Müller, Jörn / Söder, Joachim (Hrsg.): Platon-Handbuch. Stuttgart 2009.
Husson, Suzanne / Lemaire, Juliette (Hrsg.): Les trois Républiques: Platon, Diogène de Sinope et Zénon de Citium. Paris 2022.
Irwin, Terence: Plato's Ethics. Oxford 1995.
Kamtekar, Rachana: Plato's Moral Psychology. Oxford 2017.
Kersting, Wolfgang: Platons Staat. Darmstadt 1999
Korsgaard, Christine: Self-Constitution in the Ethics of Plato and Kant. In: The Journal of Ethics 3 (1999) S. 1–29.
– Self-Constitution. Agency, Identity, and Integrity. Oxford 2009
Krämer, Hans: Die Idee des Guten. Sonnen- und Liniengleichnis. In: Höffe (1997) S. 179–204.
Kraut, Robert (Hrsg.): The Cambridge Companion to Plato. Cambridge 1993.
– The Defense of Justice in Plato's Republic. In: Kraut (1993) S. 331–337
Lorenz, Hendrik: The Brute Within. Appetitive Desires in Plato and Aristotle. Oxford 2006
McCoy, Marina Berzins: Image and Argument in Plato's Republic. Ithaca 2020.
Moss, Jessica: Plato's Epistemology: Being and Seeming. Oxford 2021.
Page, Carl: The Truth about Lies in Plato's Republic. In: Ancient Philosophy 11 (1991) S. 1–33.
Reis, Burkhard (Hrsg.): Zwischen PISA und Athen – antike Philosophie im Schulunterricht. Göttingen 2007.

Rowe, Christopher: Plato and the Art of Philosophical Writing. Cambridge 2007.
Rowett, Catherine: Knowledge and Truth in Plato: Stepping Past the Shadow of Socrates. Oxford 2018.
Santas, Gerasimos: Two Theories of Good in Plato's Republic. In: Archiv für Geschichte der Philosophie 67 (1985) S. 223–245.
– Goodness and Justice. Plato, Aristotle, and the Moderns. Oxford 2001.
– (Hrsg.): The Blackwell Companion to Plato's Republic. Oxford 2006.
Schmitt, Arbogast: Der Einzelne und die Gemeinschaft in der Dichtung Homers und in der Staatstheorie bei Platon. Zur Ableitung der Staatstheorie aus der Psychologie. Stuttgart 2000. (Sitzungsberichte der Frankfurter Wissenschaftlichen Gesellschaft. 38.2.)
– Worin besteht die Sicherheit des Erkennens? Platons Ideenlehre und die Absicherung des Wissens in der Erfahrung. In: Reis (2007) S. 89–112.
Schubert, Andreas: Platons Staat. Paderborn 1995.
Shields, Christopher: Plato's Challenge: The Case against Justice in Republic II. In: Santas (2006) S. 63–83.
Simon, Dieter (Hrsg.): Eherecht und Familiengut in Antike und Mittelalter. München 1992.
Stemmer, Peter: Der Grundriß der platonischen Ethik. In: Zeitschrift für philosophische Forschung 42 (1998) S. 529–569.
Strauss, Leo: City and Man. Chicago 1964.
Szaif, Jan: Platons Begriff der Wahrheit. Freiburg 1996.
– Platon über Wahrheit und Kohärenz. In: Archiv für Geschichte der Philosophie 82 (1998) S. 119–148.
Taylor, Christopher C. W.: Plato's Totaliarianism. In: Polis 5 (1986) S. 4–29. Nachdr. In: Fine (2000). Plato 2. S. 762–778.
Tigerstedt, Eugene N.: Interpreting Plato. Stockholm 1977.
Trabattoni, Franco: La filosofia di Platone. Verità e ragione umana. Mailand 2020.
Vegetti, Mario (Hrsg.): Platone. La Repubblica. Traduzione e commento. 7 Bde. Neapel 1998–2007.
Vlastos, Gregory: Platonic Studies. Princeton [2]1981.

– Was Plato Feminist? In: Times Literary Supplement March 17–23 (1989) S. 276 ff., 288 ff.
Whiting, Jennifer: Psychic Contingency in the Republic. In: Barney/ Brennan/Brittain (2012) S. 174–208.
Wieland, Wolfgang: Platon und die Formen des Wissens. Göttingen 1982.
Wiesing, Lambert: Platons Mimesis-Begriff und sein verborgener Kanon. In: L. W.: Artifizielle Präsenz. Frankfurt a. M. 2005. S. 125–148.
Williams, Bernard: The Analogy of City and Soul in Plato's Republic. In: Edward N. Lee (Hrsg.): Exegesis and Argument. Studies in Greek Philosophy Presented to Gregory Vlastos. Assen 1973. S. 196–206. Nachdr. In: Fine (2000). Plato 2. S. 737–746.
Wolf, Ursula: Die Suche nach dem guten Leben. Platons Frühdialoge. Reinbek b. Hamburg 1996.